# FINISH BIG

## HOW GREAT ENTREPRENEURS EXIT
## THEIR COMPANIES ON TOP

U0271780

# 大 退 场

## 企 业 家 如 何 急 流 勇 退

〔美〕保·伯林厄姆◎著

刘雁◎译

机械工业出版社
CHINA MACHINE PRESS

本书是为了解决商界的另一个更为普遍的问题——如何顺利圆满地退出自家企业的经营管理。或迟或早，所有企业家们都要退出企业经营，而所有企业也免不了会有被出售、被赠予他人，或被清算的那一天。无论你更青睐哪一种退场方式，都应该趁着自己还有时间和选择余地的时候就开始进行退场规划。这么做的优势在于，越早开始退场规划，你就越有机会建立起一家更优秀、更强大、更抗打击，同时市场价值也更高的企业。不幸的是，大多数企业家的退场规划都做得太晚了，并为自己的拖延症付出了高昂的代价。

作者先后采访了来自各行各业的几十位企业家，并从他们的亲身经历中总结出了决定一位企业家是否能够圆满退场的八项要素。他在书中逐一展示了多位企业家的真知灼见、退场规划，以及警世故事。

**图书在版编目（CIP）数据**

大退场：企业家如何急流勇退／（美）保·伯林厄姆（Bo Burlingham）著；刘雁译. —北京：机械工业出版社，2018.10
ISBN 978-7-111-61015-1

Ⅰ.①大… Ⅱ.①保… ②刘… Ⅲ.①企业管理
Ⅳ.①F272

中国版本图书馆 CIP 数据核字（2018）第 220351 号

机械工业出版社（北京市百万庄大街 22 号　邮政编码 100037）
策划编辑：坚喜斌　　责任编辑：坚喜斌　孟晓琳
责任校对：李　杉　　责任印制：孙　炜
保定市中画美凯印刷有限公司印刷
2018 年 11 月第 1 版第 1 次印刷
170mm×240mm·18.75 印张·3 插页·234 千字
标准书号：ISBN 978-7-111-61015-1
定价：75.00 元

凡购本书，如有缺页、倒页、脱页，由本社发行部调换
电话服务　　　　　　　　　　　网络服务
服务咨询热线：010-88361066　　机工官网：www.cmpbook.com
读者购书热线：010-68326294　　机工官博：weibo.com/cmp1952
　　　　　　　010-88379203　　金书网：www.golden-book.com
**封面无防伪标均为盗版**　　　　教育服务网：www.cmpedu.com

# 前　言

每位企业家都有退出"江湖"的那一天——这是商界寥寥可数的几条金科玉律之一。假设你一手建立了一家目前已能够独立发展的公司，那么对于"在何时、以何种方式退出公司管理"这类问题，你的确拥有选择权。但对于"是否要退"这一问题，你却别无选择，因为这一天终将到来，毋庸置疑。

然而，这一简单的商业事实令许多私营公司的老板感到震惊。该现象表明，同其他商业阶段相比，退场作为商业旅程的最后一个阶段，很少会受到企业家们的关注。如果对企业营销、财务状况、客户服务、企业管理，或是企业文化进行在线搜索，你通常会找到海量的相关信息。但相较而言，有关"如何退出企业管理"的信息却屈指可数，而且大多数都是在讨论如何能在卖掉企业时拿到最多的钱。然而实际上，退场阶段涉及许多方面，而比起一家公司最终的卖价，这些方面才更能决定一位企业家是否实现了圆满退场，即本书所说的"大退场"。

在我着手撰写本书时，我对企业家们的退场过程知之甚少。这首先是因为，我为之工作了30多年的《企业》（*Inc.*）杂志社在这些年间未曾关注过这一话题。我本人及《企业》杂志的众多读者们对该话题的了解，均来自我与资深企业家诺姆·布罗斯基（Norm Brodsky）在该杂志上合作撰写的一系列专栏文章。自1995年起，我就与诺姆在《企业》杂志联合开办了一个名为"街头智慧"（Street Smarts）的每月专栏（我们还出版过一本同名书⊖）。在 2006 年，诺姆创立的"城市存储公司"（CitiStorage）曾经历过一次收购，我们围绕此事发表过几篇专栏文章。此前，诺姆也曾几次对我提到过他打算某天卖掉这家公司。但看他对其经营活动乐在其中的样子，我一直认为他所说的某天会是极其遥远的将来。因此当诺姆在 2006 年夏天告诉我，他正和一家潜在收购方进行严肃的收购谈判时，着实令我吃了一惊。

那时，诺姆刚刚参加过一场行业会议。他在会上遇到了一位私人股本公司⊖的合伙人，正巧这位合伙人所在的公司持有诺姆的一家对手公司的大量股权。当这位合伙人借机向他询问城市存储公司的卖价时，诺姆报了一个他自认为高到无人愿意接受的价位，但对方的反应极为淡定。诺姆说，除了他的城市存储公司，这位合伙人还打算收购两家辅助型的公司：一家货运公司，一家文件销毁公司。显然，这两项收购对他来说也不成问题。此后，两人还进行了一系列的后续协商。按照常规的公司买卖程序，双方达成初步协议后，对方会先给诺姆发来一份收购意向书（LOI），并在此后不久对城市存储公司展开尽职调查（Due Diligence）——即双方在进行买卖合同协商前，买方对目标公司所进行的深入调查。诺姆说，他正等待着这两个步骤的到来。

尽管并不确定双方的协商最终会走向何方，但诺姆认为这种收购机会千载难逢。双方所讨论的收购价不仅让他自己与公司的其他两位合伙人心满意足，还能让他手下的经理乃至员工们共同致富。诺姆还认为，考虑到他已经到了 63 岁这个退休年龄，以及同类公司在 2006

---

⊖ 该书名为《*The knack：how street-smart entrepreneurs learn to handle whatever comes up*》，由本书作者保·伯林厄姆与诺姆·布罗斯基合著。中文版名为《街头生意经：MBA 课堂不会教你的》，译者李瑜偲，中信出版社 2010 年 1 月出版。——译者注

⊖ 私人股本公司（Private Equity Firm）是指那些投资非上市公司的股权，或买断上市公司的股权并使其退市，然后将这些公司进行重组，并最终以重新上市或卖给其他私募股权公司等方式来牟利的公司。——译者注

年的卖出价，这场高价收购来得恰逢其时。当我把这一收购案转述给我们《企业》杂志的编辑劳伦·费尔德曼（Loren Feldman）之后，劳伦建议我们以此次收购为主题写几篇专栏文章。我把劳伦的建议转告给诺姆后，他立刻答应下来："好的。为什么不呢？"

我俩都没料到我们接受了一份多么繁重的写作任务。实际上，我们最终撰写的不只是一篇，而是一个系列的专栏文章。在接下来的9个月里，我们按时间顺序对这场收购"大戏"进行了一个月度专栏所能做到的实时报道。这样的报道可谓空前绝后。全部文章写完后，诺姆承认，当我们刚开始报道时，他没想到自己的公司真能卖掉。他还说，如果他事先知道我们会对此次收购进行如此详尽的报道，他一开始就不会接受约稿。

但自从开始了报道，尤其是当越来越多的读者开始催促我们发表下一篇时，我们就很难停笔了。曾有一次，诺姆在一次连载中向读者提问，他是否应该把出售公司这项交易进行到底。他收到了成百上千封的电邮回复。人们还会当街或在研讨会上拦住他，要求他分享最新交易进度。

整个收购过程中发生了许多意料之外的事情，其中最令人震惊的还是最后那次决定。在经过深思和几番讨论后，诺姆最终还是下定决心卖掉公司。因为这一系列报道极受欢迎，《企业》杂志的主编简·贝伦森（Jane Berentson）打算把诺姆的最终决定放到杂志封面上。但就在合同签署的前几天，诺姆突然发现几位买家中的领头者竟然是他最不信任的一个人，而对方却一直在隐瞒这个关键信息。对方的刻意隐瞒让诺姆产生了质疑，他不确定对方在收购后是否会按照合同中的承诺善待公司员工。令所有人，包括诺姆本人吃惊的是，他最终决定放弃了这场交易。

就这样，我们的实时报道也就此结束了，但城市存储公司的出售却未止步。在美国经济即将进入大衰退期（the Great Recession，2007年12月~2009年6月）之初，诺姆和他的几位合伙人已将公司的多数股权出售给了一家商业发展公司。尽管此次出售同样风波不断，但却并未引发公众关注。读者们对前期系列文章的热烈反应也让我意识到，有关出售公司的话题是商业类图书的一个巨大缺口。显而易见，这种经验对许多企业家而言都是一块未知领域。

这块领域对我而言同样是完全陌生的。直至那时，我对"如何退出企业经营"仍只有一个模糊的理解，从未深思过退场过程的种种细节：何时、以何种方式、为何退场，退场究竟是何种滋味。在我心里，退场意味着一位企业家商业旅程的结束。而我此前更感兴趣的是商业旅程中发生的一切，如企业家们一路上所经历的各种事情、所挖掘的各种发现、所遭遇的各种障碍，以及所体验的酸甜苦辣。同时，我也将退场视为一种选择，而非一种必然。在我眼中，退场等同于"套现"——通过卖出公司股份换取现金，而套现则等同于放弃。我曾撰写过多篇文章和3本书，讲述的都是那些毫无退场之意的企业家们创业的经历。他们大都专注于创造伟大的、能够持续发展的公司，面对上亿美元的收购报价也毫不动心，唯恐自己一手创立的公司落入错误的经营者手中。

但随着时光的流逝与年龄的增长，我和许多企业家都开始渐渐明白，自己的公司迟早会别无选择地被托付给他人。没人能长生不老，企业家们的最佳选择就是对企业所有权与领导权的传承做好规划，这样才能大幅提高原所有者退出后企业的生存率与繁荣率。

但企业家们应该怎样退场？从哪里开始着手？何时开始进行？有什么选择方案？应把公司卖到什么价格？有哪些案例可以借鉴？应小心哪些陷阱？如何挑选并培养出合格的接班人，或如何找到潜在的收购方？需要外界的哪些帮助？对公司的其他成员能透露多少相关信息？

离任后自己该何去何从？诸如此类的问题层出不穷。

一旦我开始进一步审视这一"退出"环节，我意识到其复杂性远超过我已经意识到的程度。"退出"并非一项单一事件，而是与公司的初创期一样，是一个重要的商业阶段。与初创期一样，退出期也存在许多因素，会大大影响退出的成败。就此而言，"成功退出"存在许多不同的定义方式。

至少我是这样预感的。诚然，我已读过的相关商业书籍和文章都对"成功退场"有一个共同的定义，即卖家将公司卖出了最好的价钱。但这些书和文章都不是那些真正卖出公司的企业家们所撰写的。诺姆的经历表明，定义一场成功退场的标准绝不仅是"卖个好价"。这让我不禁思考起一个问题：其他退场的企业家们在退出过程中都经历了什么？因此，我决定找出答案。

在接下来3年左右的时间里，我与那些有着退场经历，或者正处于退场阶段，或者正准备退场的许多企业家们进行了交流。通过面谈或电话访谈，我对企业家们进行了100多次深度采访。结论很明显，没有两次退场经历是完全相同的；但同样明显的是，某些退场经历比另一些更圆满一点。也就是说，有些企业家在退场过程中是兴高采烈的，并且对最终结果十分满意；而另一些企业家却将退场过程视为噩梦，并对最终结果深感遗憾。我的问题是：为何会这样？那些经历了"优质退场"的企业家们，与经历了"劣质退场"的企业家们，在做法上有哪些不同之处？

我首先需要在自己的头脑中理顺，一场优质退场应具备哪些要素。我发现，对大多数企业家而言，以下4项是必需的：

1）退出过程中，企业家觉得他们为自己的企业所投入的精力与所承担的风险，得到了公正的对待与适当的补偿。

2）他们获得了一种成就感。回顾过去，他们认为由自己一手创建的企业为社会、为世界做出了一些有价值的贡献，并一直以事业为乐。

3）他们很满意那些贡献于企业发展的人们所获得的待遇，如这些人受到了怎样的优待与回报，得到了哪些收益。

4）他们发现了经营原有企业之外的新使命，设立了新的人生目标，并愿意为之付出全部的精力与热情。

对一些企业家而言，还存在着第五个要素，即在自己离任后，他们所创立的公司仍持续发展，甚至更胜以往。对于任何一位 CEO 而言，公司传承都是一项最难完成的任务。他们非常自豪于自己可以将其圆满完成。

归纳劣质退场的共性会更难一些，因为对一位企业家而言极为糟糕的一场体验，可能在另一位看来是无关紧要的。我认为，几乎所有企业家们公认的劣质退场应包括以下因素：他们觉得整个退场过程并不公平；他们并未获得应有的回报；他们所建立的一切都遭到摧毁；他们留在公司的员工受到了愚弄和欺骗；他们感到非常失落，不知道自己人生的下一步应何去何从。

那么，那些做到了优质退场的企业家们究竟做了哪些准备呢？他们的行为模式是什么？将这些企业家们视为一个群体，我找到了他们所具有的 8 点共性，而本书也会围绕这 8 点展开论述。

第一，自知之明。能够做到优质退场的企业家们，正如那些成功的大企业或是有格局的小企业的创立者们一样，完全清楚自己是谁、想要通过创立企业做什么，以及为什么要这样做。这份清醒的"自知"，我在自己的另一本书《小巨人》<sup>○</sup>中也曾提及。

第二，他者视角。那些能够成功退场的企业家们都在很早就意识

---

○ 《小巨人》（*Small Giants*），这本商业类畅销书是本书作者保·伯林厄姆的代表作之一，英文原版在 2007 年 6 月由企鹅图书出版社（Penguin Books）出版，中文版由中信出版社于 2013 年 9 月出版（第 2 版），译者为王珺。——译者注

到，仅仅创办一家能正常运营的企业是不够的。事实上，大多数能正常运营的企业都不容易卖掉，而只有具有市场价值的企业才好卖。为了创造市场价值，这些企业家们学会了以潜在买家或投资者的眼光来审视自家企业。

第三，未雨绸缪。企业家们都给了自己很长一段时间（通常是以"年"而非"月"来计），来为他们的离任以及公司的未来发展做准备。这样，他们或其继任者就永远不会陷入因大环境不利而被迫卖掉公司的窘境。

第四，后继有人。这一特质并不适用于所有的企业家，但存在比例相当高。在那些对自家公司存有"凌云之志"的企业家们身上，这一点尤为明显。为了实现企业的传承，将它交付给可靠的继任者，这项工作是重中之重。

第五，前车之鉴。那些幸福感较高的企业家们一般都曾得到过正确的指导，这些指导不仅来自于那些精于企业买卖的专业人士，也来自于那些曾在退出公司时"吃一堑、长一智"的企业家同行们。

第六，责任在肩。这些企业家们都曾深思并最终接受了自己对雇员与投资者们所负有的种种责任。尽管每位企业家最终得出的结论不尽相同，但那些能实现优质退场的企业家们，都是对自身所承担的责任经过了严肃的思考，并对自己所做的决定感到满意。

第七，心理准备。这些企业家们都反复斟酌过，他们正在把自家企业卖给谁，以及这些买家的收购动机是什么。"老东家"明确知晓了"新主人"的计划，一般不会产生太大的心理落差。

第八，未来可期。能完成"潇洒转身"的企业家们对自己卖出企业后的生活已经有了一定的规划，因此能够很好地适应从"人上人"到"平凡人"的转变。

以上八点共性不仅能够很好地概括我曾采访的企业家们所经历的

不同退场体验，也会使当前与未来的企业家们受益匪浅。也就是说，本书并非一本"退场指南"，而是力图通过讲述有过相关经历的企业家们的故事，详尽阐明真实的退场过程。这些企业家中，有许多人都做到了上文所定义的优质退场。但也有一些企业家的退场经历是属于警示型的，希望能起到"前车之鉴"的作用。我在大多数案例中都使用了相关人士与公司的真实名称。但在少数几个案例中，由于与信息提供者所做的法律承诺，或是考虑到不想无端伤害相关人士，我就使用了化名，并会在行文中进行说明。除了更改了部分真名，以及在两个案例中改换了可能会泄露相关人士真实身份的一些细节，其他内容都是真实的。

与《小巨人》那本书一样，我在本书中所讨论的各家企业也几乎都属于私人所有和封闭型持股企业，只有一个例外，就是在第五章出现的"韵律公司"（Cadence Inc.），我将这家公司归类为"准上市公司"（即尚未具备上市公司的条件，但有上市准备的公司）。在本书所提及的企业中，其中3家也出现在《小巨人》一书中，它们分别是金爵曼（Zingerman's）餐饮连锁公司，城市存储公司（CitiStorage），以及商业车辆警示与安全产品生产商ECCO安全集团（ECCO）。不过，本书刻意忽略了某些问题。比如说，家族企业在将所有权与领导权从一代传至下一代时会遭遇到的独特的传承挑战——该问题已被广泛探讨，所以本书不再赘述。再比如说，那些极为小型、存在的主要目的仅仅是给其所有者提供一份收入的公司，它们所面对的特殊难题我也没有涉及。因为即便这样的小公司能够卖掉（大多数是卖不掉的），那么被卖掉的也仅仅是一份工作而已，并不是一家公司。但不管怎样，我认为无论是家族企业所有者，还是"单兵作战"的企业家，都能在本书所讲述的故事中找到共鸣。

在采访这些企业家并聆听他们的讲述时，我时常想到一句老话：

今天建立一家企业，既要像在未来会永远拥有它一样去经营，也要像明天就要卖掉它一样去打理。我有幸结识的大多数伟大的企业家们，都恪守了这条金科玉律。我的老友，也会偶尔合作的杰克·斯塔克（Jack Stack）是 SRC 控股集团（SRC Holdings）的创始人（他已把集团股份卖给了员工），他打过一个类似的比方：要想维持自家房子的市场价值，就需要修理屋顶、增加房间、定期粉刷，哪怕你近期没有搬家意图也要如此。同样的道理也适用于公司管理。说来奇怪，如果你抱着"卖个好价钱"的想法来创建一家公司，这家公司则更有可能长盛不衰，你也更容易获得一个圆满退场的结局。

　　当然，大多数企业家不大喜欢现在就考虑自己的退场事宜。幸运的是，你有相当长的一段时间可以为自己优雅退场的那一刻做准备。当你真正爬上巅峰、欲功成身退之时，很可能会惊奇地发现，为圆满退场所做的一切，恰恰帮助你更好地经营了公司。这正是视频预警公司（Videolarm）的创始人雷·帕加诺（Ray Pagano）在 2004 年所深深体会到的。他在那一年准备卖掉公司，但这些努力却让他的公司迅速发展壮大，以至于让他非常后悔没早点动这个念头。

# 目 录

**Contents**

# 目 录

# 第一章

## 每段旅程都有终点

现在是时候考虑功成身退了。

当美国弗吉尼亚州德尔塔维尔市小游艇船坞处的阳光已开始变得炽烈时，一艘名为"美好时光号"的游艇刚刚结束了它为期3周绕切萨皮克湾的首航，正静静停泊于此。在清凉的游艇内部，一位电子学专家正在操控台那边进行调试，而身着T恤衫、大短裤，脚踩拖鞋的游艇主人雷·帕加诺，则带着访客在艇内四处参观。现年64岁的帕加诺身材健壮，皮肤被晒得黝黑，介绍起游艇的样子颇像一名初出茅庐的导游。他略带一丝羞涩的微笑向我们介绍说："这里的设施应有尽有，有些可能都用不上。"这艘全新的赛琳娜系列海洋拖网型游艇总长约18米，由中国的一家船厂量身定制，是他在卖出了亲手创立并经营了35年的视频预警公司后送给自己的礼物。这艘游艇本身就是一件精美的艺术品，美丽的樱桃木控制台，花岗岩卫浴盆，从船头到船尾的每个船舱里都摆放着双人床。

很明显，正如这艘游艇的名字一样，帕加诺也正在享受着他的"美好时光"。卖掉公司后，与其他退场的企业家不同，他从未对自己的决定有过其他想法或是感到后悔莫及。实际上，他的退场过程十分圆满，人人称羡，其中一部分原因是他的前员工们大多数仍能留在被收购后的公司工作。"每次我回去，大家都张开双臂欢迎我，"帕加诺说。"我十分惊讶，没想到会有这么棒的待遇，我猜卖掉公司是对的。我有时也会自问，是什么让我退出公司的经历如此与众不同？"

为了回答这个问题，我们必须先回到2004年，那时的帕加诺就已经开始认真考虑他离开公司后的美好生活了。那时，他所经营的视频预警公司已成立28年，并成为监控摄像机外壳制造领域的业界翘楚。早在1976年，也就是帕加诺36岁的时候，他已经开发出一种形状类似街灯而且其电动机远小于其他监控摄像机的外壳，为该领域带来了一场革命。在接下来的8年里，他一边力劝几家主流的摄像头生产商尝试他的装置，一边靠着接一些监控设备安装、安全咨询等业务维持生计，并最终拿下了当时业界赫赫有名的美国无线电公司（RCA）的大单。帕加诺的产品表现正与他所承诺的一致，因此在RCA大单的基础上，他又获得了包括索尼、松下和东芝在内的其他大客户的订单。

在接下来的20年间，视频预警公司的专利设计成为业界标杆。旗下产品在2004年时已在美国的大街小巷随处可见。与此同时，公司的销售额达到了1040万美元，员工人数也扩展至42名。帕加诺本人时年61岁，也有了功成身退的打算。他觉得自己还有许多其他想要追求的兴趣与爱好，但能将它们付诸行动的年限已经屈指可数。对他而言，考虑退出公司经营的时机已经成熟。

但如何退场？他内心一直期望自己的3个儿女中的一个有一天能接手公司。但在发现这种可能性几乎为零后，帕加诺认为卖出公司、接受并购，或是找其他人来运营公司都可以算是可行方案。但接受任何一种方案的前提是，他无须继续留任，正如他对自己的顾问加里·安德森（Gary Anderson）所说的："我不想接受什么'业绩目标付款安排'⊖，只想卖掉公司后走人，还有许多人生规划等着我去完成呢。"
安德森不仅是他的顾问，同时也是帕加诺所在的决策者委员会⊜CEO
小组会⊜的主持人。就在 2004 年，视频预警公司的一家竞争对手开始
联系帕加诺，希望他能卖出公司，并提出了一个收购价。帕加诺就该
报价向安德森进行咨询，安德森的建议是，如果帕加诺能对公司的经
营和管理稍作改变，就会得到更高的报价。

那时，视频预警公司的运营机制与其他由企业家一手创立的公司
别无二致，都属于典型的"总裁善意独裁制"。公司的一切运营都以帕
加诺为中心，他会插手所有日常事务，并牢牢掌控着手下的每一位经
理。公司内部的交流显然是自上而下的，财务信息也被严格保密，除
了首席财务官珍妮特·斯波尔丁（Janet Spaulding），其他员工均无从
得知。帕加诺会亲自对每项大事件，甚至许多小事情做出决策。正如
他手下的一位经理所说，他们都认为帕加诺可能"下一秒就翻脸"。斯
波尔丁也坦言："人们尊敬帕加诺，但也怕他。有时怕大于敬。"

其他员工对帕加诺的感觉也大致如此。大家知道老板是关心他们
的，至少他们相信老板在尽力对每位员工做到公平公正。他们同时

---

⊖ 业绩目标付款安排（Earn-Out）是企业并购过程中的一种定价与支付机制，当达成某
　种条件时，买方才会将特定的金额支付给卖方。例如，A 公司收购 B 公司，双方约定，
　A 公司首付 1000 万美元，然后运营 B 公司一段时间，如果在该段时间内 B 公司的净利
　润或营业收入达到一定数额，那么 A 公司会再支付给 B 公司 1000 万美元。如果未达到
　约定的利润或收入，A 公司则不用支付。——译者注

⊜ 决策者委员会（The Executive Committee），现已更名为"伟事达国际"，是一家由中小
　型企业家和高管们所组成的会员制组织，组员入会的目的是通过与同行业人士的交流，
　更高效地管理企业。——译者注

⊜ CEO 小组会（private advisory board），又称"私人董事会"，是伟事达国际组织的小型
　企业家组织。一般由 12~16 位来自不存在竞争关系的各个行业，并愿意接受伟事达国
　际所提供的 CEO 培训的商业领袖组成。每个 CEO 小组会都有一名经验丰富的"主持
　人"（Chair）或称"教练"（Coach）领导，该主持人会在每年 5 次的交流活动上组织
　组员对相关的企业经营问题进行讨论，并一对一地对组员进行辅导。——译者注

认为，老板也在按对员工的标准要求自己。对此曾有怀疑的员工在看到老板开除了违反公司规定的亲生儿子时，这份疑虑也就立马打消了。

但无论善意与否，这种总裁独裁制总会削减一家公司的价值。在帕加诺为了卖掉公司进行各种准备时，安德森特别指出："你应当从公司运营中抽身，着力培养一支管理团队，给予他们更多的责任和指导，并放手让他们来经营。"帕加诺对此并无异议，他知道安德森的建议是正确的。如果公司运营一直以他为主，那么公司离开了他，不仅卖不出好价钱，潜在收购方的数量也会锐减，他的"退出大计"自然就无从谈起。如果帕加诺想把公司卖出满意的价格，就必须重整运营模式，让公司即使离开他也能运转良好。

基于他所做的一些研究，帕加诺决定拿出一个明确的理由，激励公司每位员工主动承担更多的责任。为此，他的退场计划的第一步是赠送给每位员工一些"虚拟股票"（phantom stock）。虚拟股票并非公司真正的股票，但持有者同样能从公司的股价上升中获益。从生产流水线上的安装工到办公室员工，视频预警公司的所有员工都会获得一定份额的虚拟股票。股票份额是由帕加诺根据员工的工资与对公司所做的贡献计算得出的。当他将这一决定告知他所在的 CEO 小组会时，组员们都觉得他神经错乱了。但他坚信这条道路是正确的，并在公司全面推行了该计划。他向员工们解释说，如果公司被成功出售，这些虚拟股票能让他们获得一部分的卖出所得。

员工们对此并没有欢呼雀跃。帕加诺这位老板一向以吝啬著称，他们觉得虚拟股票计划只不过是一种"骗术"，老板是想让他们多干活儿。他们没把该计划当回事，甚至把它看成一个玩笑。斯波尔丁说："对我们来说，这个计划和空头支票差不多。"

但帕加诺是认真的，他很快执行到退场计划的第二步——向公司引入了他自创的精简版"开卷式管理"<sup>⊖</sup>。这种管理策略主要包括：帮助员工理解并使用公司的财务信息。帕加诺阅读了相关的管理书籍，尽管他在实践中没像其他一些企业家走得那么远，但他深信，如果员工想要弄清如何做才能优化一家企业的表现，并以此提高企业估值的话，他们就应对公司的财务状况有一个基础了解。因此，帕加诺组织了许多场公司会议，来讨论公司的各个财务数字。他也开始请员工们估算公司销售额和盈利，并惊讶于他们所猜测的数字。这些员工觉得自家公司的年销售额会达到数亿美元，但实际只有 1100 万美元。他们还觉得帕加诺每个月都会有数百万美元的收入。帕加诺对此的回应是，他带领员工浏览了公司的损益表和资产负债表，并着重指出一家类似视频预警公司的制造企业常规上需要进行多少资本投资、缴纳多少税费、受到哪些政府监管，以及要付出多少各类成本。员工们对此提出了许多问题并做出了不少评论。帕加诺还设立了一个意见箱来收集这些信息，并对每个问题都做出细致的回答。他还开始给员工的家人们每月寄一封慰问信，并邀请他们来公司参观新产品。他说："我们真心希望每个人都能参与到公司事务中来。"

意识到了加强管理团队才是重中之重的帕加诺开始执行退场计划的第三步——有意识地增加自己手下 3 员大将（财务、运营、销售总监）的自主权与决策权。他还问计于决策者委员会的前主席里克·郝塞科（Rick Houcek）。后者经营的"鹰腾公司"（Soar with Eagles）专为企业策划年度战略会议，以及开发战略实施体系。郝塞科力劝帕加诺，将公司高层及所有经理集合起来，在公司之外的地方召开一次会

---

⊖ 开卷式管理（open-book management）是指将公司账本公开，把公司的利润、损失、收入和支出等财务数据与员工分享；并根据员工对上述公司财务数字的贡献度，与员工共享公司利润。这种绩效管理体系能大大提升员工的归属感，以及他们对公司事务的参与度和积极性。——译者注

议。请他们在会上集思广益，制订出公司的年度发展计划。郝塞科还指出，这次会议的结果只是一个起点，要想达成圆满卖出公司的最终目标，还有很长一段路要走。

帕加诺将公司包括一线监督主管在内的 15 位高管聚到一起，在公司外举行了一次为期 3 天的会议。郝塞科告诫帕加诺，全程他只需静坐聆听高管们对公司发展的想法就可以了。帕加诺承认，当听到高管们的抱怨时，他很难自控，情不自禁地想为自己进行辩护。但郝塞科要求他管住自己的嘴巴，并让高管们畅所欲言。因为如果帕加诺执意推行自己的公司年度发展计划，高管们在执行时是不会产生任何责任感的。最后，高管们在会议上制定了 30 种优化公司管理与表现的方法，每位高管都被分配了特定任务。这次会议结束后，他们还约定每月开一次小会，总结各自的任务完成情况。

在此期间，帕加诺还开始推动退场计划的第四步——根据公司的利润目标与各部门的业绩目标，为全体员工制订激励计划，达成目标的团队与个人都能获得奖励。这些目标被设定得很高，全部高于公司过去的业绩表现。帕加诺还表示，他会根据公司的发展不断提高要求。毫无疑问，员工们，尤其是车间工人对此将信将疑。但帕加诺承诺会重组生产，给工人们减负。他说到做到，车间的生产效率开始逐步提高。

与此同时，公司还做出了一些关键性的战略举措，并由此增加了对大型摄像头制造商的销量——这是公司生意中利润最高的部分。这些举措，再加上改变管理模式所产生的影响，很快就在公司的净收益中得到了体现。帕加诺曾将公司税前利润的初始目标设置为年增长 8%。从此，该利润值每年都在增长，先从 8% 增加到 12%，接下来是 15%，然后是 18%。尽管公司的年度利润目标自此稳定在了 18%，但公司业绩仍在持续提升，并将销量惊人地提高了 21%，最终达到 1950

万美元。

　　帕加诺对此欣喜不已，为之雀跃，不仅因为取得的这些成果，还因为这些成果的取得方式。他感叹道："新体系完全改变了我的工作。我在公司管理上退了一步，但优秀人才却能够脱颖而出、展现实力，这真是件皆大欢喜的事情。"

　　加里·安德森对此深有感触。他感叹说："帕加诺已经成为业界典范，他的经历对我们决策者委员会的其他成员都有着重大的启示意义。一进视频预警公司的大门，你就能感受到他所做的改革对公司产生的正面影响。"

　　到 2008 年年初，帕加诺觉得是时候寻找一位买家了。整个收购过程将在后面几个章节介绍。他最终将视频预警公司成功地卖给了一家大企业"穆格公司"（Moog Inc.）。他卖出的时间点无疑是我们记忆中最糟糕的时刻——2009 年 2 月 13 日。那时，距离雷曼兄弟公司破产仅 5 个月，美国正在经历大萧条以来最严重的经济衰退。尽管时机欠佳，但公司售价却高达 4500 万美元，是帕加诺在改革公司前曾收到的报价的 4 倍。

　　至于员工们，他们中的大多数早就把帕加诺曾承诺的虚拟股票计划忘得一干二净。在公司售出的前夜，帕加诺将员工们召集到一起，让他们签署相关文件以获得一份因公司成功出售而分得的一笔现金。员工们全都喜出望外，单是装配工人就每人分到了约 4 万美元，足够其中一位工人为他远在墨西哥的父母建一栋房子。

　　在卖出公司后，帕加诺慢慢进入半退休状态。他忙着与自己的游艇相伴，并与太太合开了一家精品店，专卖与游艇相关的装饰品和礼品。他还经常钓鱼、打高尔夫，偶尔还会旅游。他感叹说："这些事儿就占满了我的时间。"尽管帕加诺并不留恋做公司 CEO 的那段日子，但他仍对公司充满感情。换了新东家后，视频预警公司的员工配置与公司文化几乎纹丝未动。帕加诺惊讶地说："没想到穆格公司的文化与我们的这么合拍。这完全出乎我的意料，但令我感到特别高兴和骄傲。"他十分自豪于公司被收购后的发展现状，以及自己在整个收购过程中所做的贡献。他不无得意地说："无论去哪里，人们都能看见我们公司的产品，我们真的改变了整个行业的现状。看到公司近年来的蓬勃发展，我觉得自己越来越'膨胀'了。作为一个幸运的人，我感恩所发生的一切，感恩我与公司能至今还在保持联系，同时感恩我们能制造出这么好的产品。"

运气可能会起到一定作用，成功的人通常运气都不差。但我们也不能忽视一个事实，帕加诺之所以能成功卖出公司，主要归功于他在2004年首次认真考虑自己的退场计划时所做的各种改革。他说："随着这些改革决策的一一执行，公司的表现毫无疑问地得到了大幅提升。但最令我惊喜的是每位员工的积极参与使公司发生的巨大转变。如果说我在哪一点上做对了，那就是我通过改革提高了员工对公司事务的参与度。我真心希望自己能早点就这么做。"

换句话说，帕加诺的公司业绩的提升得益于他准备离开公司的打算。这对其他企业家们而言都是一个有益的经验。

## 这是一段旅程

对于那些拥有或打算创办一家企业的人们，我想给出一些建议：如果你还未开始考虑自己的退场事宜，最好从现在开始考虑。哪怕你现在坚信自己会永远拥有它，或会留给子女、托付给员工，或直接关门大吉，绝不会卖掉公司。但是为了你自己和公司着想，你应该从现在开始思考这样两种情况：一，你可能需要在某个时刻、以尽可能的高价卖出公司；二，某一天你可能会不得不离开公司——要么公司所有权已转手，要么停业清算。但无论因为何种原因，你的退场是注定的。而当这一刻到来时，你准备得越充分，退场过程就会越圆满，或至少你的离开不会成为在岗员工们的负担。然而这并不是让你未雨绸缪、提早考虑退场计划的唯一原因，其余两个重要原因是：

首先，离开的过程将会引导你去寻找和采取更好的经营措施，就像帕加诺所做的那样。这一过程还将会引导你去思考一些你本不会去思考的问题。比如说，谁是公司的潜在购买者或投资者？他们看中的是一家公司的哪些特质？他们会因为何种原因而提高收购报价？他们又会因为什么而降低报价？他们认为你的企业存在哪些弱点？一旦你找出了这些弱点，你才能消除它们，并会采取措施以防它们卷土重来。换句话说，你要学会把公司视为一件商品，并学会如何将它打造成同类中的极品，从而塑造一家更好的公司。

其次，思考离开计划将会强迫你自问一些重要的、难以回答的问题。尤其是以下问题：我是谁？我希望公司能为我带来什么？我为什么会有这样的希望？知道答案的企业家几乎总能获得更圆满的退场。而当他们还在作为企业所有者时，也能为自己和企业做出更好的决策。

诚然，你可能依然清楚自己当时为何选择创业。可能你和大多数企业家一样，选择创业既是为了谋生，也是为了能够当家做主。你可能还梦想过要建立一家伟大的企业，转变一个行业的面貌，为全人类服务，创建一个绝佳的工作场所，在世界留下自己存在过的痕迹，帮助家乡父老，或只是简单地追求达到财务自由。但要实现上述梦想，你需要勤奋工作、严于律己、坚持不懈、足智多谋。就此而言，创业绝非易事，能成功创业的企业家的确令人敬佩。但我们也必须承认，创业成功并不是一段商业旅程的终点。

而这才是问题的关键。创立一家企业正如踏上一段旅程。这段旅程可能持续终生，或至少维持数年。你的一生可能会经历一次或者多次这类旅程，它有可能是你的终生使命，也可能只是将你引导到其他目的地的一次顺道拜访或一趟绕路之旅。但确定无疑的是，这段旅程总有结束的那一天。但何时结束、如何结束，以及为何结束，这 3 个问题都是开放性的，没有任何既定答案。如果你能够很早就开始思考这些问题，并牢记"成功创业并非一段商业旅程的终点，而只是中点"这一事实，那么你对以上 3 个开放性问题的答案就会更有掌控力。商业旅程的终点是你与自己一手创立的企业告别，也就是你的退场。正如对许多职业登山家而言，攀爬珠穆朗玛峰的最终目标并非登顶，而是登顶后能活着下山，并享受自己成功登顶的体验。

## 结束即是开始

创业者或者企业家应尽早考虑自己的商业旅程如何才能圆满落幕——这一建议并非我的首创。在史蒂芬·R. 柯维（Stephen R. Covey）的管理类著作《高效能人士的七个习惯》（*The Seven Habits of Highly Effective People*）中，"以终为始"就属于七个习惯之一。同样，美国企业界的管理天才、现代国际大型联合企业模式的创始人、曾于 1959 ~ 1977 年一直担任国际电话电信公司（ITT Corporation）CEO 的哈罗德·吉宁（Harold Geneen，1910—1997）也曾在他与阿尔文·莫斯科（Alvin Moscow）合著的经典作品《管理》（*Managing*）一书中写道："读一本书要先看开头，而管理一家企业则正好相反，要先看到结局，而之后你做的一切都是在为实现这个结局而努力。"

然而，人们很容易对"以终为始"这一思考模式产生误解，至少在谈及退场过程时常常如此。"以终为始"并不意味着你必须将自己商业旅程最后阶段的每一步都事先规划得清清楚楚；也不意味着你必须锁定一个计划并按部就班地操作，无法进行任何改动。相反，"以终为始"是希望企业家从一开始就认识到自己参与企业运营的日子早晚会结束，并让这一朴素的真理始终指导自己的经营之路。虽然你所做的许多决策并不会对你日后的退场造成太多影响，但总有一些决策会产生这种影响力。但如果你没有养成"以圆满退场为经营目的"的习惯，那就很可能无法做出对日后退场具有重大影响力的商业决策。

但这种习惯并不是大多数企业创立者与所有者所具备的。在创业初期，他们心心念念的是让企业能够生存下去。一些企业会一直停留在这个"求存期"，而一些更幸运的企业则会上升至"成长期"。而处于这两种阶段的企业，它们都可能落入一个"活动陷阱"——这一说法由柯维提出，意指"企业忙忙碌碌于攀爬成功之梯，却在爬到尽头时发现，梯子倚错了墙"。

而这种忙碌也正是企业家们无暇去思考"我的商业旅程是否已经到达了我向往的终点"这个问题的原因之一。因为他们不可避免地总是被那些看来似乎更为急迫的问题所困扰，如支付下个月的员工工资，搞定下一个大客户，或是解决迫在眉睫的现金流问题。比起这类问题，思考自己事业的"终点站"似乎没那么迫切。放下手头的一切去考虑退场的具体操作，似乎只会拖延当下的工作进度。所以绝大多数企业所有者不会花费太多精力去考虑自己的退场计划，直至他们因为这样或那样的理由而不得不考虑的时候——但到了那时，可供他们选择的退场方式通常就会变得极为有限。

他们之所以会犯这个错误，部分原因是他们没有重视退场，把退场视为一件简单的、相对遥远的事。但实际上退场是一位企业家在商业旅程中的一个重要阶段，是其企业生涯中不可分割的一部分。一位创立过 5 家企业并卖出其中 4 家的加拿大企业家约翰·瓦瑞劳（John Warrillow）曾说过："企业创始人如果没经历过退场，其生涯就不算完整，也称不上是一位真正的企业家。就好比参加全程马拉松的跑者没跑过 42.195 公里的终点线，或是击出本垒打的棒球手没踏触本垒板一样。创业只是第一步，人人皆可创业。但直到你成功卖出自己的企业，才算跑完全垒，成功得分。"

无论你是否认同瓦瑞劳的全部观点，但有一点他说得没错：在一位企业家的商业旅程中，退场阶段与其他阶段一样重要，甚至比其他阶段更为重要。遗憾的是，经管类的书籍中有关退场的内容并不多见，与创业有关的内容倒是屡见不鲜。然而，退场往往是一桩比创业更大的交易，实际上也是一位企业家经手的最大一笔交易。这笔交易的影响也极为深远，会波及企业家自身、他们的家人、员工，甚至每一个他们所在意的人。退场阶段会改变他们的经济境况，影响他们在回顾人生时的自我评价。

瓦瑞劳就是"因圆满退场而改变人生"的一个典型。他在家乡加拿大多伦多市创立了 4 家企业，其中最大的一家——瓦瑞劳公司（Warrillow & Co.）专门为大公司提供深度研究与分析报告，指导它们如何对中小企业进行营销。该公司在 2008 年被成功出售，这不仅使瓦瑞劳成功转型为作家与演说家，开始了新的事业生涯；还让他能和太太及两名幼子搬到法国南部居住了 3 年——如果他仍在全身心地经营公司，这种冒险行为一定是他想都不敢想的。

还有一位人力资源行业的企业家迈克尔·勒莫尼耶（Michael LeMonier），他在从业的 25 年间经营过 3 家公司并卖出了其中的两家。第一家是位于芝加哥市中心的人力资源公司，该公司的创始人当时正举步维艰，所以找到勒莫尼耶寻求建议和帮助。在成为一名企业咨询顾问之前，勒莫尼耶曾在一家大型人力资源公司工作多年。他同意购买这家公司 49% 的股票，并帮助它扭亏为盈。在 18 个月后，他实现承诺并卖出公司股票时，得到的回报已经是原始投资的 14 倍之多。随后，另一家人力资源公司的老板也找到了他。这家公司也位于芝加哥地区并濒临破败。他和这位老板达成了类似的交易，仅用 2500 美元就收购了该公司 50% 的股票。在接下来的 6 年里，他将这家公司从最初的 5 名员工拓展到 600 名员工的规模，销售额也从 12.5 万美元增加到 1100 万美元。在买下公司原所有者的全部股票后，勒莫尼耶最终将这家公司卖给了一家同行业的大型上市公司，成交价为 500 万美元，是其原始投资的近 2000 倍。

这笔交易改变了一切。对此勒莫尼耶评价道："卖出第一家公司的股份意味着一段合作关系的结束。这很棒，但也就仅此而已。但卖出第二家公司就值得为之欢呼雀跃了，因为对我而言这笔交易意味着财务自由。我从此拥有了选择权，可以自主决定在下一份事业上的工作时间、工作密度与工作强度。这就是自由。"

再看一下巴里·卡尔松（Barry Carlson）的退场经历。他曾是 3 家公司的部分持股人，其中两家很早被售出了，但并未对他的生活造成太大影响。而第三家公司超阳技术公司（Parasun Technologies Inc.）的出售却并非如此。他在 1996 年与他人共同创立了这家互联网服务公司，专为加拿大西部偏远地区的客户提供服务。在经营了 11 年后，他以约 1500 万美元的价格将其出售。对此他感叹道："出售公司这件事说起来容易，但找到一位真正愿意出钱的买家却没那么简单。而且即便因出售公司而获得一大笔钱，也并不意味着你的生活一定会发生天翻地覆的改变。虽然对有些人而言是这样，但对另外一些人则不是，起决定作用的是你自己对钱的看法。"在卖掉超阳技术公司后，卡尔松本以为自己会彻底退休。他和妻子搬离了位于加拿大温哥华市中心的家，住到了乔治亚海峡对面的温哥华岛。<sup>⊖</sup>他们经常旅行并打理花园。卡尔松还会四处闲逛，偶尔打打高尔夫。但在过了一年半这样的生活之后，他实在闲不下来，决定重返商界。最初他加入了几个董事会，5

---

⊖ 温哥华市（Vancouver）是位于加拿大西部的重要港口城市，但它并没坐落在温哥华岛（Vancouver Island）上，而是隔着乔治亚海峡（Strait of Georgia），与温哥华岛相望。——译者注

年后就回归了全职工作，担任两家初创公司的董事长，以及另一家初创公司的执行总裁。

然而，即便那些卖掉公司并赚了一大笔钱的人，也未必会获得一个幸福的结局。尽管许多企业家因卖出公司而第一次获得了绝对的财务保障，但他们却没想到自己会对此后悔不已，有些人甚至患上了抑郁症，并急于获得一个新身份与一份新的使命感。对他们而言，退出企业后的生活是一段持续数年的黑暗期。

## 退场的 4 个阶段

我无法确切地解释为何这种低落的情绪总会发生在某些前企业家身上。毕竟，每个人所处的环境都不一样，个性、爱好、心态也各有不同。但我能确定的是，那些为退场准备时间越长的企业家，他们会产生心理问题的可能性就越小。而这并不仅仅因为"时间可以化解一切"，也因为只有充分的准备才能让企业家成功应对退场的 4 个阶段：

- 第一阶段是探索期。它包括探索多种退场方式的可能性，做出一些必要的自我反省，以及判断自己在退场过程中在意与不在意的各类事宜。探索期还可能包括决定一个数字（即当退场时机到来时，一个你乐于接受的卖出价）以及一个时间期限。
- 第二阶段是战略期。在这一阶段，你需要学会将公司本身视为一件抽象的商品，而不仅仅是一家具体产品或服务的提供商；然后努力打造这件商品，令它所具备的素质与特色能使其价值最大化，从而让你实现圆满退场。
- 第三阶段是执行期。在该阶段，无论你希望企业被卖给第三方、被管理层收购、被子女继承，还是被清算，你都要为实现自己理想的退场方式而努力推动企业所有权的易手。

- 第四阶段是过渡期。该阶段开始于企业出售交易的完成，结束于你已充分投入人生的下一个目标。直至你在生理与心理上都做到了"移情别恋"，开始挑战人生的新冒险、新视野、新角色，或是彻底退休，你的退场过程才算真正结束。

当然，每家企业、每位企业家，以及每次退场都是独一无二的，而上述这4个阶段对于不同人的"打开方式"也都各有不同。对于一些我认识的前企业家而言，过渡期宛如一场酷刑；而对另一些人来说，过渡期转瞬即逝、平静祥和。一位企业家将交易执行阶段形容为"一场为期9个月的拔牙"，而另一位对该阶段的回忆则是"有趣、刺激、令人兴奋、有教育意义"。有些企业家要花费数年才想清楚自己理想的退场方式，而另一些却似乎凭本能就知道了答案。有些干脆就跳过探索期，没想清楚自己到底想要什么就卖出了公司，并在日后为自己的鲁莽买单。

这4个阶段会彼此重合，尤其是前三个。比如说，聪明的企业家无论是否决定好了退场方式（第一阶段），他们总能围绕"今天创立一家企业是为了明天就把它卖掉"这一观点去做任一决策（第二阶段）。另一种情况也不罕见，就是有些企业家已经为卖掉企业而完成了整个谈判流程（第三阶段），却在最后一分钟撤出谈判，并将谈判所得用于修订企业战略计划（第二阶段），还有可能因此更改他们退场的方式（第一阶段）。而唯一难以"推倒重来"的是第四阶段，因此正确执行前三个阶段是极为重要的。

企业家首先应考虑的是，你在退场阶段有哪些可能的选择。选项之多远超我们的想象。假设你希望卖掉而不是清算企业，那么首要问题就是你想把企业卖给谁，一位家庭成员，或第三方，或公司雇员与高管，还是让公司公开上市？此外，无论是上述哪一类买家，其内部也有许多潜在的选择。你更喜欢一家私人股本公司，一位正在寻找良好商业机遇的个人，一家同行业的竞争对手公司，还是一家正在寻求扩张市场或业务能力的大型企业？公司被收购后，你想继续留任还是离职走人？一位承诺将保留你原公司文化的买家，对你来说是否重要？你对公司发展有什么远大抱负？你对公司出售后可能给员工们带来的影响是否在意？你是否希望为公司留下一项传统？如果是的话，是什么类型的传统？你能否接受"业绩目标付款安排"的收购方式，即买方与卖方约定保留公司卖出价格的一部分暂不付款，如公司在卖出后的表现（如销售额）达到一定的指标，则予以支付，未达标则不支付该笔款项？此类选择尚有很多。⊖

或迟或早，所有此类问题都会被一一回答。而你回答它们的方式将决定你的退场状态。你对这些问题思考得越认真，对其他企业家的经历了解得越深入，将自己的想法与他人的经验比较得越多，才会更清楚什么才是自己真正想要的结果，也就更有可能对自己的退场过程感到满意。

当然，有些企业家对这些问题的回答是胸有成竹的。一些企业家早在创立企业之前就已经准备好了退场计划。另一些企业家则十分欢迎那些想要获得套现机会的投资者——通常这种套现是通过将企业卖给第三方实现的；有时是通过公司进行首次公开募股（IPO）实现的。还有一些企业家则更为简单直接，他们把自己视为投资者，而将买下或创立的企业视为一项投资。对上述企业家来说，他们只想实现企业价值的最大化并将其顺利出售。但这类企业家明显属于少数。根据我的经验，他们在人数上远少于那些更为"纯粹"的创业者与企业家。"纯粹"的企业家往往忙于应付企业运营中的各种挑战，或是致力于让企业发展再上一个台阶，或仅仅是在日复一日、月复一月、年复一年

---

⊖ 请登录 www.finishbigbook.com 网站，上面列出了一张有关"退场可选项"的完整列表，以及一张"关键问题列表"，供有退场想法的企业家们参考。——作者注

地维持企业运营，以至于没时间去思考退场时刻的到来，更不用说去为之进行各种筹划与准备。

如果你足够幸运的话，也可能侥幸成功。比如说像雷·帕加诺一样，你可能在长达数年甚至数十年的企业经营中都完全没有考虑过自己的退场事宜，但在最后时刻仍有机会做出所需的调整，精心策划出自己"优雅谢幕"的方案并予以实施。但这样操作的风险其实很高，因为商业旅程的结束时间往往不会如你所愿。我在这里指的"风险"并不是众所周知的"过马路被车撞了"。在企业经营中风险永存，但谨慎的企业家往往都会提早准备好应急方案。然而，这种企业应急计划与企业家的退场计划不同。前者多是用来在公司易主后保护好留任员工的，而后者则是用来保护原企业家的——虽然公司卖掉了，但生活仍要继续。实际上，"卖掉企业"这一过程的执行期很少会成为退场过程中最艰难的部分，紧随其后的过渡期才是。此时，原企业家要进入人生下一个阶段，而且必须承受自己之前所做的种种决定所带来的后果。

对雷·帕加诺来说，这些后果大多是比较好的，一部分是因为他从一开始就十分清楚自己的目标。在进行退场规划时，他就知道自己要什么——他想过上一种随心所欲的生活，去完成一切过去因经营公司而未能实现的想法。他对这种生活已经有了具体规划，除了玩游艇和陪伴家人外，他还希望自己离开公司时的心态是平静祥和的。他说："我一直觉得，我想要的就是在离开公司后还能感觉良好。"

他随后所做的一切决策都是以实现自己的未来愿景为目标的。这些决策不仅包括对公司进行内部调整，还包括卖出公司的交易方式、卖出条件，以及他希望卖给哪种类型的买家。公司首席财务官珍妮特·斯波尔丁指出，帕加诺不止一次地说过"如果买方不能保障员工待遇不变，我绝不会卖掉公司"这样的话。珍妮特亲眼见到他把"员工就是我的家人，我希望他们被照顾好"这句话亲笔记录下来。

在出售公司数月后，帕加诺在感觉到充分解脱的同时，也不可避免地产生了失落感。对任何一位曾用大半辈子全身心地运营自家企业的老总而言，这种复杂的感情是极为普遍的。不过，这份失落感远不及帕加诺因一生创业而产生的成就感，以及因自己的老员工在新老板的领导下越过越好而产生的感激之情。

结果就是，这种在退场期会给企业家蒙上阴云，并在过渡期使他们饱受痛苦的后悔之情，并没侵袭到帕加诺的内心。而其他人就没那么幸运了。但如果你在精神上做好了准备——弄清自己是谁、想要什么、为何想要，并根据答案做出相应的决策——你的过渡期也会像雷·帕加诺一样一帆风顺。

# 第二章

## 离开公司后，我是谁？

先弄清自己是谁、想要什么、为何想要。

在即将卖掉自己一手创立的"跨信通"公司（CrossCom National）多数股权的前夜，布鲁斯·利奇（Bruce Leech）直至凌晨两点半仍独坐在办公室中，凝视着那些他应在交割会议前就签署好的文件。几个小时后，他就能实现财务自由，在48岁成为一名身家清白，且资产负债表极为稳健的巨富。而在数年后，如果公司有机会二度售出，他还能凭借自己在公司剩余的股份再发一笔。人人都觉得，他应该准备好香槟，庆祝自己漫长商业旅程以非凡获利而告终，以及人生巅峰的到来。然而当他深夜静坐在办公室，周围环绕着一摞摞代表了自己从商23年历程的文件时，利奇其实是心烦意乱的。

利奇在1981年与两位伙伴共同创立"跨信通"公司时，他还处于英姿勃发的年纪。与其他数以千计的企业家一样，他们创建公司的目的也是希望能利用美国贝尔电话公司解体这一千载难逢的良机，通过向各个企业销售电信设备而大赚一笔。这家初创公司在草草成立后不到3年，另两位创业伙伴就都甩手不干了，就连利奇自己也决定逐渐缩减业务直至关掉公司。就在他已经在为一份新工作而接受培训时，他从电话录答机中听到了一条来自美国最大连锁药房——沃尔格林公司（Walgreens）的留言。这家药房业巨头希望利奇为沃尔格林的1200家分店安装电话系统——限时3个月。尽管不知道如何才能在如此短的时间内完成任务，利奇还是立即给出了回复"没问题"，并辞掉了新工作，回归跨信通公司。

在接下来的20年间，跨信通成长为一家内部通信系统安装与服务行业的领头企业，员工增长至300余名，销售额高达7000万美元，也成为客户心目中全美一流的零售巨头之一。这也是利奇自创业以来最幸福、最风光的一段时期。他回忆道："一切都是那么激动人心。我每天早早起床并一直工作到深夜，我热爱工作中的每一分钟。"但随着时间的流逝，他的工作热情开始逐渐消退。只有在1995年跨信通的业务拓展到英国时，这份热情才短暂地得以恢复。利奇以前从未离开过美国，因此在欧洲开设一家分公司令他兴奋不已，他甚至搬到伦敦住了一年，指导新公司的筹划和运营。

吸引他留在欧洲的不仅仅是商业机会。利奇指出："回顾那段时光，我觉得自己是在逃避回到美国母公司。我猜自己可能对美国那边的业务有点厌倦了，而英国的一切又那么棒。所以我在英国一待就是好几年，最后不得不收拾一切回到美国，面对我可能一直在躲避的现实——我厌倦了经营这件事。"

除了这份疲惫感，利奇还要应付更多的压力。由于常年旅居国外，他的婚姻变得一团糟，美国母公司的状况也相当混乱。但他的回归并没能挽救自己的婚姻，他与妻子在2000年离婚。同时，为了解决公司组织结构方面的问题，他将首席执行官的职位让给了一位有抱负的年轻"徒弟"格雷格·米勒（Greg Miller）。米勒一直在展现出他在管理运营方面的天分，而这正是利奇所不感兴趣的地方。尽管他在公司创立后一直积极地参与日常运营，尤其是销售和市场营销，但他心不在此。利奇抱怨说："公司运营对我而言是毫无意义的，我一直在寻求做点更大的事情。而且，我因为处理公司日常事务失去太多了，包括我的婚姻、与孩子们多接触的机会。但现在跨信通由格雷格负责运营，我觉得自己连公司都失去了。可怕的是，失去了这么多，我却并没真正获得什么。我欠前妻很多钱，一个儿子要上大学，房子还抵押给了银行。"

但利奇并非一贫如洗，毕竟公司股份是属于他的。他认为自己可以卖掉公司40%的股份，并继续保持对公司的控股权。他首先聘请了一位经纪人，帮他与一家私人股本公司"葛昂思与邦兹合伙公司"（Goense Bounds & Partners）进行接触，并拟定大致的交易条款。他接着与自己的律师会面，当律师问及他为何要将如此大规模的股份出售给一家外部投资公司时，他回答道："是为了缓解自身的财务焦虑，并因此获得更多的自由。"律师嘲讽道："自由？如果让外来资本入股公司，自由就是你最不可能获得的东西。如果你不把每一项重大决策对新合伙人解释清楚，他们就不会同意你的任何决定。"利奇听后吓坏了，于是立刻取消了整个交易。

他的优柔寡断不仅导致公司花了数十万美元用于支付违约金，更严重的是打击了公司管理层的士气。公司高管们已为此事辛苦筹备了很久，如果交易成功，他们不但能获得实收款项的一部分作为奖励，而且还早早计划好了这笔外部资金的用途，准备为积极拓展公司大展拳脚。祸不单行的是，公司的财务压力依然存在。有消息说，跨信通正在失去自己的一个大客户——艾克德连锁药房（Eckerd Pharmacy），这意味着公司7000万美元的年销售额中，有900万美元将不复存在。这使利奇的焦虑进一步加剧。他回忆道："我还记得自己凌晨3点一身冷汗地惊醒，然后直接起床奔向公司。我对格雷格倾诉了这份焦虑，他回答说：'是的，你现在要做一个艰难的抉择。如果公司遇到大难，我只会失业，但你却会失去一切。你能承受这个结果吗?'在这次谈话后，我整整一个月都没能睡个好觉。"

财务破产的可能性迫使利奇不得不卖掉公司的大部分股权，即便这意味着他要放弃对公司的控制权。他重新回头和葛昂思与邦兹合伙公司进行谈判，该公司同意遵守原来的开价，不过交易条件变了——从原本要购得40%的股份上升为60%。而利奇已经将20%的股份出售给了公司的管理层，这意味着一旦成交，他手中将仅剩20%的股份。利奇最终同意了这个新条件，交易人员也开始了行动，交易日期已确定，双方律师完成了各自的工作，需要签署的各类文件也送到了利奇的案头。

就在万事俱备、只等签约的前夜，利奇在凌晨两点坐在办公室里，回顾着过往的商业旅程，并疑惑自己是否做出了正确的选择。弟子格雷格·米勒在当晚的早些时候登门拜访，他安慰利奇说："布鲁斯，你为这次交易做出了一切的努力。人人都觉得你做得很对，但我觉得好不好还是由你说了算。祝你好运，明早见。"

米勒说得没错，人人都鼓励利奇完成这笔交易，包括公司董事会、管理层、律师与会计师，乃至友人与家人。但他总有一种挥之不去的失落感。他在数年后回忆道："我在一生中从未感觉过如此孤独。这种感觉太可怕了。一件很明显的事实是，那些说这笔交易是我最佳选择的人们都能从中获得点什么。尽管我将他们中的许多人视为朋友，但心里总有一个小小的声音在质疑，他们真正为我的利益考虑过吗?这个问题很难回答。"

但在那时那刻，他已没有选择的余地。"我十分忐忑，但我觉得自己不能再一次取消交易了。箭在弦上，我最后还是签署了所有文件。"

# 退场计划不周之祸

一位企业家的商业之旅能够以多种方式结束，但许多人像利奇一样，在匆忙中就结束了生意，没给自己留下太多的准备时间。造成这种匆忙退场的原因各种各样，有人是觉得疲惫了，有些人是感到厌倦了，有些人是遭遇了个人的不幸事件，有些人是因为接到了一个他们认为无法抗拒的收购报价，有些人是因为所在行业或整个经济状况遭受了意外的打击，有些人是受到自己大客户所遇麻烦的牵连，还有些人只是遭遇了单纯的资金枯竭。总之，各种原因都有，很难一一列举。

计划仓促的退场很少会令人满意，尤其对那些尚未详尽思考自己人生下一步的企业家们而言。这类人总是依照他人的意志而活，在遭遇大事或突发状况时，别人认为他们该做什么，他们通常就会依命行事。而在此过程中，他们失去了主宰自身命运的机会，而这个机会可以说是企业家所拥有的最为宝贵的财富，也是大多数人创立或购买一家企业的首要原因。

在一段商业旅程开始之初，你是真正有机会影响这段旅程的去向与终结方式的，可以说是"一切皆有可能"。但随着时间的流逝，你的退场选项会变得越来越少。无论有意无意，你所做的各种决策与所采取的行动开始影响你的退场可能性，包括你必须卖出什么、你能把它卖到什么价格、谁是潜在买方，以及为了使公司变得"整装待卖"，你需要做些什么。

很明显，留住那些能让你实现心仪目标的各种可能选项是对你有利的。但前提是你要知道自己的目标是什么。首先，这意味着你应该了解自己是什么样的人，希望通过卖出企业获得什么，以及为什么要获得这些。如若不然，你就无法在各种退场可能性中做出选择，甚至无法识别出这些可能性的存在。而一旦在这种迷惘的状况下退出企业，你对自己接下来要做什么也必然毫无头绪。

"我没认真考虑过自己卖掉公司多数股权后的生活。"利奇后悔不已道，"一位同样卖出公司的朋友对我说，'没想好下一步之前千万别卖！'言犹在耳，可惜我当时并没在意。而缺乏未来规划让我心里没底。"

利奇在几个月后才发现自己所处的窘境。整个交易是在 2004 年 11 月初结束的，而直到年末他都在享受假期生活。到了次年 1 月，他决定回归工作，但却并不知道自己想做什么。尽管他仍在跨信通的董事会留有一席之地，但已经不负责任何日常事务了。但没关系，他觉得只要自己准备好，商机随时会出现。于是他在芝加哥市中心租了一间办公室并印制了名片，然后就是漫长的等待。他痛苦地说："孤独感挥之不去，我想和办公大楼里的其他生意人建立人际关系，但他们通常都是大门紧闭。我所有的朋友都仍在工作，没谁可以一起厮混，连孩子们都在忙着上学。我不知道该做什么，只觉得自己越来越微不足道。在跨信通的时候，我手下有 300 多名员工靠我吃饭。但突然之间我就变成了一个无足轻重的闲人。没人再需要我，也没人真正在乎我。大家都只是例行问候一下，'最近怎么样？退休的感觉一定很棒！'我讨厌听到这种话，我才 45 岁，还没到要颐养天年的时候。"

利奇开始寻找一些可以充实自己人生的事情。他觉得那些非营利性机构可以帮他实现这一目标，于是就参加了数个全球性的扶贫机构。他为了其中一家机构去往非洲，又加入了另一家医疗团队，远赴南美洲国家玻利维亚。他还对教育事业产生了极大的热情，并与母校美国密歇根州立大学（Michigan State University），以及他获得工商管理硕士学位的美国德保罗大学（DePaul University）展开合作。不过，尽管他认为自己的第三世界之旅是"足以改变其人生的"，自己的教学体验也"棒极了"，但这些事情无法填补他空虚的内心。他感叹道："一日企业家，一辈子企业家。我仍然渴望做生意，不是单纯为了钱，而是为了做一些有意义的事并因此获得报酬。免费付出自己的时间是极有意义的，但我认为前企业家们仍需要通过参与商业博弈来感受自身存在的价值。"

由于利奇在寻找自己的下个目标时一直磕磕绊绊，他愈发质疑自己卖掉跨信通控股权的决定。新的控股方有效地将他排除在外。尽管仍保留了公司董事与主要持股人的身份，但他已被视为一个外人，对公司的影响力几近为零。所有的战略性讨论都无须他的加入，也没人咨询他的观点，这种被边缘化的状态让他深感沮丧，而这份沮丧感又令他更为后悔自己当初的草率。他觉得自己完成这次交易是为人所迫的。没错，他那时的确筋疲力尽，可能还有些绝望，但除了卖掉控股权就别无选择了吗？

在参观过位于芝加哥、被誉为伊利诺伊州最佳工作地之一的"味之满餐饮承办公司"（Tasty Catering）后，利奇更加确定了这种想法。"我目睹了他们的公司文化，这让我深受触动。"他感叹道，"跨信通也拥有过这样的文化，我们曾打造出的公司文化现在已毫无踪影。但直到卖出公司后，我才意识到它在我心目中的地位非同一般。当时人人都在说：'想想用 2000 万美元能做些什么，你能付清对前妻的欠款，甚至买一架新飞机。'但我卖出公司后并没获得任何幸福感，所以在接下来的 3 年里，我每天都在为自己失去的一切懊悔不已，却没去认真思考自己在将来应该做什么。"

利奇最终还是找到了自己的新事业。在 2008 年，他和有着同样仓促退场经历的好友戴夫·杰克逊（Dave Jackson）共同创立了一家名为"全美渐进"（Evolve USA）的服务与互助机构，为那些已经、正在或打算卖出自家企业的人们出谋划策（详情请见第六章）。利奇感慨道："我那时没做好准备就把公司卖了，我甚至不懂怎样才算是做好准备，但我希望其他企业家能想清楚。当大家谈及圆满退场这一话题时，关注的一般都是如何顺利卖出企业，但这只是完成了退场过程的 20% ~ 30%。剩余的 70% ~ 80% 则是企业家要成功地做到情感割舍。所以你必须先做好一切心理建设，因为一旦买卖双方的交易人员参与进来，交易进度就会一日千里，等你意识过来时，自己已经是一个外人了。"

## 为何要问"为什么"？

在商界，一个差不多已被公认的事实是：知识就是力量。这些知识通常包括：当前你所在的市场是什么趋势；你的客户存在哪些担忧；新技术对你所在的行业会产生哪些影响；你的员工是否忠诚与充满干劲，以及诸如此类的问题。但奇怪的是，企业家通常会忽略从商业视角去审视一个最为关键的分析对象——他们自己。

最能够影响到一家企业经营状况的因素，莫过于企业家对自身的深刻了解。这种了解包括：你知道自己想要什么、不想要什么，你最关心什么，你的工作动力是什么，什么才是你真正的兴趣所在，你的缺点是什么，什么能够唤起你的工作热情，什么又会扑灭它。较之缺乏自知之明者，那些了解自己的企业家往往能够做出更优秀的决策，建立起更成功的公司，成长为更完美的领导人，并获得更丰厚的回报，也通常能够获得一个更为圆满的退场。这是因为他们能够培养起一种良好的感知，了解自己事业的终点何在，这是那些缺乏高度自我认知的企业家所做不到的。诚然，知道自己的最终目标并不意味着你就能达成该目标；但如果对自己的目标一无所知，那目标几乎是注定无法达成的。

现在有些企业家已经发现，实现自我认知是一项终生的事业。并不是说你特地空出一周时间仔细思考，你就能看透真我，自我认知是一个长期的过程。我认识的一位企业家在每年年初都会找个特定的时间坐下来，详细畅想自己未来 10～15 年的人生愿景并将之认真记录下来。他的生意伙伴也是这么做的。

如果缺乏自我认知，那么在商业旅程的终点，以及在此后人生道路上的每个关键阶段，你都很可能会处于一种毫无准备、束手无策的状态。而当最终离开公司并接受自己的身份转变后，你接下来要面对的问题仍然是"自己是谁、想要什么、为何想要"，它们是无法回避的。除非你能找到答案，或是撞到了一个能让你回答这些问题的机遇，否则想要找到人生的下一个目标仍是困难重重。你会像利奇一样苦苦寻找，并在很长一段时间内都漫无头绪。这段迷茫期会持续多久，会有多痛苦，一半取决于自己，一半取决于运气。但有一点是确定无疑的——当你最终找到答案时，你的选择已经远没有你在创立企业之初回答这些问题时那么多了。因此如果不能更早，那么在退场第一阶段就开始寻求答案是极为关键的。

在这里我要强调的一点是，不仅要自问"谁"与"什么"这两个问题，"为什么"这个问题也是不可或缺的。如果只回答前两问，你可能只会满足于比较肤浅的答案。但回答第三个问题会强迫你更加深入地自省，并认真思考自己对前两问的回答有多确定。

我曾经的合作伙伴诺姆·布罗斯基在吃了一番苦头之后才了解到回答"为什么"这一问题的重要性。他在 20 世纪 80 年代创立了自己的第一家公司"城市邮递"（CitiPostal），这是一家送信服务公司。那时他很清楚自己想要的是一家销售额至少达到 1 亿美元的公司，但却扬言自己永远不会去想为何要实现该目标。如果你逼着他给出一个答案，他很可能会回答说因为他极为自大，所以想抓住每个机会来证明自己无论做什么都是最出色的。不过，他本人其实远没那么简单，如果他能审视自己内心理性的一面，很可能会重新设定目标。

可惜他并没有回答。而他对实现 1 亿美元营业额的执着，最终导致了一场极为糟糕的收购行为。尽管这次收购使城市邮递公司的销售额一夜之间就从 4500 万美元攀升至 1.2 亿美元，但却让公司原本 110 万美元的年利润变为 1000 万美元的亏损，并由此导致了一系列的连锁事件，而且在次年将布罗斯基送上了破产法庭。在接下来的 3 年时间里，他一边奋力处置着公司的各种破产重组事宜，一边充分思考了"自己是谁、想要什么、为何想要"这 3 个关键问题。

他迈出的第一步是学会接受现实。最初他本人是不愿为公司的彻底失败负任何责任的，因为当时的几个外部因素很容易被视为他的"替罪羊"。比如，当时没人能预测到在 1987 年 11 月，美国会遭遇突如其来的股市崩盘，而这场崩盘毁掉了城市邮递公司很大一部分的生意。再比如，谁又能想到在大约同一时间，传真机的数量骤增，以至于足以取代人力传送消息的信使呢？因此，布罗斯基虽然承认自己的收购行为是一个错误，但却觉得人人都会犯错，而破产的主要原因是上述外部事件的发生，这是他无力掌控的。

最终让他停止推卸责任的，是某家商业杂志所引用的一位投资银行家的一番话。这位银行家说，他曾一度想要投资城市邮递公司，但在查看了公司的财务状况后大吃一惊，觉得公司在这方面"糟透了"，他指出："我看了一眼……然后想：'真难堪！资本结构糟糕成这样的公司是无法生存的。'"

布罗斯基立刻领会到了这番话的言外之意——公司的破产完全是可预测、可避免的。果真如此的话，显而易见的问题就是：为什么布罗斯基没能预测并避免破产？尽管这个真实的原因令他很难接受，但其实布罗斯基心里有数，公司破产是因为他将关键问题忽略了。他是如此专注于实现 1 亿美元的营业额，又如此自信于自己完成并购的能力，以至于对公司的危机视而不见。实际上，他是在享受这种危机感。冒险让他兴奋，这是他的一个基本性格特点。他承认："我就是喜欢这种站在悬崖边向下望的感觉。"

所以说，城市邮递公司并不是被股市崩盘或者传真机的崛起所击垮的，而是败在了布罗斯基的赌徒本性上。而他偏屈从于自己的本性，不仅让公司在面对意外危机时不堪一击，还将自己的近 3000 名员工暴露于他们本无须面对的打击之下——公司 98% 的员工以失业告终，尽管他们本身没犯下任何错误。

但无论如何，布罗斯基是一位有良知的人。他痛苦地意识到，自己就是导致公司员工大难临头的直接并唯一的责任人。这些员工是他雇来的，并服从他的一切指令。他下定决心不会重蹈覆辙，再不让手下人失去饭碗。

从此，布罗斯基改变了自己的经营方式。他坦承自己性格上的弱点，并知道如果不自我约束，就会继续对自己乃至他人造成威胁。注意到这一点之后，他采取了以下几项预防措施。其一，当他重新创业时，召集了一群行事稳健、善于分析、注重细节的帮手。其二，他承认自己不擅长，也不喜欢管理，而且愿意把管理工作交给那些擅长的人。其三，他告诫自己要仔细聆听手下们的讨论与意见，这是他过去曾忽略的。其四，他设立了一项处理问题的新方案，其中包括如果问题是由他自己造成的，如何确定他在其中到底起到了什么不良作用。其五，他制定了一条凡是做重大决策前必须先冲个澡的规定。而他冲澡都是在早晨，所以该规定其实是保证了他在做决策之前至少要思考一天。

同样重要的是，他改变了自己的业绩目标。上次的破产让他不再过度执着于销售额，也不再急于拥有一家大公司。他意识到，达成 1 亿美元的销售额就其本身而言是毫无意义的，尤其是对传信服务这种低利润的行业而言。他现在宁愿拥有一家营业额仅 2000 万美元，但利润高且现金流充足的公司。

就在那时，他的一位老客户碰巧前来拜访，并提出了一个不常见的要求。这位客户手上有 27 个文件箱需要存放在某处，她想问问城市邮递公司是否提供这种服务。虽然从未听说过这类"文件存储"服务，但他快速研究一番后惊喜地发现，这就是他正在寻找的新业务。因此，他的第二家公司"城市存储"诞生了。在接下来的 17 年间，他和员工们将这家公司发展为全美最大且最受业界尊重的档案存储公司之一。在 2007 年，布罗斯基将城市存储公司与两家关联公司的多数股份外加其公司大楼的主要房地产以 1.1 亿美元的价格卖给了一家中小型企业融资提供商"联合资本公司"（Allied Capital）。回顾这一切时，布罗斯基感慨道，如果他对"自己是谁、想要什么、为何想要"这几个问题没有一个明确的答案，以及如果没有根据答案改变自己的行事风格，也就不会达成这么圆满的交易。

## 投资者心态

幸运的是，有时候你无须经历破产，也能够回答出"自己是谁、想要什么"这两个问题。有时候一场危机就是最佳的学习机会。很多企业家之所以能够获得一个圆满的退场，其原因都能追溯到他们曾经历过的某个麻烦事件，而此类事件反而推动他们的事业走向正轨。

我曾在第一章提及的一位人力资源行业的企业家迈克尔·勒莫尼耶就遇到过此类事件。他在一家大型的人力资源公司工作了 9 年并已升为部门副总，但却因与一位新老板发生冲突而被开除——或者按照他的说法，"获得了解放"。他大大地冒犯了这位老板，"我骂他是个混蛋。"勒莫尼耶自述道。但无论是什么原因导致了这场解雇，他都从中学到了一个经验："这件事让我意识到过去的我把自己的全部都系在工作上，这种做法是多么愚蠢。"

这也成为他开始创业生涯后的指导思路。他将自己拥有的所有公司都视为一项投资，而不是一生的事业。他指出："每个人都只是书中的一个章节，但这一章节并不代表全部的自我。我当然热爱自己的事业，也会对一次成功的投资充满热情。但我对事业的看法与我认识的其他企业家的想法并不相同，这可能是因为我创业的开端与众不同。"他的意思是，对他而言创立一家公司与退出这家公司不过是同一枚硬币的两面。"在创业与退场时，我都将自己视为一项投资的所有者。无论我何时开始考虑创立一家新公司，我都不仅着眼于它的起点，也会考虑它的终点。"

他所创立的公司对于他的自我认知——即他对于"自己是谁、想要什么、为何想要"这 3 个问题的答案——并未产生任何重要影响。他坦言："我的公司并不代表我的身份，但却给了我更深入、更直接地发现自我的机会。当我自问'离开公司后我是谁'这一问题时，我可以很自信地给出答案——我是上帝的孩子，一位丈夫，一位父亲。"

怀疑论者可能会注意到，勒莫尼耶并未进行实质上的创业。他购买企业并积极经营，最终卖出获利。尽管他是经营者而非纯投资客，但他的经历使我们很容易理解，为何他将自己的生意视为投资，以及为何他不愿被定义为一个生意人。

约翰·瓦瑞劳的经历与勒莫尼耶也颇为相似，这位加拿大企业家早在大学三年级就在多伦多市开始创业了。与勒莫尼耶一样，他也是在创业时就考虑过退场事宜。他说自己这么做的部分原因是他在成长过程中接触过许多成功的商人。他的父亲詹姆士·瓦瑞劳（James Warrillow）在加拿大创办了一本现在名为《利润》（*Profit*）的商业期刊，该期刊在加拿大商界与《企业》杂志在美国商界的地位相当。"不知有意无意，我父亲一直让我接触那些有过退场经历，以及那些在创办企业前就做好退场规划的企业家们。"瓦瑞劳如是说。但尽管对未来卖掉自己的公司早有心理准备，但如果没遭遇一场特别经历让他有机会厘清"自己是谁、想要什么、为何想要"这 3 个问题的答案，瓦瑞劳可能会更加难以割舍自己名下规模最大、最知名的企业瓦瑞劳公司（Warrillow & Co.）。

瓦瑞劳的创业经历是这样的，他曾制作并主持过一档电台访谈节目，邀请成功的企业家们进行访谈。该节目的赞助商之一加拿大皇家银行（RBC Royal Bank）希望赢得更多的小企业客户，但银行针对小企业发出的直邮广告往往有去无回，而小企业通常也不会主动联系银行的信贷销售人员。因此，皇家银行的市场营销人员向瓦瑞劳寻求帮助。最初瓦瑞劳觉得他只是在帮广告商一个小忙，所以就免费为他们提供建议，但他很快就收起了咨询费。随后他发现其他公司也愿意为此类建议付费，因此在 1997 年创办了瓦瑞劳公司。

那时他年仅 26 岁，而他手下的员工也大都与他年龄相仿。回顾那段时光，他将整个公司文化形容为"高中风格"。员工们一起工作一起玩乐，并在 7 年间将公司营业收入增加至 400 万美元。瓦瑞劳一直希望提高自己的领导技能，并致力于打造一家伟大的公司。于是，他积极参加各种研讨会与讲座，并如饥似渴地钻研一些管理类书籍，对为员工打造一个愉快的工作环境十分上心。他回忆道："我在创建积极愉快的公司文化的道路上走得很远，员工们可以带着宠物犬来上班，公司设置了许多有趣的休闲场所，大家彼此的感情都特别好。"此外，他对公司文化理念满怀信心，因此当看到核心员工纷纷离职时，他感到格外震惊与失望。

首先离职的是公司最资深的业务经理之一，他从一位客户那里接受了一份新工作。数月后，研究部主管也因同样的原因辞职。有了这两位带头，其他员工也都纷纷效仿。在短短 6 个月的时间内，瓦瑞劳失去了 40% 的员工，这对公司造成了海啸般的动荡，并威胁到了公司与客户之间的关系。

员工们的离职原因并不神秘。瓦瑞劳黯然道："我们公司太小了，他们跳槽到了大公司，会获得更好的机会。那时公司还在努力求存的阶段，一个人要做 3 份工作。公司结构也并不完善。而且别忘了，我们公司的业务大都与大型机构打交道，所以员工们一直在受到这些大公司优厚福利和待遇的诱惑。"

但无论如何，瓦瑞劳都感到自己遭到了背叛。他郁闷地说："这种感觉很难形容，大致和青少年时期被女友甩掉的滋味差不多。"据他推断，员工们并没有像他一样对构建一个绝佳的工作环境那么投入，而且也并不欣赏他为之所做的一切。他感叹说："这段时期实在太难熬了。"

但他并没有就此消沉下去，而是雇佣新员工来填补旧员工的空缺，并与员工共同努力将公司拉回正轨。但这段经历彻底改变了他对待公司的态度。"我对自己承诺，绝不会再对公司投入那么多情感了，绝不会再让事业成为我社会生活与家庭生活的替代品。碰巧的是，那段时间我的第一个孩子出生了，我成了一位父亲，我的人生从此改变了。我意识到世间有许多事情远比公司重要，这一认知加速了我在心理上与公司的剥离。在职场上，我变得冷静客观，公司事务不再像以往那样牵动我的喜怒哀乐。"

实际上，瓦瑞劳已经将个人情感与公司脱钩。尽管他曾经对创建一个完美的工作场所与打造一家伟大的公司充满热情，但现在早已不再那么感情用事了。他现在认为，公司只不过是一个赚钱工具，能够让其所有者在工作之外打造一个完美人生。成功的事业只是实现圆满人生的一种手段，两者之间不能画等号。在这种心态下，当他在 4 年后卖出公司时，感觉远比其他的退场企业家更为轻松。"我曾经听说卖掉企业的感觉就像失去子女或是遭遇离婚，但可能是因为过去的那场经历，我完全没体验到类似的感受。如果没被伤害过，我可能会对公司更加难舍难分。"

## 使命还是工作？

当然，有些企业家也与勒莫尼耶和瓦瑞劳一样，深思过"自己是谁、想要什么、为何想要"这3个问题，但却得出了截然相反的答案。他们乐于承认自己对企业的情感投入，认为自身与企业血肉相连。他们中的一些人将人生的大部分时间与精力投入在打造业界一流企业上，致力于为客户提供最佳服务，与供应商建立良好关系，以及为员工创造完美的工作环境。日复一日，他们都在想方设法地改善那些与公司相关的人们的生活。

这些企业家最终也会退场，但与勒莫尼耶和瓦瑞劳不同，幸福而优雅地退场对他们而言是一项更为艰巨的挑战。首先，他们担心自己退场后公司的命运，因此会对收购方更为挑剔。其次，他们还要与自己的懊悔情绪进行抗争。不过，如果他们能找到自己的新使命，这种难舍难分之情就会减少许多。这种情况时有发生。人是会变的，人生计划也会随之改变，前提是他们要具备充分的自我认知，能意识到自身的变化。

奇普·康利（Chip Conley）是在2007年的某个时刻察觉到自身所发生的变化的。自成年后，他的大部分时间都在打理自己在全美所有的顶级精品连锁酒店。早在1987年，当他年仅26岁的时候，他就在美国旧金山市的田德隆区（The Tenderloin）开设了自己的第一家企业"凤凰宾馆"（the Phoenix）。20年后，他创立的杰德威尔好客连锁酒店（Joie de Vivre Hospitality）已在加利福尼亚州拥有30多处地产，并因其创造性的酒店理念、样板式的客户服务，以及多次被提名为旧金山湾区最佳工作地点而在全美声誉卓著。康利还曾被誉为湾区最具创意的首席执行官。要知道，湾区本身就因拥有众多富于创意的 CEO 而闻名。他还撰写过两本商业类图书，并准备出版第三部，也将是最具影响力的一本，名为《巅峰：马斯洛理论赋予伟大公司的魔力》（*Peak：How Great Companies Get Their Mojo from Maslow*）。该书描写了康利在加州酒店业的两次大萧条时期，即互联网公司泡沫时期（1995—2001 年）与 9·11 恐怖袭击事件时期（2001 年），带领酒店走出困境的想法、原则与技巧。

直至那时，他都没去考虑过要离开自己的工作岗位。尽管他在这些年曾数次被多家潜在收购方所试探，但他完全不为所动，这主要是因为康利没准备好要卸下 CEO 一职。他说："我对放弃自己的职位毫无兴趣，杰德威尔酒店是我的使命所在，我觉得自己会一直干下去，直到 75 或 80 岁。"

但就在他撰写并谈论新书《巅峰》，以及之前的大作《营销改变世界》（*Marketing That Matters*）时，有些事情发生了改变。他发现自己真正享受的是写作过程所带来的独处、反省与深思，以及进行公共演讲时的那种交互、阐释、教育与分享。他突发奇想，觉得比起经营杰德威尔，自己实际上更喜欢写作与演讲。"如果说一项使命能给你补充能量，而一份工作会耗尽你的精力，那么我开始觉得经营酒店更像是一份工作，"他感慨道，"我的意思是，我一周能做 4 到 5 次演讲而仍然精力十足，因为演讲本身就能激活身心。但我的主要事业仍是担任CEO。我意识到，'老天啊，我碰到问题了。'曾经吸引了我 20 年的事业，并不是我在未来想做的。"

不管怎样，当他在 2008 年年初又一次遇到出售酒店的机会时，他的第一反应是"当然不！我还没准备好"。但又一转念："我脑中响起了另外一种声音：'算了吧，你不可能同时做好两件事。'"于是，他同意探索出售公司的可能性。除了将其告知助理和自己的父亲（后者也是他最亲密的顾问），他开始秘密会见可能的收购方、投资银行家，以及其他会参与尽职调查的相关人士，与他们协商卖出杰德威尔的事宜，持续了近六个月。他坦承："对我来说，进行公司评估以及自我适应可能真要卖出酒店的想法，这两件事情都十分棘手。但最终谈判还是取得了一定的进展，在 6 月的一次晚餐中，我与收购方在价格上达成了一致。我当时的回答是：'好的，那就行动吧。'"

不过，交易过程中出现了一个问题。买方的计划是，将杰德威尔与另外两家酒店公司进行合并，但后两者他们尚未搞定。康利在之后的两周都没收到收购方的任何消息。他最终主动致电买家，但买家告诉他说，他们在与其他那两家酒店公司进行谈判时遇到了麻烦。当时，美国经济已经呈现衰退状态，而随着泡沫的破灭，房产价格也开始一路下滑。在大约一周后，买家通知康利终止交易。

康利觉得自己像一位在婚礼当天新娘没出现在教堂的新郎。他说："我在精神、情绪和心理上都好不容易接受了自己要卖掉酒店、重新启航这一事实。所以我当时的想法只剩下：'好吧，可现在我该做什么？'"

这是他在当天收到的第二个坏消息。而在那天的早些时候，他旗下一家酒店的主管承认自己在过去 4 年间挪用了超过 100 万美元的公款。而那天晚间，康利又在一场棒球比赛中摔断了脚踝，不得不住院10 天。

此后，受脚踝骨折并发症之苦，他的身体状况并未见好。到了 8 月中旬，在圣路易斯市的一场演讲活动后进行书籍签售时，他突然身体不支，心脏实实在在地停跳了数秒。急救人员对他施行了心脏复苏术，他还必须住院数日。出院后，他继续照常工作。当 2008 年 9 月 15 日他仍处于身体恢复期时，雷曼兄弟公司申请破产保护，美国经济随之呈现一落千丈之势。包括杰德威尔在内，美国酒店业的各大公司在

## 第二章
### 离开公司后，我是谁？

泡沫年代<sup></sup>都大额举债，并因此次经济衰退而严重受创。酒店的年收入下降了 20%～30%，康利突然发现自己在这 7 年间已经是第二次在破产边缘挣扎了。他感叹说："第一次濒临破产时，我感觉自己像一位斗士；而第二次时，我觉得自己像一个囚犯。"其实这次他面临的压力更大，因为杰德威尔公司已经启动了要在 21 个月内推出 15 家新酒店的项目。随着经济危机的不断加深，他开始频频接到酒店合伙人喝得烂醉的配偶们在深夜打来的电话，抱怨说他们正面临破产，甚至可能无法支付孩子们的大学学费。

更为雪上加霜的是，康利陆续听闻友人自杀的消息。短短两年间，就有 7 位与他年龄相近的朋友放弃了生命。其中一位是他的保险经纪人兼重要顾问，还碰巧与他同名，也叫奇普。康利去参加了这位奇普先生的追悼会，并聆听了许多人对逝者的追思。

接二连三的坏消息使康利卖掉杰德威尔公司、奔向新使命的念头愈加坚定。当在年底前往加州海岸的大瑟尔（Big Sur）度假时，他心目中对未来生活的刻画变得更加清晰。他感叹道："我在那里度过了过去 5 年或 10 年内最美妙的几周，只做自己想做的事情，包括用 3 天时间专心写作。我真希望自己剩下的人生都能这么过。"

这段度假经历让他抛下了自己转型道路上的最后一丝顾虑，并因此心情大好。而过去那个"要不要转行"的问题，也随之变为"该如何转行"这个现实问题。美好的度假让他在此后数月都劲头十足。"当我回到企业家的岗位挣扎求存，有时甚至被压抑得无法呼吸时，我就会回想起大瑟尔海岸线，并对自己说：'这就是我日后要生活的地方，我真是太爱这里了。'我能够在脑海中触摸它、回味它、感知它。感谢这次度假，对我而言未来变得没那么抽象了。有些企业家会想象他们

---

⊖ 泡沫年代：指从 20 世纪 90 年代后期美国的网络公司热潮，到 2000 年年初期美国房地产大涨，再到 2008 年全球房贷崩溃的这段时期。——译者注

卖出公司后的生活，例如打高尔夫，搬到爱尔兰或意大利居住。但国外的生活与他们现在的生活大不相同，没那么真实、理想，你没办法从这样的想象中获得前行的动力和支持。"

康利又花费了一年半的时间试图卖掉公司，期间他与超过25家潜在收购方进行了协商，并最终与一家私人股本公司"吉奥罗资本"（Geolo Capital）达成协议。该公司的领导人约翰·A.普利兹克（John A. Pritzker）是普利兹克家族的继承人之一。在2010年6月，康利将杰德威尔公司的多数股权出售给吉奥罗资本。16个月后，吉奥罗资本将杰德威尔与另一家精品酒店连锁品牌"汤普森酒店"（Thompson Hotels）合并。这次合并让康利更加远离酒店的运营事务，而他乐见其成。他辞去了公司行政总裁的头衔，但仍保留了策略顾问与小股东的身份。

尽管康利在那时已完全投入了新事业，但他还没有完全割断自己与杰德威尔公司的情感纽带，或是放弃将它打造为一家伟大公司的愿望。在康利担任首席执行官期间，杰德威尔无论从哪个角度，都可用"伟大"一词来形容。但现在它已被并入一家名为"公社酒店 & 度假村"（Commune Hotels & Resorts）的新实体，康利已无法掌控它的命运。

康利接受了这一现实。实际上，尤其是在一位酒店业干将——汤普森酒店的首席执行官成为这一新实体的领导人之后，他也接受了杰德威尔会彻底消失的可能。"我完全无法确定杰德威尔未来的命运，"康利坦言，"所以我必须学会接受，我的人生不会止步于这家我耗费24年心血打造的酒店集团。这期间有许多年，我甚至是无薪工作，就是为了建立一家令人难忘、声名持久的酒店，一个供其他业内人士效仿的典范。但我已经如愿以偿，并且不再拥有酒店的掌控权，而继续关注这些脱离掌控的事务只会令我焦虑。此外，人生还有其他让我愿意全身心投入的事情。"

他现在已经在撰写一本名为《情感方程式》（*Emotional Equations*）的新书，并且忙于各种演讲活动。2013 年 1 月，他推出了一项新业务"佳节 300"（Fest 300）。这是一项在线导览网站，向人们介绍他与其他节日爱好者们所认为的世界最棒的 300 种节日。同年 3 月，全球民宿与酒店预订平台"爱彼迎"（Airbnb）的联合创始人兼首席执行官布赖恩·切斯基（Brian Chesky）与他联系，希望他能帮助爱彼迎成为世界上最受欢迎的酒店服务公司。康利即刻同意兼职担任切斯基的酒店顾问，并在一个月后开始全职工作，成为爱彼迎公司全球酒店策略部的主管。对此时的康利而言，杰德威尔已成为往事，于是他在 2014 年年初套现了他在公社酒店 & 度假村的剩余股份。

回顾过去，康利并不后悔卖出主宰了他近 25 年人生的公司。相反，他认为如果不卖掉公司，他还会多留任 5 ~ 10 年，而这段时间其实是不必要的。他指出："如果你是一个有好奇心、一直想学习新东西的人，那么 25 年已经到了一个回报逐渐减少的节点。你所付出的时间和精力，无法再给你像过去那样的丰厚回报，或是你所需要的回报。"

他说，目前的事业给他带来的快乐与他在杰德威尔黄金年代时所获得的一样多，但两者是不同的。"那时的乐趣在于将我的印记留在我全心投入的事业的方方面面。而现在的乐趣在于不仅留下自己的印记，而且为某些比我本人更重要的事情服务，并成为参与其中的一分子。"

## 警铃响起

康利是非常幸运的，能够在对旧人生目标激情渐退时正巧找到新的挚爱。然而，他的这份幸运并不典型。许多同样致力于"建立一份令人难忘、声名持久的事业"的企业家们，往往并不会丧失对旧爱的热情。只要还能干得动，他们都会把这份事业进行到底。

但同样，这种专一的企业家也会在某一天离开企业，即便他可能是被一副担架抬出去的。而且除非他们那时已做好充分安排，否则他们的企业很难比他们本人更长寿。更糟糕的是，他们会留下一堆烂摊子让后人收拾。为了避免这种局面，此类企业家需要具备更高层次的自我认知，从而能够预判危险的到来，并采取有力措施来确保身体上的危机不会成为被人们记住的唯一理由。

但没谁会认为金爵曼餐饮连锁的两位联合创始人保罗·萨吉诺（Paul Saginaw）与阿里·维恩兹威格（Ari Weinzweig）缺乏自知之明。他俩于 1982 年在美国密歇根州的安阿伯市（Ann Arbor）创业。1992 年，金爵曼已发展为世界知名的餐饮连锁企业，被不同国家的杂志和报纸赞誉为最佳熟食店之一。在实现了最初目标之后，这两位合伙人所面临的问题是下一步该做什么。经过为期两年的密集讨论与深刻自省，他们最终规划出一个新愿景：创建金爵曼企业社区（Zingerman's Community of Businesses，缩写为 ZCoB）。该社区将由安阿伯市一系列与食品相关的公司组成，包括一家面包房、一家饭店、一家乳品店、一家咖啡烘焙工房、一家糖果店、一家快递公司、一家酒席承办商、一家培训公司等。每家公司都由一位在该公司工作的管理合伙人与萨吉诺和维恩兹威格名下的母公司"舞蹈三明治企业"（Dancing Sandwich Enterprises，缩写为 DSE）所共有。这是一项极为大胆的愿景，如果这两位对"自己是谁、想要什么、为何想要"这 3 个问题没有明确认知，他们也无法提出这一计划。

然而，这项计划存在一个盲点。当被问及他的退场计划时，维恩兹威格愤怒地回答道："我为什么要退场？我创造了一份能让我做一切我所热爱的事情的工作。我可以环游世界，与真正了不起的人一同工作，只品尝最优质的食物，每天都在学习、指导并帮助他人拥有一个美好生活。没有什么我想要的东西是我在这份工作中无法获得的。我才不会离开公司！"

　　萨吉诺至少承认有些事是不可避免的。他指出："我不认为自己需要退场，但我不可能永远工作下去，所以我想我最好思考一下这个问题。但至少从目前看来，能让我们退场的原因只有死亡。"

　　他们的确采取了一些预防措施，以防他们各自的商业旅程因意外而告终。比如，他们意识到，如果他们其中一位去世了，会给另一位造成一些财务问题。活着的那位必须和美国国税局（Internal Revenue Service，IRS）打交道，收入署将会坚持征收地产税，并对任何以现金方式继承他们遗产的继承人征收遗产税（他们已经达成一致，各自的继承人都不会进入金爵曼）。因此，萨吉诺和维恩兹威格将彼此设定为自己人寿保险的受益人。这样做的话，至少从理论上来说，会给活着的合伙人留下足够的金钱，来支付会被美国国税局征收的任何款项。

　　但已经成家的萨吉诺知道，他们要做的应该更多。他会不时地询问自己的老伙伴："我们俩先后去世了，公司该怎么办？谁会得到我们的股份？"

　　仍是单身的维恩兹威格会耸耸肩回答说："为什么我们要为这种事发愁呢？我们俩总会有一个先去世，剩下来的那个想怎么办就怎么办。"

　　幸运的是，他俩在接下来的几年间都十分健康，因此把退场计划和继任计划都放到了次要位置。只有萨吉诺仍偶尔提及此事，在2000年加入金爵曼企业社区的行政部门"金爵曼服务网络部"的公司行政副总裁兼首席财务官罗恩·莫勒（Ron Maurer）也有着相同的顾虑。在2008年，莫勒将萨吉诺介绍给了一位财务顾问，他们在面谈后达成共识，认为对公司的公平市价进行一次现实评估是十分必要的。不这样做，大家就不会确定萨吉诺和维恩兹威格所购买的保险额度是否够用。他们雇用了一家芝加哥公司进行此次评估，评估结果是他们的保额实际上严重不足。为了购买新保单，萨吉诺和维恩兹威格必须去进行体检。但萨吉诺因当时感觉身体欠佳，就不断推迟体检日期，希望那种不适的症状自行消散。

但接下来发生的一件大事改变了一切。2009 年 7 月的一天，萨吉诺在打网球时突然感到一阵极度不适，而他事后才知道那是一场心脏病发作。但他当时还是坚持打完了比赛，又继续工作了一天半。直到他和当时远在加州的妻子诉说了此事后，才在她的催促下去了医院的急诊室。医生的诊断令他大吃一惊。他事后感慨道："直到经历了一次他们所说的'发作'，以及被一位医生亲口告知你患有冠心病时，你才会真正开始思考自己的身后事，大多数人都会在这一刻才开始'醒悟'。"

当真正开始考虑身后事的时候，萨吉诺一直以来对金爵曼企业社区（ZCoB）未来的担忧突然变成了当务之急。他开始思考，他和阿里相继去世之后，ZCoB 将会变成什么样？需要做些什么来保障 ZCoB 其他成员的利益？ZCoB 旗下各家公司的管理合伙人是否会因母公司两位创始人其中一位的死亡而面临财务危机，是否同样需要人寿保险？在两位创始人都退场之后，ZCoB 将会被如何管理？

2010 年 1 月，金爵曼公司在总部之外的旧金山市召开了一次会议。萨吉诺对出席的 16 位管理合伙人提出了自己的担忧。他建议 ZCoB 成立一个特殊的管理委员会，考虑有关 ZCoB 在未来应如何运营的一系列问题。"我对大家说：'我们真的需要考虑如何将公司所有权和控制权传承下去的事宜了，但这是两件事。当阿里和我都离开公司之后，失去我们的专业知识、精神领导等其实都不要紧。要紧的是，我们还没弄清怎样才能团结一心地继续发展。我们还要考虑体系升级的问题。我的意思是，目前我们的管理模式运行得十分顺畅，但如果合伙人增加到 30 名、60 名，甚至 100 名，这样的模式还会有效吗？如果无效了，那么我们应做出哪些改变？'"

团队最终同意成立这样一个委员会，萨吉诺还让包括维恩兹威格在内的几位"反对派"都加入其中成为委员。他说："现在我的工作已基本完成，可以毫无顾虑地退场了。我做了自己该做的事情，就是让管理团队的每个人，尤其是每位管理委员会成员都开始思考公司的未来。他们都具有超强的判断力，一定能找出一条未来之路。"

## 保持镇静、继续向前的计划

4年后，这项计划仍在陆续展开。一个主题会带出另一个主题，金爵曼管理层需要思考的问题在不断增加。团队开始从各个角度一步步地设想两位创始合伙人离开公司后整个企业的运作方式。比如说，如果其中一位去世了，该如何选出一位新的联合执行总裁？当另一位也去世之后，公司又该如何应对？谁会继承两人名下的舞蹈三明治企业（DSE）？还是说该企业会直接消失？如果DSE因两人的去世而无人经营，它名下的知识产权归谁所有？金爵曼社区的经营收益会去向何方？会成立一个新实体以取代DSE吗？谁会是这家实体的所有者？DSE所持有的各家金爵曼社区成员公司的股份该如何处理？还有许多其他诸如此类的问题。

在探索企业未来的道路上，新问题不断涌现，尤其是员工所有权问题。萨吉诺和维恩兹威格一直都希望能让员工们也拥有一些公司所有权，但由于金爵曼企业社区（ZCoB）并不是一家实体企业，因此员工很难拥有其股权——既无法个人持有，也无法通过员工持股计划（ESOP）⊖实现。当然，萨吉诺和维恩兹威格名下的舞蹈三明治企业

---

⊖ 员工持股计划（ESOP），是员工所有权的一种实现形式，是企业所有者与员工分享企业所有权和未来收益权的一种制度安排。员工通过购买企业部分股票（或股权）而拥有企业的部分产权，并获得相应的管理权。——译者注

（DSE）是一家实体企业，但对部分员工开放 DSE 的所有权会对金爵曼社区的成员公司造成影响，并引发一系列无法应付的复杂问题。他俩还希望挑选几位员工加入合伙人团队，一位替员工发声，一位替顾客谋利，一位替供应商说话，还有一位替金爵曼企业社区摇旗呐喊。但该想法实施起来同样十分麻烦，萨吉诺遗憾地说："所以我们只好把它作为后备计划，并且一放就是好几年。"

无论是否设立员工所有权，公司都需要经常性地进行股价评估。而那些实行员工持股计划（ESOP）的非上市公司被要求每年必须由一家专业公司对其进行价值评估。评估公司会使用一系列复杂公式，最终一个能被美国国税局认可的公平市值。维恩兹威格并不喜欢这种方式，他抱怨说："折腾半天，最终的数字却是出自一个谁也无法理解的黑匣子！"他认为自家公司的办法更好，"我们公司施行的是开卷式财务制度。我希望员工自己也能算出公司价值的走向。"作为管理委员会的一名成员，他已经开始研究如何采用一些非常规的方式来处理公司事务。在一次商务会议上，他遇见了一位来自荷兰的参会者，对方向他建议了几种不同的估值方法。在借鉴了这些方法后，维恩兹威格与同事们发明了金爵曼自己的估值公式，来计算他们口中的"商业价值"（business value），与被国税局与法院承认的"公平市值"进行对照参考。在使用自家公式进行计算后，他们发现得出的结果与专业评估公司算出的估值极为接近。于是合伙人们决定，在日后每年一度的公司价值评估中，他们既会使用自己的公式，也会继续沿用常规的"黑匣子"估值方式，以检验自家公式的准确度持久与否。

回顾 4 年来公司的整改过程，萨吉诺承认，要按照他和维恩兹威格的方式来进行退场规划绝对是一项挑战："因为你手上没有一幅关于未来的地图，但这种挑战也给我们增加了许多乐趣。"不过，这种整改无法让他们两人中的任何一位实现财务自由。当然，他们俩的生活还不至于窘迫到勉强维持生计的地步，但我们有理由询问，他们是否正在放弃一份他们早已赢得的回报？想想看，他们一生都在致力于公司建设，在创业初期冒着全部的财务风险，并在运营的每一天都承担着大量的责任，难道这番辛劳不值得一份丰厚的回报？

萨吉诺也曾想过这个问题。"这场为了能在我们离开后公司仍能顺利发展所进行的整改，对我俩的意义是更为单纯的。尽管阿里和我存在很多不同之处，但我们都不是见钱眼开的人。当然，我们都希望自己脖子上勒着的财务绞索能松动一些，但如果你能够不为金钱所动，就会有极大的自由掌控自己的事业并与之共舞。钱不在多，够用就行。如果你能这么想，就能专心利用事业来为自己提供最大的快乐，并对大多数人造成最大的影响。你可以变得卓越；你可以只做那些美好的、如果只为赚钱绝不会去做的事情。如果你要得太多，再多的钱也不够花。"

我们并不知道当这两位合伙创始人摆脱尘世烦恼之后，他们的餐饮集团会变得怎样。但无论萨吉诺还是维恩兹威格，他们目前都没有在去世前退出企业经营的打算。从这个角度而言，你可能会觉得死亡仍是他们唯一的退场理由。在失去像他们这样具有超凡人格魅力的领导者之后，人们很难相信金爵曼会保持原来的发展势头。但至少他们已经为继任者们提供了一个公平的机会，让后者有机会续写他俩用一生的时间为金爵曼企业社区（ZCoB）所创下的辉煌篇章。他们能够做出这样的选择，都只是基于一个理由：他们清楚地知道自己是谁、想要什么、为何想要。

# 第三章

❖◗●◖❖

# 成交还是不成交？

创建一家你能够就何时卖出以及卖给谁做主的企业。

11 月末的一个下午，加州波里那斯社区（Bolinas），一派田园风光。尽管比尔·尼曼（Bill Niman）表示他愿意和我聊聊他退出自家公司的不愉快经历，但他必须先处理好其他一些事务。首先，他和妻子尼科莱特正手忙脚乱地将 78 只正咯咯乱叫，或是飞上树丛，或是跳上栅栏的传统血系火鸡在夜晚到来前赶入鸡笼，但火鸡们大都拒不配合。此外，在牛棚那边还有一只伤心的母牛在等待他们的安抚。这位牛妈妈刚刚在分娩后失去了它的孩子，而牧场中恰好还有一头小牛犊被自己的母亲拒养，所以比尔和尼科莱特准备让它俩变成一对全新的"母子组合"。与此同时，牛群的其他成员正散布在尼曼这家位于太平洋沿岸、方圆数千英亩 <sup>⊖</sup> 的牧场上，悠闲游荡。

目前，出于某些法律原因，尼曼的这片牧场根据他的姓名（Bill Niman）的首字母，被命名为"BN 牧场"（BN Ranch）。他之前一手创立并声名赫赫的"尼曼牧场公司"（Niman Ranch Inc.）正是以他的姓

---

㊀ 1 英亩 = 4046.856 平方米。

氏命名的,但他在 2007 年被迫离开了该公司,根据他离开前所签署的合同,他永远不能将自己的姓氏冠名于任何与肉类销售相关的风险投资项目。不过,他对自己目前经营的 BN 牧场充满信心,希望能卖出尽可能多的肉类产品。除了传统血系火鸡和草饲牛肉外,他正在考虑与农户合作,让他们饲养一些纯天然、以牧草为食的散养绵羊和走地猪。不过,BN 牧场并不会被打造为一座类似于尼曼牧场公司的肉类公司,而是会被建成为一家示范性牧场,以证明通过放弃使用激素和抗生素的人道饲养,以及遵循环保养殖方式来饲养动物,同样能够获得口味绝佳的肉类和丰厚的盈利。

当然,许多人会说尼曼早就证明过这一点,或者说至少他曾经为全美国的人民提供过味道绝佳的肉类。早在 20 世纪 70 年代中期,尼曼牧场就因能提供世界上最为可口的猪牛羊肉而声名远扬。该牧场所出产的肉类,是少数几家第一批以培养者的姓氏为招牌,进入美国高档饭店的菜单以及高端超市肉类专柜的肉类生产商之一。直至现在,尼曼牧场仍是美食界最具辨识度的品牌之一。一路走来,该品牌也一直致力于推行可持续性养殖、人道饲养,以及尼曼所支持的其他一些活动。

但尼曼现在已经与"尼曼牧场"——这家由他本人创建并冠名的公司——毫无瓜葛了。在 2006 年 8 月,尼曼牧场公司的多数股权已经被卖给了天然食品控股公司(Natural Food Holdings),该公司是"希尔科股权合伙人公司"(Hilco Equity Partners)的子公司,后者位于美国伊利诺伊州的诺斯布鲁克(Northbrook)。卖出股权后,尼曼很快表示他不认同新管理团队对公司做出的种种改变,并因此决定离开公司。他离开时只带走了一头母牛、一头阉割过的小公牛,以及他仍持有但现已变得毫无价值的尼曼牧场公司的股票。在 2009 年,公司股东们召开了一场特别会议,投票接受了天然食品控股公司要求购买尼曼牧场全部剩余股票的报价。这笔钱在还清大多数近期投资人的投资款后已经所剩无几，早期投资者们，以及包括尼曼在内的普通股持有者们最终只落得两手空空。

因此，将成年后的全部人生都投入于经营企业、改革肉类生产行业、设立肉类质量新标准、创建一项知名肉类品牌，以及取得数亿美元销量之后，尼曼最终落到一无所有的境地。事实上，他的处境连一无所有都不如——用他自己姓氏冠名的肉类品牌，已成为他不再信任、也不会购买的商品。他斩钉截铁地说："我自己不吃尼曼牧场生产的牛肉，也绝不会向其他人推荐。"

这一切是如何发生的？尼曼自离开原公司后的几年间，一直在思考这个问题。他目前与妻子尼科莱特、两个幼子迈尔斯和尼古拉斯，以及大丹犬克莱尔，"一家五口"居住在一套朴素的四居室房屋里。坐在自家的客厅中，尼曼向我解释当初他觉得不得不离开公司的理由。在他清晰讲述自己的经历时，饱含感情，脸上呈现出隐隐的笑意。尽管他很明显地对所谈及问题十分在意，但似乎也显出了一丝事不关己的态度。尼曼牧场公司现在也的确与他无关，不再是他生命中的一部分。从表面上看，他对自己的现状也很满意。

我也是这么想的，"他还有什么不满意的？"尼曼现在生活在太平洋海岸线上一段未经过度开发的土地上，做着自己热爱的工作，并与身为环保人士兼作家的妻子尼科莱特共同拥有一个幸福的家庭。儿子们的出生给他的人生带来许多新的乐趣。他一度自问："我想失去这种乐趣吗？"答案自然是："老天爷，当然不！我以前从未体会过当父亲的感受，现在想充分体会一下。"不过说到这里，他停顿了一下，再继续讲下去时，语气不由地逐渐低沉下来："但知道了肉类行业的现状，了解到动物们每天所受的折磨……我很难假装这些事实并不存在。"尽管他嘴上没说出"后悔"二字，但他的后悔之情已不言而喻。

我终于意识到，他仍未将尼曼牧场公司完全舍弃。相反，当我提及他似乎在离开原公司后日子过得还不错时，他反问道："是吗？其实我觉得十分痛苦，十分失望，但我必须为此负责。"

## 被迫出售之苦

正如我所指出的，退场并不是企业经营中一桩独立的事件，而是一整个阶段，并且可以说是最为重要的一个阶段，因为它决定了你是否能够获得自己在创业时所计划得到的成果。而退场阶段的高潮部分就是卖出公司的交易。我们往往会以成交价来衡量交易的成功与否，但一场圆满交易的满足条件除了高昂的售价，还包括卖方对交易时机和交易对象的掌控能力。如果你因别无选择而被迫在一个你不愿意的时间、将公司卖给一个你不喜欢或是不信任的买家，那么无论多少钱也无法弥补你对这场交易的不满。

这样的结果就是所谓的"被迫出售"，这种情况极为常见，可以出于各种原因、在任何时间发生。比如，企业所有者意外死亡而引发的房地产纳税义务，只能通过卖掉企业履行。再比如，你是大型制造商的其中一家供应商，但你的制造商发布了针对销售商的各种新标准，而这些标准都是你的公司无法满足的。再或者，你失去了一家关键的供应商，遭遇了一场对企业而言具有毁灭性打击的诉讼案件，或做出了一次不明智的收购行动，抑或是你本人被诊断患有脑癌，或正好卷入一场极为麻烦的离婚大战……各种情况都会导致你被迫出售公司，而细节往往是魔鬼。

罗伯特·托米（Robert Tormey）正是一位处理被迫出售问题的专家，拥有超过 25 年的企业买卖经验。他最初接触被迫出售这一概念是在 1988 年，那时的托米才 30 岁出头，与另外两位合伙人在加州圣巴巴拉市（Santa Barbara）创办了一家小型金融服务公司。而该公司就卷入了一场被迫出售事件。

作为一个天生对数字敏感，又经培训而变得精通数字的专业人士，托米从商学院毕业后就加入了安达信会计师事务所（Arthur Andersen）。在成为注册会计师后，他又跳槽到希尔森-雷曼-美国运通公司（Shearson Lehman / American Express）。在该公司通过销售证券赚到了足够多的钱之后，他在 1985 年辞职并与两位职场上的朋友共同创业。他说："在希尔森工作时，我手下约有 20 到 30 人，所以我觉得自己创业应该不难。"

但实际上，创业比他想象得要难得多，托米很快意识到他低估了建立一家零售证券交易公司的难度。证券业是一个受到严格管制的行业。同时，由于像嘉信理财⊖这类折扣券商的崛起，该行业也正经历着剧烈的变化。幸运的是，托米的公司凭借两项服务缓冲了零售证券商所遭受的各种挑战。一项服务是为富裕的个人客户专门配置一位投资经理，另一项是由托米主管的"公司理财部"为中型市场公司（即年收入在 1000 万至 5 亿美元的公司）所提供的资本交易服务。

正当托米的公司逐渐站稳脚跟时，"黑色星期一"突然降临并重创美国股市。这场灾难发生在 1987 年 10 月 19 日，在那天，道琼斯工业平均指数呈现了有史以来的单日最大跌幅，暴跌 22.6%，致使全美金融业濒临破产边缘。

托米与其他两位合伙人谁都没能未卜先知，因此对随之而来的金融海啸也毫无防备。托米苦涩地承认："我意识到这场灾难已经超出我的控制范围，公司的证券零售业务立刻萎缩，没人愿意买股票。我们每个月都在这方面不断亏钱。我当时唯一的想法是：'怎么甩掉这个包袱？'"

唯一的出路自然是卖掉公司，但在那场"黑一"之后，要卖掉一

---

⊖ 嘉信理财（Charles Schwab）是一家总部设在旧金山的金融服务公司，成立于 1971 年，如今已成为美国个人金融服务市场的领导者。——译者注

家证券交易公司几乎是不可能的。美国金融业正经历一场大收缩。公司最理想的潜在买家，应该是一家有意在圣巴巴拉市开展证券零售业务的小型或区域性券商公司。与此同时，托米每日都在为支撑一家他明知没有未来的公司而超负荷工作。"我从那时起体会到被迫出售的滋味。我的意思是，当一家公司使你内外煎熬，让你日思夜想如何把这个烂包袱甩掉时，你就走到了无论是否愿意也必须将其出售的地步。"

3位合伙人最终找到了买家，一家位于加州纽波特比奇市（Newport Beach）的券商公司。托米甚至在卖出交易结束前就离开了公司。他说："我们在离开时承担了公司的负债，但公司股份几乎一文不值，我投入的钱全部打了水漂。"

托米这段早期而短暂的企业家生涯的结束，标志着他另一段长期而成功的职业生涯的开始。此后他以首席财务官和顾问的身份，专为那些中型市场企业<sup>⊖</sup>提供服务，尤其擅长为那些陷入困境的公司提供帮助。他能滔滔不绝地讲述那些被迫出售的公司所经历的挣扎。这些公司有些是他曾经任职的地方，有些是他帮助雇主收购的。比如说，一家利润丰厚、年销售额高达3000多万美元的成长型企业的几位合伙人想要进入房地产开发领域，所以他们从自家公司借款，对一处规划建立200户花园公寓的住宅区进行了股权投资。之后，出于资本平衡所需，他们又从一家非银行贷方那里弄到一笔贷款。但正如经常发生的那样，该项目也遭遇到各种问题和延迟。而这几位初涉地产界的合伙人根本没有料到，这种在建筑行业司空见惯的交房延迟，导致在非银行贷方所提供的那笔临时施工贷款到期时，他们没能找到一位购房贷款融资者（permanent lender），无法填补资金空缺。而当这批楼盘应该开盘时，又恰逢全球信贷紧缩。雪上加霜的是，该小区连开盘也未能

---

⊖ 中型市场企业（middle-market businesses）：指那些年收入通常在1000万～5亿美元的企业。——译者注

如期进行。在施工贷款到期时，小区楼盘才建好了 40%。这些合伙人找不到购房贷款融资者，也就缺乏资金来解决负债问题。金融公司因此取消了他们对该地产的赎回权，这些合伙人也就失去了他们的股权投资——也就是他们从自家公司借的钱。

当他们与自家公司的注册会计师会面时，会计师告诉他们，公司无法继续将他们的借据作为公司资产登录在账，因为该借据上的款项已成为上述公寓楼盘的抵押资产，他们现在除了公司下发的工资，已经没有第二种还款来源。根据会计原则，公司必须将这些被合伙人们亏掉的钱款作为一笔应税股息来处理，并对其收益和权益征收费用，这笔费用降低了这几位合伙人的个人资产净值。同时，他们还拖欠了大笔银行贷款，银行因此要求提前收回借款。为此，他们只好将公司出售给一家供应商以换取资金。在赔掉他们曾拥有的最为宝贵的资产，即自家公司之后，这几位合伙人又陷入了对彼此的诉讼之中。

以上是企业家被迫出售自家公司的一种原因，但这种情况并不具有典型性。或者说，被迫出售的行为不存在任何代表性原因，每次这种不幸结局发生时，背后的原因都不尽相同。不过，它们都有一个共同的导火索——企业家未能对意外事件或局面的出现做好准备，而他们未做准备的确切原因也各有不同。同样，他们在最坏的可能发生时所做的相应准备也要具体问题具体分析，这样才可能拥有除了卖掉公司之外的其他选择。不过，被迫出售公司大都是由于企业家未能察觉自家公司存在的弱点或隐患。而一旦它们彻底暴露出来，为避免公司破产或清算，被迫出售就会成为企业家唯一的选择。

## 比尔·尼曼失尼曼牧场记

比尔·尼曼的案例也并非典型，但该案例告诉我们：无论一位商界人士如何足智多谋且经验丰富，都会因渴望成功而放松戒备——那些 20 世纪 90 年代末加入尼曼牧场公司的主管与投资者们就是这类人。创建于 20 世纪 70 年代初的尼曼牧场公司一直未能盈利,如果不是在 1984 年遇到一场逆天的好运,它甚至很可能早已夭折了。这桩好运就是,美国国家公园管理局(National Park Service)在 1984 年决定,将尼曼牧场公司所占土地划归为雷斯岬国家海岸公园(Point Reyes National Seashore)。作为补偿,美国政府支付给尼曼牧场公司的两位合伙人尼曼与奥维尔·谢尔(Orville Schell)130 万美元,以及在位于旧金山北部波里那斯区域(Bolinas)占地 200 英亩的土地上的终生居住权和放牧权,并批准他们租用与这片土地相邻的另外 800 英亩土地。数年后,尼曼与谢尔成功说服埃斯普利特(Esprit)服饰公司的联合创始人苏茜·汤普金斯·比尔(Susie Tompkins Buell)借给他们 50 万美元。在这笔借款以及政府支付的土地收购费的支援下,尼曼牧场公司哪怕在未来 10 年持续亏损也能高枕无忧。与此同时,尼曼牧场公司出产的肉类也逐渐打出了品牌,被加州湾区的各大高级饭店列入菜单。

然而在 1997 年,来自比尔女士与政府的资金已经耗尽,尼曼牧场公司濒临破产。此时,尼曼意外接到了一位硅谷高管迈克·麦康奈尔(Mike McConnell)的来电,询问尼曼能否给他的孙子提供一份工作。麦康奈尔回忆道:"尼曼回答说:'嗯,我这里并不缺人,但有个商机你了解一下。'尼曼说他想拓展公司,但合伙人奥维尔不愿意。"就这样,在硅谷靠技术发家的麦康奈尔用 50 万美元买断了奥维尔手中的股份,成为尼曼的新合伙人。数月后,雀巢公司的一位前高管罗伯·赫尔伯特(Rob Hurlbut)也加入进来成为第三位合伙人。赫尔伯特曾向尼曼寻求过经营海鲜生意方面的建议,结果却被尼曼收编了。

麦康奈尔与赫尔伯特的加入是一个转折点。这两位合伙人是商界人士,而不是尼曼这样的牧场主。尽管他们都认同尼曼的价值观并信任他的使命感,但真正打动他们的是一个在食品行业创建全美公认品牌的机会。他们加入的时机正好。尼曼已与爱荷华州的一位名叫保罗·威利斯（Paul Willis）的养猪农户开始合作。爱荷华州位于美国中西部地区，该地区成千上万的家庭自营养猪牧场都纷纷倒闭，或是被大规模的室内养猪场兼并，而威利斯希望重振传统的户外养猪业。正当威利斯和尼曼致力于组建户外散养猪肉供应网络时，全食超市（Whole Foods Market）的相关人士打来电话，指出他们希望通过尼曼牧场公司为该超市旗下的所有店铺采购散养猪肉。这对尼曼牧场公司而言是一个重大机遇，并不仅仅是因为这项提议背后所涉及的巨大销量，还因为较之几乎毫无利润可言的散养牛羊肉，散养猪肉的利润更高。

在赫尔伯特主抓猪肉生产与销售时，麦康奈尔开始为公司筹措发展所需的资金。这对他来说十分容易。当时正逢美国的互联网热潮，说起快速致富的神话，全美最集中发生的地方莫过于旧金山湾区。尽管当时尼曼牧场公司的获利微不足道，但这对当时的投资者而言并不重要，他们普遍认为，公司品牌和可扩展性就是一切，而先行者才能抢占先机。尼曼牧场正是散养高品质肉类的先行者，虽然利润微薄，但却拥有一个强大的品牌以及一个貌似可扩展的商业模式，自然成为投资者眼中的抢手货。1998～2004年，麦康奈尔从75位投资者那里为尼曼牧场公司筹集到了1100万美元的资金。

尼曼对于这些资金在塑造公司文化方面所起的作用持保留意见。他说："获得资金后，我们不再小心翼翼、勤俭节约，而是开始在塑造公司形象的各种项目上加大投入，比如参加商展，与公司外的协调人士合作、召开战略规划会议，以及诸如此类的经典商业推广活动。"但他最终把自己的这些意见抛诸脑后。"我想：'我懂什么呢？这些商界专业人士知道其他公司是怎么做的，听他们的一定没错。'而且我必须承认，当他们谈论要让尼曼牧场公司成长为一家真正的大规模公司，并对整个肉类行业产生真正强大的影响力时，我也深受这种发展理念的诱惑。再加上投资银行家们告诉我：'公司未来的市值可能高达一亿美元，你所持有的股份让你能获得近3000万美元。'利益动人心，我也不能免俗。"

当然，有这种想法的不只他一个人。受到互联网狂潮的影响，当时的美国商界大多呈走火入魔的状态。尼曼牧场公司虽然具备了一家热门互联网公司应具备的一切特质，但它毕竟是一家肉类公司，而不是网络公司。当时商界普遍信奉：由销量增长来衡量的"品牌资产"就像存在银行的真金白银一样实在。尼曼牧场品牌资产具有极高的价值，而且随着销量的猛增，品牌资产也随之水涨船高。此时，无人关心公司利润的匮乏。尼曼回忆道："无论获得多少盈利，我们都会把它投回公司。我们只关注如何提高公司营收。"

然而在现实世界中，一家公司的特定运营模式能保证该公司在可用资金耗尽前，其产品销量能更上一层楼，从而使公司盈利颇丰——只有在这种情况下，这种只关注销量的战略才是可行的。然而尼曼牧场公司的情况是，由赫尔伯特和养猪农户威利斯开发的猪肉业务属于这种可持续的商业模式，而由尼曼专门负责的牛肉业务却并非如此。尽管赫尔伯特试图说服尼曼将猪肉经营模式也应用于牛肉业务上，但这位创始人不肯妥协。麦康奈尔无奈地说："尼曼会说：'你这么做会毁掉这个品牌。'而董事会并没有足够的信心推翻尼曼的专业观点。"

但将一切归咎于尼曼本人既不公平，也不准确。在广泛筹集资金后，那时尼曼所持有的股份已被稀释为12.5%，他身边都是经验丰富的商业人士，除了麦康奈尔与赫尔伯特，还有控制着董事会的各个投资人。他们都应该早早就意识到这种不盈利的经营模式并不具有可持续性，但却并没对此采取任何措施，即便在美国网络公司狂潮的神话已开始纷纷破灭时也是如此。

梦醒时刻在 2006 年到来。尼曼牧场公司虽然在那一年的销售额高达约 6000 万美元，但却毫无盈利，反而亏损了 400 万美元。公司的现金也几近断流，而股东们却无意追加投资。既然说公司的未来取决于品牌资产的价值，董事会很想知道公司究竟价值几何。在大约 6 个月的时间内，公司接待了许多潜在收购方。股东们很快发现，尼曼牧场公司远不如他们所料想得那么值钱，可能的售出价格也与投资银行家们曾说服他们相信的数字差距很大。尼曼牧场最终只获得了一家收购方的明确出价，希尔科股权合伙公司（Hilco Equity Partners）表示愿意支付 500 万美元购买尼曼牧场 43% 的股份以及表决控制权。

面对近在眼前的破产可能，包括尼曼在内的股东们都因希尔科公司的出现而感到如释重负。此外，希尔科的领导层与其子公司"天然食品控股公司"（Natural Food Holdings）似乎都十分认同尼曼牧场公司的价值观和行事原则。希尔科并不需要赫尔伯特和麦康奈尔，但却坚持要尼曼继续留任，担任董事会主席兼公司发言人。尼曼同意了这一要求，但却坚持签订了一份雇佣合同，其中包含一项条款，允许他日后可以选择离职。事实证明该防范措施极为英明。在 2006 年 7 月，也就是卖出公司股份的当月，尼曼本人与希尔科公司之间的关系就开始产生裂痕，而一年后尼曼就选择了正式辞职。

尼曼现在认为，他当初犯下的最大错误就是放弃了对公司的控制权，将之交付给赫尔伯特、麦康奈尔，以及董事会。但即便他能一直掌控公司的一切，尼曼牧场的命运是否一定会截然不同呢？现在已经无法证实了。他承认最终击败他的是自身的"妄自尊大与欲望膨胀"。尼曼绝非第一个在此类诱惑下沦陷并被迫退场的企业家，当然他也不会是最后一个。

## 你的企业可售性高吗？

现在你可能会想问："如果导致公司被迫出售的关键因素不在企业家的掌控范围之内，那怎么做才能避免这种无奈的结局呢？"答案是，想要在这种情况下保住企业十分艰难，但如果你能建立起一家几乎可以应对任何突发状况、适应各种局势变化的企业，你就会更有实力保住企业，避免被迫将它出售。要建立这样的企业，企业家需要进行各种假设与分析，不断找出并解决企业的弱点与漏洞。SRC 控股集团的创始人杰克·斯塔克将这种查缺补漏过程背后的驱动力形容为"创造性偏执"。巧合的是，英特尔公司（Intel）的前 CEO 安德鲁·格鲁夫（Andrew Grove，1936—2016）也曾提出过一个知名的论断："只有偏执狂才能生存。"

特殊类型的偏执症也有积极的一面。它是你所能拥有的最佳武器之一，既能帮助一家企业创造更多的价值，也能让你本人更有可能以自己期望的方式退场。总之，勤于查缺补漏能够提高公司的"可售性"，即让公司卖出一个高价。这也正是圆满退场的一种方式。

在此，我要明确定义一下"可售性"这个概念。在某种程度上，如果有一个买方愿意收购一家公司，那么该公司就具有可售性。但这个定义并不能说明所有问题。首先，按照这个定义，那些最终被迫出售的公司也具有可售性。其次，大多数小公司甚至没有满足可售性的最低要求。据美国商会（the U. S. Chamber of Commerce）的一项研究显示，那些待售公司最终只有 20% 能够成功卖出，这意味着 80% 的准卖家（prospective seller）都要两手空空，失望而归。而为数更多的有意卖家（would-be seller）——据估计，有 65% ~ 75% 的企业家愿意出售自家公司——甚至从未成功地让自家公司进入收购市场。也就是说，这些企业家很早就知道自家公司只有很小的可能性或根本没可能找到一个买家。

但企业家要想能够圆满退场，只是找到一位买家还远远不够。你还需要拥有足够的选择权——能自由选择何时退场，以及谁会成为你的继任者。后一种选择在某种程度上取决于你所拥有的公司的类型。比如，许多小公司存在的主要意义就是为老板提供一条谋生之路。这种公司有些能够卖掉，但潜在买家比较有限，一般都局限于家庭成员、公司雇员，或其他一些想要自己做老板并正在寻找一门小本生意的人。但在许多此类案例中，这种小公司老板的最佳选择是放弃卖掉公司的打算，只要这家公司能够支撑他/她一贯的生活方式，就一直经营下去，直到攒够日后足以维生的积蓄再关门歇业。

高科技初创公司在可售性方面也自成一类。研究高科技公司退场策略的专家巴兹尔·彼得斯（Basil Peters）指出，这类公司的规模和盈利能力与它们的可售性完全无关。彼得斯来自加拿大，是"战略退场公司"（Strategic Exits Corp.）的创办人兼 CEO，该公司总部位于加拿大不列颠哥伦比亚省的温哥华市。他经研究后发现，高科技公司的可售性并不取决于它的销售额或盈利，只要其商业模式被证明是可行的，它就已经具备了可售性。

但如何证明一种商业模式是否可行？举例来说，一家能够获得常续性营收（recurring revenue）的企业，比如一家销售某种可续费服务的公司，需要向潜在的买方提供以下数据：（1）从每位客户那里可赚取的毛利；（2）一位客户剩余的会员时限；（3）获得一位客户所需的成本。彼得斯解释说："换句话说，就是要弄清一位客户的价值是多少，以及获得一位新客户要花费多少。卖方所提供的这些数据必须是真实存在的，而不可以是预估的。"不同类型的公司需要提供不同方面的数据来证明自家经营模式的可行性，有些公司可能会需要 5 种或 6 种数据。彼得斯指出，投资方在对一家公司进行投资之前，会用这种方法来预估该企业的价值，很明显这种"数据支持法"十分可靠。当然在判断一家企业的真正价值时，有时其他因素也会被列入考量，如市场竞争情况、市场趋势，等等。但毋庸置疑的是，对买方而言，这些可以证明一家企业的商业模式是否具有生命力的数据才是重中之重，远比该企业当前或未来的利润值更有分量。

彼得斯认为，只要一家公司的运营模式被证明为可行，企业家就可以开始考虑它的卖出事宜了。他肯定地说："当企业发展趋势向上时，就是出售的最好时机，因为企业家卖出的是企业的未来，而不是现在。如果你能拿出足够的数据来证明自家公司运营模式的可行性，通常就能将它卖出最高价。但如果你继续待价而沽，就很可能会错失价格巅峰。许多企业家都有过这样的遗憾。"

彼得斯能拿出大量确切事实和数据来支持自己的这种观点。无疑地，他的论据一般都来自那些乐于享受创立、发展、卖出一家公司，但却没兴趣长时间运营它的企业家们。但绝大多数企业家不属于这个类型。也就是说，那些经营公司多年的企业家，以及运营模式在很久之前就已被证明为可行的企业家需要从其他不同的角度来思考可售性的问题。

## 卖方卖什么与买方买什么

对于大多数的主流企业家们而言，评估企业可售性的第一步是弄清企业未来的现金流状况。买方最初的收购目的是五花八门的，包括通过收购来增加收入、进入新市场、击败对手公司，或是整合业内小公司。但最后总结起来，一切收购行为大都是为了同一个目标——获得长期现金流。买方无论是风险投资者、私人股本集团，还是天使投资人，都期待通过收购的方式来大幅提升自己未来能够使用的现金流。那些有意收购自家公司的家庭成员或员工真正想获得的也是现金流。

如果卖方无法在将来给买方带来更多的现金流，这笔交易对后者而言就是失败的。

当然，这条"现金流法则"应该是有例外的，但我暂时想不出具体的例子。毕竟，尽管销量、利润、市场份额或是协同效应⊖都非常重要，但它们都属于抽象概念，都是无法"花费"的东西。我们之所以说"现金为王"，就是因为现金是可以花费的。收购企业的目的就是获得更多的现金。

因此当买方有意收购一家非科技类公司时，他们往往会根据该公司的息税折旧摊销前利润（EBITDA）对其进行价值评估。这是因为EBITDA可以大致衡量一家公司所拥有的自由现金流。所谓自由现金流，就是一家公司在减去全部运营成本与工作费用，但并未扣除所欠税费与利息（因为有些企业家需要支付此类费用，而另一些则可能不需要，故此类费用一般不被计算在内）以及折旧与摊销费用（折旧与摊销都属于会计惯例，能反应某些资产的消耗与使用寿命）的情况下，在一年内所赚取的现金总额。因此，较之净收益⊖，EBITDA能够更好地反映一家企业的运营状况。

一旦你认识到企业未来的现金流才是卖点，就能推断出大多数精明的买方最想了解一家企业哪些方面的状况。首先，买方会想要了解一家企业当前的现金流数值，以及它在未来几年内可能实现的现金流增长。其次，买方将会评估上述预测数字真正实现的可能性。也就是说，如果公司发展不佳，买方会遭受多大风险。所以，要提高自家公

---

⊖ 协同效应（Synergy Effects）是指并购后竞争力增强，导致净现金流量超过两家公司预期现金流之和，或者合并后公司业绩比两个公司独立存在时的预期业绩高。——译者注

⊖ 严格来讲，自由现金流＝EBITDA－非现金营运资本变动（主要是库存和应收账款）－常规资本支出（常简写为CAPEX）。不过为了简单起见，买方和卖方通常都单用EBITDA的倍数来讨论企业价值。——作者注

司的卖出概率，卖方需要向买家展示公司未来的发展潜力，减少后者可能承担的风险。又因为买方通常会将一家公司过去的表现作为风险评估的参考因素之一，所以你在经营企业时所做的一切都会对它的可售性造成影响。

但有时候，买方的评估视角可能与卖方的截然不同。比如，在买方眼中，如果待收购的公司增加一些新能力，或进入一个新市场，或兼并一家对手公司后就能在未来生成更多现金流，在这种情况下，买方可能对一家公司的规模和盈利能力并不是特别在乎，而是对另一些因素更感兴趣，比如它所拥有的专利和商标数量，或是其客户关系的可转移性。上述这类买方可称之为战略型买家（strategic buyer），人如其名，此类买方的动机通常是通过战略性收购来强大自身。与之相对的是金融型买家（financial buyer），此类买方通常是各种类型的私人股本集团，其目的一般是用 3 至 7 年的时间来发展它们所收购的企业，并以高价卖出。无须惊讶的是，金融型买家的"脉搏"比战略型买家的更容易把握，前者评估潜在收购目标的标准是比较连贯统一的。

而这些标准之所以重要的另一个原因是，如果你能将它们融入公司经营的过程中，不仅将来自家的公司会更容易卖出，而且公司本身也会变得更出色、更强大、更持久。这是因为金融型买家一般都是辨识公司优劣的专家，能够洞察一家企业所独有的弱点与漏洞，以及优势和长处。他们也有办法评估各种潜在收购的价值，而哪怕企业家并不打算将企业卖给他们，也可以用这些方法来进行自我诊断，分析自家企业所具有的优势与劣势，从而使未来的接手人——家庭成员、公司雇员，或无论是谁——能够站在一个更高的起点进行企业运营。

## 可售性因素

精明的私企企业家们很早就懂得了向专业投资人学习的重要性，

因此各显神通——有些企业会聘请并购（兼并与收购）专家对自家企业进行分析，有些企业会邀请专家加入公司的顾问委员会，还有一些企业会在进行尽职调查后再做出投资决策。除了专业人士，越来越多的软件工具也能帮助企业家从投资者的角度来评估自家企业的长处和短处，至少能做到略知一二。

其中一种评估软件是加拿大企业家约翰·瓦瑞劳开发的，他偶然发现了此类工具的市场价值。正如本书第一章所提及的，自从在 2008 年卖出了名下的 4 家公司后，瓦瑞劳就以作家兼演说家的身份开始了事业的新篇章。在他撰写的一本名为《卖得掉的公司才是好公司》的商业大作中，他讲述了一个虚构的故事，关于一家广告公司的老板是如何将自己一度无人问津的公司最终成功卖出的。为了推广这本书，瓦瑞劳还开设了一个同名网站（www. builttosell. com），并在上面发布了一个"可售性指南"。该指南其实就是一个简单的小测试，目的在于让企业家对自家公司的可售性有一个大致的了解。他惊奇地发现，越来越多的人参加了这个测试。他说："我渐渐意识到，这一现象应该是在告诉我人们对此类测试的兴趣。"于是他又开发了一个更出色的评估工具"可售性评分"程序（The Sellability Score）。

当然，他并不是唯一能够把握商机的智者。美国亚利桑那州梅萨市的"企业间电子商务首席财务官"公司（B2B CFO）、佛蒙特州诺威奇镇的"核心价值软件"公司（CoreValue Software）、佐治亚州杰斯帕市的"领航者公司"（Inc. Navigator），以及澳大利亚新南威尔士州悉尼市北郊布鲁克维尔的"MAUS 商务系统"公司（MAUS Business Systems），等等，都推出了类似程序。此类工具可以帮助公司所有者解决他们需要面对的最艰巨，也是最重要的任务：学会用投资者的眼光，在切断与公司和公司员工情感纽带的前提下客观看待自家公司。掌握了该技能的企业家，较之于那些未掌握的人，陷入"被迫出售"这一悲惨境遇的可能性会显著降低。同时，前者无论是在离开公司之前还是之后，对自身与公司的命运都会有更为强大的控制力。

我还要在此补充一句：所有这些程序并不能为卖方提供一份可售性地图，它们也不能保证你在未来一定能以高价卖出公司。它们能做的只是提供一套标志，为你指点一个大致的方向。有些评估程序就像一块仪表盘，让你能够通过掌握各种关键的可变因素来追踪公司的发展状况。而另一些程序使用的是定期评估的方式。但它们全部都能突出显示那些关键的可变因素。

例如，瓦瑞劳开发的可售性评分程序⊖首先会让企业家回答一系列有关企业的问题，然后根据回答对企业进行整体打分，同时还会对能够影响企业可售性的 8 项关键因素分别打分。但该程序对企业家的真正价值并不在于这些分数，而是在于分数之后所附的评估报告，该报告会对企业各个关键因素的得分进行逐一点评与指导。

第一项因素是**财务表现**。此处的指导意见会从投资者的角度着眼，得出对一家企业的收购报价的思考过程。具体而言，就是如何计算一家公司的当前价值，以及投资者所能感受到的风险大小会如何影响该价值。一些小公司纯粹是由于规模太小而容易遭遇风险，因为公司规模越小，对其所有者的依赖就越大。而规模较大的公司一般会更为稳固，因为它们大都已经找到了一条自我发展之路，受其所有者的影响相对较小。因此，投资人在对小公司估值时，往往会在其本身价值的

---

⊖ 我在这里以"可售性评分"程序为例，并不是因为它比其他程序更出色——我并没有对全部上述程序详加测评，因此也无法对此做出判断。我拿它举例的唯一原因是，它是同类程序中唯一可供企业家免费使用的。而瓦瑞劳的收入来自经纪人、并购律师、财务顾问，以及投资银行家们——他们是为了成为瓦瑞劳评估网络系统的组成部分而向他支付费用的。当一位企业家填写了在线问卷后，系统就会生成一个报告并发送给一位并购专家。这位专家会联系该企业家，与他/她共同研读这份报告，并根据系统发现的公司漏洞提出整改建议，力图使该公司对潜在买方更具吸引力。——作者注

基础上打一个折扣，这也就是业内所说的"小公司折扣"。

第二项因素是**成长潜力**。该环节属于更深一层的企业估值标准，企业家们在此会了解到增长率对估算企业当前价值所产生的影响。如果按照预测，一家企业的增长速度越快，其当前价值就会越高。正如之前所说，一家企业的可扩展性对买方而言是一项关键因素，因此此处所附的报告会为企业家提供有助于扩大企业规模的各种建议，例如扩大企业经营的地理范围、为现有客户研发新品、开发新客户以填补未利用的产能、调整产品或服务以适应本地文化，等等。

第三项因素是**过度依赖**（瓦瑞劳称之为"瑞士结构"，意指中立性与独立性对企业的益处）。也就是说，一家企业应避免对任何一位客户、供应商或雇员产生过度依赖，以免因失去他们而使公司遭到重创。投资者们会将客户集中度视为一项标示公司弱点的重要指标。如果任何一位客户的订单额超过了公司总销量的 15%，他们就会相应地对其估值打个折扣。

第四项因素是**现金流**。一家公司内部生成现金流的能力越强、能用于发展的资金越多，它对外部资金的依赖性也就越小。一家公司所需的外部资金越少，收购方所出的报价就会越高。同理，公司所需的外部资金越多，其收购报价也会随之减少（瓦瑞劳将该现象称为"估值跷跷板"）。此处所附的报告会建议企业通过缩短对客户的收款时间，以及延长对供应商的支付时间等方式来积累更多现金。

第五项因素是**常续性营收**。该因素之所以重要，是因为它会对未来销量起到一定的保障作用，从而降低潜在买方的收购风险，并因此提高企业价值。瓦瑞劳在此将常续性营收分成了几类，第一类是人们必须一直购买的消耗品（如牙膏、洗发液、厕纸），第二类是普通可续订的商品（如报纸和杂志），第三类是花费非常大的可续订商品（如彭博终端），第四类是可自动续订的商品（如文档存储服务），第五类是能一次性将客户锁定数年的长期合同（如无线电话服务）。总之，一家公司的未来收入越有保障，其经营风险就越低，而市场价值也就越高。

第六项因素是**独有的价值定位**（瓦瑞劳将其称为"垄断控制"）。一家公司所提供的产品与服务对其竞争对手而言越难以复制，那么对该公司提出的收购报价就越难打折。沃伦·巴菲特（Warren Buffett）就曾谈论过要收购那些周围环绕着"护城河"的公司。如果这条"护城河"具有足够的宽度和深度，以至于竞争对手们无法闯入该公司的"城堡"并偷走其客户，那么该公司就是最理想的收购目标。如果一家公司拥有一项不可动摇的竞争优势，那么其"护城河"就是最宽的——这会降低收购方的风险，并抬高该公司的价值。

第七项因素是**客户满意度**。此处的关键是，一家企业已经确立了一套始终如一、要求严格的客户满意度评价原则。所以，如果企业只是收到了若干客户的感谢信，或是对客户进行一番草率的"客户满意度调查"，则无法全面严谨地体现客户对企业产品或服务的满意度。瓦瑞劳效仿许多优质大型与小型公司，在此处采用了一种名为"净推荐值"（Net Promoter Score）的方法来调查客户满意度。该方法是由客户忠诚度研究大师弗雷德·赖克哈尔德（Fred Reichheld）在其畅销书《终极问题》（*The Ultimate Question*）中提出的，可以帮助任何一家公司预测客户回购公司商品，以及向他人推荐该商品的可能性。而客户只需回答一个问题即可："从 1 到 10 分，你向朋友或同事推荐该产品的可能性有多大？"给出 9 至 10 分的属于"推荐者"，他们会反复回购并积极向他人推荐公司商品。给出 7 至 8 分的属于"中立者"，他们对公司商品呈中立态度，或用赖克哈尔德的话来说，属于"被动满意"。给出 0 至 6 分的都属于"批评者"。净推荐值计算起来也十分简单，用推荐者的百分比减去批评者的百分比即可。正如瓦瑞劳所指出的，该方法特别适用于中小型私人企业，原因有四：（1）容易实施；（2）为企业与投资者提供了一种"通用语"；（3）成本低廉；（4）有预测性。

第八项因素是**管理团队的实力**。该因素实质上反映了企业家决策权的大小。如果一切重大决策都是由企业家做出的，那么在他/她退出公司经营后，企业未来的生存状态着实堪忧。潜在买方会相当仔细地考察一家公司的客户忠诚度，因为较之于公司本身，客户往往会更忠实于其所有者。在没有老板主持大局的情况下，一家公司能够运营得越好，其可售性也就越高。

当然，如果你手中握有形形色色的潜在买方——金融型买家、战略型买家、本企业的雇员、本企业的经理，或是家庭成员——那么当你最终决定要将公司卖给谁时，你就能处于一个最具优势的地位。如果你所经营的企业在上述八项因素方面表现良好，找到一个私人股本集团接手可说是易如反掌。而如果一家公司就连挑剔精明的私人股本集团都愿意接手，那么其他类型的买家自然也都会趋之若鹜。

# 向私人股本取经

在接下来的几年间，私人股本集团（PEG）将会收购千千万万家公司，这只不过是因为大量私人股本遍布全球，而且它们都面临着很大的投资压力——而这也正是投资业在近年来疲于应付的重大问题之一。据全球知名管理咨询公司"贝恩公司"（Bain & Co.）的调查显示，仅在 2014 年一年，全球的私人股本公司就握有超过 1000 亿美元的"干火药"——即它们已筹集到的待投资资金。投资者们愿意将钱交给它们，是为了获得比其他投资方式更丰厚的收益，但要获得丰厚的收益，私人股本公司必须将投资者们的钱投入于成长型企业。此类公司持币观望的时间越长，其投资者们就会越为不满，而且也不会羞于向这些公司表达自己的态度。雪上加霜的是，各家 PEG 还要面对一个时限。如果它们无法在给定时间内（通常是 5 年）将筹得的钱投资出去，就无法再动用这笔钱，而该结果反过来也会严重影响到它们日后筹集资金的能力。

但这并不意味着一家私人股本集团会饥不择食。在过去 20 年间，擅长处理被迫出售业务的专家罗伯特·托米曾为之工作，或与之合作的私人股本公司超过 30 家。他特别指出："各个私人股本集团在进行一项投资前，会考察数百家企业。我通过投资银行家卖出过两家公司。在设法卖出第一家时，我们的投资银行家向有资格的 PEG 投发了约 100 份筹资备忘录。我们最后收到了 5 封意向书，这已被视为一场了不起的胜利。而在卖出第二家时，我们发出了 100 多份备忘录，只得到 3 封回复与一封意向书，而这才是常态。一家 PEG 每投资一家企业，其背后都有 100 多家已遭拒绝的投资对象。"

在未来数年内，由于美国二战后的婴儿潮一代正逢退休年龄，他们中的许多人都会考虑将公司卖给一家 PEG 来套取现金——据一家机构估算，这代人手中拥有近 400 万家美国公司——因此争取 PEG 收购的竞争将会进一步升级。单从这一点看，企业所有者就应该了解一下 PEG 的收购标准，并将这些标准融入公司经营之中。但我需要说明的是，PEG 很少会投资那些息税折旧摊销前利润（EBITDA）低于 500 万美元的公司，因为一家 PEG 只有投资那些 EBITDA 不低于该金额的公司，才能获得足够的年度现金流以保障贷款，从而赚取向投资者们承诺的投资回报。后文会对此给出更具体的解释。

但你并不需要 500 万美元，也能打造出深受精明投资者与收购方重视的公司经营原则，并在经营实践中完美地贯彻执行。只要能做到这两点，无论最终你选择以何种方式退场，都会拥有一家更强大、适应力更佳、价值更高的公司。同时，你也会有更好的途径来增长资本。

在一本名为《向私人股本取经：退场策略中的注意事项》（*The*

*Care and Feeding of Your Exit Strategy：Lessons Learned from Private Equity*）的未出版白皮书中，托米详述了自己担任一家制造公司首席财务官的经历，该公司正是被一家 PEG 所拥有。当时这家制造商正在进行"行业收卷"（roll-up）——即购买本行业多家规模更小的公司，并将它们整合为一家更大的实体。托米当时负责企业发展方面的业务，包括确认收购对象，使被收购的小企业顺利融入重组公司，等等。市场上并不缺乏潜在的被收购方。托米和同事们每次都会评估 5 家或更多有被收购意向的小企业，并从中挑出一家成交。

回顾过去，托米认为这段收购经历最有价值的部分在于，他学会了更好地打理自己的企业。随着时间的流逝，托米和他的团队越来越多地采用换位思考的方式来经营自家公司——即我会收购什么样的公司，那我自己的公司也要具备同样的特质。公司的一举一动都是为了创造企业价值。他们开始努力使公司的 EBITDA 最大化，但并不会特别在意节税金额。他们谨慎守护营运资金，严密监控应收账款，基于合同条款而不单单是价格做出收购决策。公司在那时已非常重视来自营运资金的收益，并能够以多种方式利用现金流为额外借款融资。公司还会尽量保障基础设施的到位，以便支持更多的收购行为。实施上述经营策略的结果就是，公司销售量在短短 24 个月内就从 800 万美元增长到 4000 万美元。

换句话说，当你所采用的经营方略是那些极具智慧、经验丰富的收购方（如一家私人股本集团）在其潜在收购目标身上所乐见的，那么你的公司就具备了一切可用于实现你创业时想要达成的目标的必要资源——无论你最终是否会将其卖给任何一家经验老练的收购方。为什么？因为上述运营方式让你能够获取资本。虽然资本并非无所不能，但对任何一位想通过经营企业来实现梦想的人来说，资本是必不可少的。无法获得资本的话——无论是自身创造的还是其他人给予的——

你是不会走远的。

## 私人股本如何运作？

你可能会问，为何收购方如此重视上述管理实务？要回答这个问题，我们首先要理解一家私人股本集团（PEG）是如何通过一场收购交易赚取利润的。要记住，PEG 的目标是发展被收购企业，并在 3 至 7 年间将其以更高的价格卖出并获利。为了实现该目标，PEG 会对被收购企业进行资产重组，投入一定的股本，并大额负债。通过这种方式，当该企业最终被出售时，投资者们就会获得高额的投资回报。⊖

收购交易的关键就是保障债务的归还。在大多数情况下，此类贷款大部分都出自银行，但并非是那种传统的银行贷款，而是一种名为"高杠杆交易"（Highly Leveraged Transaction，缩写为 HLT）的特殊贷款类型。此类 HLT 的借贷方针由美国的联邦监管机构制定，并受信贷协定保护。此类信贷协定与传统贷款需要签订的协议大不相同，并且更为严格。

例如，在一份典型的 HLT 信贷协定中，其中一项条款会详细规定借方公司以每三个月为一周期，在该周期内必须持有的最低息税折旧摊销前利润（EBITDA）。在合同覆盖的全部时间内（可能长达 7 至 10 年），每个周期都会被标明准确的起止日期。为了维持合同规定的 EBITDA 水平，企业需要制定极为严格的财务纪律，而这是一般私营企业很难做到的。试想，该借方公司的所有者需要在合同中承诺，在未

---

⊖ 该投资原理与使用"债务 + 股本"（或称"房贷 + 本金"）的方式购买房产十分类似。假设某人购买了一栋价值 100 万美元的住宅，而该房产在未来 10 年间价格翻倍。那么如果房主当年用 100 万美元全款买房，当 10 年卖出这套房产时，其投资回报就是 100%。但如果房主当年仅支付了 10 万美元首付，然后再贷款 90 万美元购房，那么投资回报就是 1000%（$200 万 − $90 万 = $110 万）。——作者注

来长达 10 年的时间里，公司每季度的 EBITDA 都要达到某个最低水平值。要履行该承诺，公司就需要制订一个长期商业计划，内容具体到企业家与经理们需要达成的各个经营目标。如果他们未能实现这些既定目标，就要修改信贷协定，而这么做当然又涉及一大笔花费。而且此间毫无回旋余地。在 HLT 的严格约束下，企业家与高管们再也无法享受到某些私人企业独有的"好处"。比如，他们再也无法虚报工资单以便让亲朋好友们获得额外的薪水；无法与他人私下签订贷款协议；也无法为了避税而用各种花招减少 EBITDA。相反，签订 HLT 协定后，公司的首要目标是实现 EBITDA 最大化，并因此一有机会就实现企业价值的最大化。

托米在他的白皮书中指出，一些小企业的顾问会建议其客户无须因失去上述好处与避税手段而烦恼——如果他们能在抽取出公司钱款后把握其流向，并能在卖出公司时将其补回，那么他们仍将获得这笔重申收益（restated earnings）的完全价值。但托米认为这是个坏主意。首先，如果企业家从公司支钱，就等于剥夺了一笔公司本该用于寻求发展机遇的现金，同时还意味着公司所持有的 EBITDA 会低于原本的数值。买方也可能会因此按比例削减报价，并认为该企业家没有能力找到更好的花钱方式。此外，将抽出的钱款补回，会给收购方的估值添加一丝不确定性。而这份不确定性会对买方与买方的放款人对该公司的风险评估结果造成负面影响，从而使他们缩减投资并进一步压低收购报价。

但托米认为，此类行为对公司造成的最严重破坏在于公司文化。当所有者将自家企业视为个人的存钱罐时，该公司就完全无法施行负责制。而当公司的经理们看到企业家随意动用公司现金时，他们自然会推断老板除了发展企业与实现关键经营目标外，还有着自己的小算盘——这样的推论完全没错。而结果就是公司财务纪律日渐松弛。毕竟，如果顶层人士都不遵守财务纪律，那么下面的人自然也会如此。

如果公司贷款数量不多，而且银行对公司举措的监管也并不严格的话，你可以就这样经营公司。但如果你从银行高额贷款并签署了一份 HLT 信贷协定，则上述做法绝不可行。按此类信贷协定规定，你需要每年递交公司预算，并整年监控与预算不符之处；你还需要做好公司的现金管理，并严格遵守协定规定的各项财务比率。这样做的话，等于全公司上下都在为财务业绩负责。也就是说，公司必须先从财务角度对全部销售、营销与运营决策进行审核，之后才能付诸行动。

托米最后总结道："简而言之，由于与私人股本集团进行收购交易时存在各种限制条件，被收购公司不得不采用一系列最佳的运营手段。当然，那些无债一身轻的家族企业无须如此。不过，正是这些优秀的运营手段——而不是融资方式或投资者的精明强干——才使各家 PEG 的投资成果惊人并声名远扬。好消息是，阅读本章尤其是本小节后，你无须借钱也能借用这些运营手段。"

## 创建负责制企业文化

托米认为，任何企业都能效仿那些高融资公司，采用上述最佳运营手段管理自家企业并收获类似成果——至少从理论上而言，该论断自然是正确无误的。但了解这些最佳手段是什么，与实施这些手段完全是两码事。托米建议在企业内部实施负责制。但发展起这种企业文化并不容易，马丁·巴比奈克（Martin Babinec）在 1995 年将自己的"三网公司"（TriNet）的控股权卖给一家上市公司时，对此深有感触。三网公司位于美国加利福尼亚州的圣莱安德罗市（San Leandro），而收购方属于战略型买家。

三网公司是一家专业雇主组织（英文缩写为 PEO），这类公司属于人力资源服务外包商，专门替其他公司（尤其是中小型公司）承担员工管理的相关工作，如员工工资、员工健康、退休福利、员工保险、员工培训等。有了此类公司的存在，中小企业就可以撤销其人力资源部，并不再有作为雇主的各种烦心事。三网公司在 1990 年曾一度濒于破产，但在最后一刻得到了一个天使投资人团体的注资，从而起死回生。到了 1994 年年初，该公司已能够盈利，销售额升至 250 万美元，并在目标市场站稳了脚跟，专为新兴的成长型科技公司做人力资源外包服务。

但巴比奈克直到很晚才意识到，一家 PEO 公司要想获得长期成功，其规模必须得到大幅扩张。比如说，三网公司规模越大、客户越多，就能以越低的价格为客户公司的员工购买健康保险。同理，公司规模越大，就越能更经常地进行所需的技术升级，以应对客户的复杂需求。这一切的背后都是规模经济在起作用。尽管三网公司一直做得不错，但它的规模仍相对较小。因此，尽管有大把的公司发展机遇唾手可得，但三网公司能用来把握住这些机遇的资金却并不充裕。

巴比奈克和他的首席财务官道格·德夫林（Doug Devlin）从此开始四处寻找外部资金，最终他们找到了一家已上市的大型人力资源公司"职选（控股）有限公司"［Select Appointments（Holdings）Ltd.］，并与其代表进行了会谈。职选公司的代表们指出，他们公司愿意高价收购三网公司的多数股权。在咨询了自己的管理团队与投资人之后，巴比奈克决定接受职选公司的报价。其中很大一部分原因在于，他通过调查后了解，职选公司并不是一家典型的收购方（即金融型买家）。也就是说，职选公司不会四处收购小公司，并通过尽可能地集中被收购公司的职能来削减运营成本。相反，它更喜欢选择那些运营状况良好、需要成长资本与引导，但具备精干管理团队的企业进行注资，并在注资后允许该企业或多或少地自主运营。巴比奈克回忆说："我们实质上拥有极高的自主权。"

　　双方经协商后决定，为了购买三网公司 50.1% 的股份，职选公司将对三网公司共注资 390 万美元，其中 300 万美元用于三网公司的企业发展，剩余 90 万美元供巴比奈克私人使用，让他可以用于偿还创业贷款和安置家人。万一职选公司认为巴比奈克无法胜任 CEO 的职位，就会空降一位 CEO 接手三网公司的运营。如果这种最坏的情况出现了，那么 90 万美元用于偿还其创业贷款后的剩余部分，多少会给巴比奈克与其家人一些经济保障。不过这种最坏情况出现的可能性不是很大，毕竟巴比奈克仍是主要股东，手中持有三网公司近 35% 的股票。

　　双方签订了一份意向书，同时职选公司选择了德勤会计师事务所（Deloitte & Touche）对三网公司进行收购前的尽职调查。不过，德勤的审计员在调查后建议，考虑到三网公司管理团队缺乏经验，职选公司应谨慎行事，一次性注资 390 万美元太过冒险。德勤建议，整个投资应分阶段进行。或者说，每当三网公司能实现一定数额的盈利，以及达成某个 EBITDA 目标时，就会有一笔资金到位。巴比奈克和他的团队认为这些条件是合理的，他们也有信心有能力完成这些既定目标。自此，交易顺利成交，而第一笔资金 100 万美元也随之到位。

　　这笔资金可以说是及时雨。巴比奈克回忆道："我们在过去两年时间里一直在打磨公司的发展计划，而现在终于拿到了可用的大额资金。我们立刻扩大招聘规模，并开始执行发展计划中的其他部分。"那时正是 1995 年 7 月，而到了同年 12 月，三网公司团队已完成扩招，只等第二笔资金到位，准备向下一个发展目标冲刺。

　　但就在此时，公司遇到了一个问题。三网公司的业务略微呈现周期性，即许多客户最终会因成长极快而不再需要它所提供的人力资源服务。而出于税务原因，客户们通常会选择在每年的年末解除与三网公司的雇佣合同。在 1995 年 12 月初，三网公司发现它突然失去了 3 位最大的客户，这意味着其年收入将缩水近 25%，该缺口远比管理团队所预想的要大。这也同时意味着三网公司已无法达成第二笔资金到位所需的收入目标。

意外失去大量业务自然是运气不佳，但却远不至于对公司造成灾难性的影响，这是因为三网公司正在积极拓展新业务，并有希望在短时间内就拿到新订单。如果此类事件在职选公司收购交易发生之前，巴比奈克可能只会简单表达一下自己的失望之情，然后继续向其他方向努力。但在缺乏第二笔资金的情况下，他就很难拓展新业务。而在未完成规定销售目标的情况下，三网公司想要破例拿到第二笔资金，必须取得职选公司首席执行官兼三网公司董事会成员托尼·马丁（Tony Martin）的同意。"我立刻致电托尼试图说服他，"巴比奈克回忆道，"'托尼，事情是这样的，我们对三网公司的发展计划很有信心，公司目前新招了一批人才，还根据预算要求增加了经常性支出。虽然我们因为失去了几个客户而遇到一点小挫折，但看看我们的销售管线（sales pipeline）。我认为三网公司目前状态良好，能不能让我们预支下一笔拨款？'"

但托尼·马丁的回答是"不"。

对于巴比奈克而言，这声"不"就像一记警钟，敲醒了他这个梦中人。"不知你能不能理解我们团队当时的激动程度，我们努力了近两年，终于争取到资金来发展公司。第一笔资金到位后，大家兴高采烈地依照制订好的商业计划行事，开始打造一个真正的管理团队，对相关系统进行投资，做一切我们渴望已久的努力。但现在突然遭遇了现金短缺的问题。最糟糕的是，我们将因此被迫解雇员工，把我们刚刚招募到并已开始培训的人才踢出公司，尤其是在我们有信心拿到新订单以挽回损失时，这实在是说不过去。三网公司的所有人都认为，现在裁员从长期看绝对是弊大于利的。"

但马丁的态度十分坚决。"马丁说我们必须达成预期的销售目标。

上市公司的规矩就是这样。每设定一个预期目标，就必须完成。相信我，当时的局面十分难堪。裁员环节尤为艰难，令人痛苦。我自己难过得不行，我觉得正是因为我领导能力的不足，才让一大群敬业、勤奋、没犯任何错误的团队成员失去饭碗。但这就是最新的现实。我们现在正为一家上市公司工作，这种事是理所应当的。"但回顾过去，巴比奈克领悟到自己从这段经历中获益匪浅。"我现在明白了，当时的我得到了一个宝贵的教训。而且不仅仅是我本人，还有整个管理团队，因为我们的管理是协作式的、极为透明的。此后，整个团队都十分谨慎，坚决保障我们能达成目标数字。"

在三网公司创建一种负责制的公司文化，学会实现预定目标只是第一步，但确实是关键的一步。渐渐地，巴比奈克开始体会到负责制的重要性。毕竟，他的目标是打造一家在他卸任首席执行官之后，以及在职选公司不再担任三网公司的控股股东之后，仍能独立发展的公司——一家至少有机会实现持久卓越的公司。"我们从职选公司那儿学到了公开市场（public market）的纪律，而托尼·马丁正是我的导师。"巴比奈克在多年后反思当时所发生的一切时如是说。那时他已从三网公司管理的第一线退了下来，仅在董事会任职。"我们难免犯错。但犯错也是最重要的，因为较之于成功，错误才会让你学到更多。但随着时间的流逝，我们终于学会如何像运营上市公司那样来管理一家私人公司——你需要增加游戏难度。一家上市公司必须高度透明，不能进行任何关联交易，必须设定企业发展的预期值并努力实现它们。单做预算还不够，企业还必须履行该预算。但当一家企业被注入大笔资金、进入高速发展期时，履行预算会变得尤为艰难。"

不过，无论是三网公司，还是巴比奈克本人，都因职选公司的注资而获益匪浅。比如，如果三网公司没有在此过程中形成"负责制"企业文化，在 1999 年时，巴比奈克就很难做到在举家搬迁至美国东海岸位于纽约州北部的小瀑布镇（Little Falls）之后，仍继续担任远在西海岸的三网公司的首席执行官。小瀑布镇是他的故乡，而他的父母与几个姐妹中的一位也一直生活在此地。巴比奈克与妻子克里斯塔（Krista）都希望他们的孩子能享受到小镇生活的种种好处，而且认为小瀑布镇的学校也比加利福尼亚州的更为出色。虽然这次搬家让巴比奈克因往返于新家与三网公司总部（位于加利福尼亚州圣莱安德罗市）的通勤而筋疲力尽，但他认为小瀑布镇的居住环境值得他付出代价，而三网公司董事会也对他的搬家行动表示祝福。

再比如，如果没有三网公司的业绩记录，他也无法在 2005 年通过精心安排，顺利地将三网公司的多数股权由职选公司转给一家大名鼎鼎的私人股本公司"美国泛大西洋投资集团"（General Atlantic，缩写为 GA）。职选公司当时已被一家荷兰人力资源公司"维迪奥"（Vedior）收购，对该公司而言，一家美国的专业雇主组织（PEO）并不适合被纳入公司的未来发展规划，所以它并不愿意为三网公司的发展继续投资。于是，在维迪奥公司的许可下，巴比奈克花费两年时间终于找到了 GA 这个理想的合作伙伴，并将维迪奥所持有的多数股权全部转卖给该公司。

来自 GA 的资金很快就起到了预期的效果。三网公司开始四处进行收购，发展速度惊人。这让巴比奈克多少有些进退两难。他意识到三网公司的发展日新月异，因此比往日更需要一位能在加利福尼亚州总部坐镇的首席执行官，但他又不想把家再搬回来。此外他还意识到，GA 很可能会想让三网公司在日后上市。尽管他支持该目标，但自己却并不打算成为一家上市公司的首席执行官。所以在 2008 年，他与董事会聘用了一位继任者，但巴比奈克仍担任全职董事长。到了 2009 年年末，他认为董事会的另一位成员更有资格担任董事长一职，于是就退位让贤了。不过巴比奈克仍留在董事会，为三网公司的首次公开募股

(IPO)之路添砖加瓦。他在董事会的持续留任对 GA 公司也十分重要,因为他对三网公司的一切情况都了如指掌,并仍然是主要股东。

我在这里并不是想说,如果你想为自己的商业之旅画上圆满的句号,就必须创建一种负责制的公司文化。但从巴比奈克的案例中我们可以看出,他在创业之路上所做的其他选择,包括最初决定进入 PEO 行业,以及随后引入财力雄厚的投资者,这种负责制的公司文化绝对是不可或缺的。也有许多案例表明,那些未采用上市公司管理原则的私人公司老板们,也获得了圆满的退场。不过即便如此,如果你的公司形成了负责制文化,你未来能够圆满退场的可能性会更大;至少在面对"将企业卖给谁、何时卖、卖什么价"等问题时,你会拥有一个优势地位来做出决定。

何谓企业家的圆满退场?大致就是当你回顾过去时,胸中充满了自豪感与成就感,而在展望未来时,又对即将到来的一切充满自信。此外,圆满退场还意味着你在退场时拥有选择权和控制权。你手上的选择越多,对结局的控制力也就越大。同理,如果你希望在退场时拥有更多的选择权和控制权,就应专注于提高自家公司的可售性。

而提高公司可售性并不是一个短期命题。为了让公司与你本人适应你的退场,你需要花费相当长的准备时间。而准备时间的长短是与你真正决定退场时所拥有的灵活性与选择权直接相关的。

# 第四章

## 一切都关乎时间与时机

> 一场圆满退场需要时间——这段时间以年度而非月份计量。

　　阿什顿·哈里森（Ashton Harrison）是在 2005 年首次认真考虑要卖出自己的高端灯饰企业"光之影"（Shades of Light）的。那时她与丈夫戴夫·哈里森（Dave Harrison）还为此特别聘请了一位经纪人来评估企业价值。"我们花了 1.5 万美元的评估费，但这完全是浪费钱。"这位女企业家回忆道。当时她正坐在位于弗吉尼亚州里士满市自家总店后部的办公室内。她继续抱怨说："这位经纪人本该为我们公司拟定一份企业发售说明书，并把它发给相关的投资银行家们。但我们很快就意识到他的能力不足。"这时候她的手机铃声突然响起，她瞥了一眼之后对我说："不好意思，我必须接一下。"

　　这个电话是阿什顿名下一家清仓店的房东打来的，这家店位于同城的另一端。她在电话中向房东保证说，该店的新老板会在一个月内代替她成为新房客。趁她接电话的时候，我打量了一番这间办公室。整间房子呈现出一片龙卷风过后的惨状，笔记本、商品目录、打印资料、灯罩等物品四处散落，东一个光秃秃的自行车架，西一个电视监视器。哈里森女士承认，混乱就是她的代名词。她试图为自己辩解："我患有注意缺陷障碍（ADD），不过大多数企业家都有这个毛病。如果作为一名员工患有这种疾病是相当麻烦的，但作为一个老板就没关系，这是因为你能在同一时间追踪 4 件事情的进展。"

哈里森是一位做事认真的金发女郎，眼神颇具穿透力，还有点冷幽默。她把自己的成功归因于她的注意缺陷障碍。她还承认，这种疾病也是她身上许多问题的根源所在。无论如何，这毛病并没有妨碍她进行创业，打理公司，以及在 2011 年 8 月卖出公司。此后，她还将自己 21 年的从商经历按时间顺序写成了一本书，名为《从 ADD 到 CEO：一位首席执行官从混乱到成功之旅》（*From ADD to CEO：A CEO's Journey from Chaos to Success*）。

正如大多数企业家一样，阿什顿在创业之初也从未想过自己日后的退场安排。33 岁的她当时刚刚新婚不久，只想着如何生儿育女、养家糊口。她还盘算着最好能找一份不需要经常出差的工作。她的上一份工作是担任里士满市一家家具零售公司的副总裁，但出差频率极高。这份副总裁的工作不仅让她学到了基本的商务知识——她最初从秘书做起，历经多个岗位最后升至副总裁职位——而且激起了她创业的想法。她打算把高端灯具和灯罩直接卖给室内设计师和顾客，而在她之前，这些商品只能从批发市场购得。她认为自己的这个点子值得一试，于是就辞掉工作，用卖出家具公司股份所得的现金在 1986 年开办了她的第一家店铺。

在接下来的 19 年间，哈里森女士为公司开辟了其他产品线与销售渠道，另开了两家分店，推出了产品邮购目录业务，还建立了公司网站，在她的这一系列操作下，光之影公司的年销售额增至 1250 万美元。虽然生意状况有好有坏，但到了 2002 年，公司基本上实现了持续盈利——但这是否要归功于她的注意缺陷障碍就很难说了。"回想 21 世纪初那几年，员工们都忙得乱转，公司运营就像一条没舵的船。"她回忆说。不管怎样，公司那时是盈利的，这让她在 2005 年曾浮现过卖掉公司的想法。但她也只能想想罢了，因为公司很快因大量员工士气低落、客户投诉，以及销量大跌而开始亏钱。

即便是一位能力卓越的经纪人也很难帮那时的光之影公司找到买家。哈里森承认，她已失去了曾一度拥有的对公司的掌控力。这种失控迹象随处可见。库存记录乱七八糟，财务报表总是延误而且错误百出，员工偷窃公司产品的现象持续存在，一个员工还被查出挪用公款。哈里森只得疲于奔命，四处"救火"。"在一天快要结束时，我发现自己还没着手处理任何一件待办事项，更不用说与任何一位经理碰面以制定公司发展目标或获得进度报告。"

最后，她只好问计于一位名为史蒂夫·金博尔（Steve Kimball）的战略顾问，这位顾问是她从一位同样患有注意缺陷障碍的 CEO 友人那里听说的。金博尔向哈里森和她丈夫所提出的第一个问题是："你们想何时退出公司经营？"

戴夫回答道："明天如何？"尽管光之影是妻子的生意，但戴夫是公司内部的首席顾问，他也很希望早点离开光之影这个"过山车"。不过，哈里森心里清楚自家公司一点也不好卖，并向金博尔坦承了这一事实。

"那你们还能再坚持经营 3 到 5 年吗？"金博尔问道。"我们可能至少需要这么长的时间来把握公司的实际价值。"

"可以，很棒！"她回答说。"我们该从哪里着手？"

## 长路漫漫

我觉得，如果你认为距离自己真正退场还有数年，甚至可能数十年之久时，就会很自然地感到自己有大把时间可以为此进行准备。同样，当你最终真正开始关注退场事宜时，也会很自然地想知道成功卖出公司需要耗时多久。几乎在所有退场案例中，整个卖出过程都比企业家们所预期的更长，至少在你想要圆满退场的情况下是如此。决定卖出过程长短的关键因素在于，你的企业是否为实现你所设想的退场类型而做好了准备。比如说，如果你属于那种担心自家企业日后命运的企业家，那么找到理想买家的过程可能会更为曲折，耗时也会更长。一般说来，如果你对自己离任后公司是否会原封不动地保有企业文化、价值观及独有的作风越是在意，那么你花费在精心策划公司所有权转移上的时间也会越长。

但即便你愿意在找到一个还可以的下家后就尽快成交，该过程也很可能会持续数年。擅长帮助客户发展公司而不是遗弃公司的金博尔在每次接受聘用后，都会首先询问客户的退场计划，包括退场的时间范围以及客户理想的企业卖价。他这么做正是因为退场过程耗时颇长，他需要先了解一下客户的"底牌"。他指出："大多数企业家都不认为企业成长战略与他们日后的退场时间存在任何关联，但究竟是距今 1 年后、3 年后，还是 10 年后离开企业，该信息对制定企业战略都是极为关键的。"

在阿什顿·哈里森的案例中，首要任务是使公司扭亏为盈。她的光之影公司在 2007 年的销售额是 1050 万美元，但销售亏损却高达 50 万美元。没有谁会愿意高价收购一家收入不断下滑、过去只能间歇性盈利、未来看不到盈利希望、正处于苦苦挣扎阶段的零售公司。而雪上加霜的是，当时的一切市场迹象都表明，一系列大规模的经济问题近在眼前。哈里森早已发现，她的生意状况与股市波动出现了"神同步"。而在金博尔出现时，也就是 2008 年年中，道琼斯工业平均指数已从 2007 年 10 月 11 日的高点下滑了 20% 之多，这正式标志着熊市的到来。哈里森的丈夫戴夫之前曾做过股票经纪人，他担心一场经济衰退已经开始，而公司很难在这场衰退中存活。为了安抚丈夫的焦虑情绪，阿什顿在金博尔的帮助下，开始着手拟定一份三阶段的危机管理计划。

第一阶段是"黄色预警"，如果股市再跌 20% 并维持在该水平至少 3 周时，公司就会执行 17 项节约成本的措施；第二阶段是"橙色预警"，如果经济明显已无法回弹，公司会增加执行另 20 项节约成本的措施；第三阶段是"红色预警"，哈里森认为，如果公司沦落到这一阶段，那么距离清算就不远了。但她并不觉得自己会走到这一步，而那时也没人预测到美国四大投行之一的雷曼兄弟公司会破产。然而，随着经济形势的一步步恶化，哈里森的公司在 2008 年 11 月就启动了黄色预警，在 2009 年 1 月实施了橙色预警，而同年 3 月就进入了红色预警状态。

尽管处于自大萧条以来最糟糕的经济形势，同时也是公司历史上最糟糕的危机之中，哈里森仍迈出了重要的几步，让光之影公司逐渐进入一个良好的"整装待售"状态。这是一种很棘手的平衡做法，需要她一边为最坏的局面做好准备，一边尽力使公司重回盈利的增长轨道。

史蒂夫·金博尔的主要工作就是帮助哈里森制订一个公司的发展计划，然后还要保障她本人的行为不要脱轨。她一直坦白地告诉金博尔，她担心自己难以捉摸的注意力持续时间，以及向不同方向"自我放飞"的倾向会给执行该计划造成障碍。她希望金博尔能帮她保持专注力。

金博尔对此所提出的应对建议是，他让哈里森先后退一步，从整体上审视一下自己的公司。在他的帮助下，哈里森制作出一个财务仪表板，用它来监控几个最关键的财务数字以及询问诸如"公司现在销售的产品对不对"这类有关生意状况的重要问题。当时除了各种电灯和灯罩，公司还在销售地毯和定制窗帘，两者都属于高度消耗人力的业务。金博尔建议她放弃窗帘生意，从而解放人手，让员工能专注于其他更有前途的业务。哈里森对此有些疑虑，毕竟窗帘生意占据了公司销售额的16%，约合100万美元。不过，她还是听取了金博尔的论证，并同意在未来数月内逐步取消这条销售线。她说："其实我非常害怕。"

更麻烦的是公司对邮购目录的态度。邮购目录业务是当时公司的核心。哈里森曾聘请过许多目录顾问，而他们全都建议她不断增加邮购目录的发出量。他们说，不要担心成本问题，关键是要树立品牌形象。他们还说，要实现公司价值的最大化，只要提高成交率、做好品牌推广就行。虽然她在这两方面都做得不错，但邮购目录的成本高达销售额的34%，公司一直处于挣扎求存的状态。

在金博尔的鼓励下，哈里森开始减少目录的邮寄量，从而使目录成本削减了一半还多，降至销售额的16%。金博尔说："这期间她做出了许多艰难的决定，其中一个决定极为英明、果敢，令我印象深刻。那是在2009年年初的一个周日，我们在阿什顿和戴夫的家中会面。就在第二天，公司新一期的目录就要送交印刷厂印刷了，而上一期目录带来的销量与阿什顿所预期的相差甚远。如果她选择继续印刷新一期的目录，由此产生的利润很可能都无法支付这笔印刷费和邮寄费。但如果她延迟印刷，那就无法获得通常因投放新目录而带来的销量和现金流，从而可能无法支付其他账单。印刷还是不印刷，阿什顿陷入两难之中，而她一旦做出错误决定，就会对本已摇摇欲坠的公司造成重创。阿什顿最终决定暂不印刷新目录，冒险再等一段时间。结果证明等一等是对的，她逐渐摸索出了邮寄目录的最佳节奏，并由此得以大幅削减成本。但这种生死决策会让决策者本人痛苦不堪、饱受折磨。"

金博尔协助阿什顿采用"四管齐下"的战略以改变公司的商业模式，而削减目录成本只是其中之一。战略的第一部分包括确保公司所卖出的产品是正确的，并淘汰诸如定制窗帘一类的无法让公司盈利的商品。

第二部分是将光之影公司的业务模式从以邮购目录业务为主，转型为以网购为主。比如，金博尔建议哈里森首先在网站上展示新品，然后将其中最畅销的几样放入邮购目录，前者有助于增加公司盈利，后者有助于削减目录制作的成本。哈里森立刻接受了这个建议，但公司过去的大多数业务，从挑选产品、拍摄产品，到为产品撰写文案与说明，大都是以目录制作为中心的，所以花费了近一年时间才完成转型。

第三部分是增加公司的定约销售（contract sales），尤其是要争取来自酒店服务业的订单，如餐厅与度假村。目标是将该领域的效率增加一倍。

第四部分包括了哈里森所说的"独家战略"——她将设计一款她喜欢的产品，然后进行研发和制造，其成本要远低于委托他人开发设计产品所需的费用。或者，她将与制造商进行协商，在一段双方商定的时间内，获得一件产品的独家销售权，或争取到低于其他同行的拿货价。

到了2008年年底，她在公司发起了上述这4项举措，甚至在公司进入橙色预警与红色预警阶段时也在积极贯彻实施。这是一件令人印象深刻的壮举，因为在此过程中她时常处于一种被从两个不同方向的力量拉扯的状态。她感叹说："我当时的感觉就是如此，好似身处炼狱。"

## 卖出公司

正如我在第一章所提到的那样，企业家的退场过程可分为4个阶段，进行卖出交易并不是第一阶段或第二阶段，而是第三阶段。在交易阶段之前的第二阶段是"战略期"，你需要将公司打造成素质与特色兼备的企业，从而让你日后从容不迫地选择自己喜欢的退场方式。哈里森直到 2008 年年中，也就是在她从商 22 年，并发现自己拥有一家卖不出去的公司时，才算有意识地进入到了"战略期"。但这一切的前提是，光之影公司仍具备进一步发展的优势，她只要努力实现新发展战略，就大有可能走出困境。

到了 2009 年年中，公司状况已大有起色。尽管当年的销售额跌至860 万美元，比 2008 年的 1180 万逊色不少，但公司再次获得盈利，登记的税前利润约有 50 万美元。同时，公司的经营模式出现了根本的转变，从过去成本高昂的邮购目录推销模式，变为以网络推销为中心，而后者的成本只有前者很少的一部分。结果就是，公司邮购部门的利润从 2007 年到 2011 年增长了 5 倍。而哈里森能在一场可怕的经济衰退中获得如此大的成功，这份业绩就显得更为亮眼。无论她准备何时卖掉公司，这都是一桩值得称赞的轶事。

哈里森女士在 2010 年年初告知金博尔，她确实准备好要卖出公司了。

"卖出企业后你打算做什么？"他问道。

以前的她对此并没有答案，但这次她回答道："我把自己想做的 50件事都列好了清单。"随后还把所有愿望滔滔不绝地说了一遍。

当然，对一个患有注意缺陷障碍的人来说，一次性提出 50 个愿望并不是件难事。这个愿望清单中大致包括：写一本书、花更多的时间陪伴孙辈，与戴夫旅游，提高网球和高尔夫球球技，等等。不过，哈里森当前最迫切的愿望是寻找一位愿意收购她的公司的买家，因为她认为时机已至，再等下去恐怕就卖不出好价钱了。经她用两年时间整改的公司已脱胎换骨，足以向任何一位潜在买家证明当前这套运营模式的可行性。该模式下的业绩记录虽然并不长，但考虑到其背后恶劣的经济环境，还是相当令人惊艳的。2010 年的销售额按预定目标增长了近 25%，高达 107 万美元；而公司的税前净利润率一直稳定维持在 10% 还多，高于行业平均水平。此外，公司也没有任何债务负担，哈里森已还清了在艰难时期所积累的全部债务。同时，定约销售这一举措也越来越受青睐，并会为新任老板提供实质性的企业增长机会。

金博尔建议道，如果能让公司保持这样的势头再多发展几年，公司很可能会卖出更高的价格。不过这么做的话，哈里森就要再一次面对可能的经济下行风险。而且如果她决定对公司进行一些长期投资——考虑到公司目前的利润水平，她很可能应该这么做——公司盈利可能会暂时降低，并因此削弱其市场价值。金博尔指出，不管怎样，她都应该提出一个能让她心甘情愿卖出公司的大致价格。在哈里森给出了自己的心理价位后，金博尔建议她可以联系一些投资银行家，看看是否有人有兴趣买下光之影公司。

哈里森女士上一次寻找公司买家还是在 5 年前。不过这一次，她比 2005 年那会儿要谨慎得多。她和戴夫与五六位投资银行家进行了会谈，并要求他们提交一份营销计划。整个会谈过程耗时 4 个月，最后这对夫妻选中了其中两位，其中一位甚至已经有了一位潜在买家。哈里森夫妻同意让这位银行家单独代理该买家，做两方的中间人。

卖出公司的流程此后又继续持续了 8 个月左右的时间，而最终得到的报价出乎所有人的意料。那时哈里森夫妇已经收到一份来自一位潜在买家的意向书（LOI），但哈里森不愿意接受这份意向书，因为这笔收购交易一旦完成，员工们会丢掉饭碗。此后不久，金博尔接到了戴夫·哈里森打来的电话。戴夫对他说："嗨，史蒂夫，你可能不会相信，我们收到了一份来自一位银行家的意向书。他本人想要亲自购买我们公司。"这位银行家名叫布莱恩·约翰逊（Bryan Johnson），在哈里森夫妇常去办理业务的投资银行公司担任高级副总监一职。金博尔回答道："你在开玩笑吗？"戴夫回答说："没有，这是真的。"他接下来向金博尔介绍了这份意向书的内容。两人都认为该报价是目前为止最棒的一个。

原来，约翰逊和另一位投行公司的成员克里斯·门纳斯克（Chris Menasco）之前曾讨论过要收购一家有增长潜力的小公司，并一直在留意合适的机会。这两位都已参与过几十次收购交易，并不是新手买家。他俩认为，光之影公司的财务状况十分可靠，他们可以以该公司为平台，在现有基础上进行大规模扩建。但他俩也坦承自己的不足之处，比如对公司产品缺乏了解、与制造商缺乏交情、在设计人气新品方面缺乏天赋。但这一切正是阿什顿·哈里森所具备的，因此这两位未来的老板都很希望收购交易完成后，哈里森女士仍能作为顾问留任。哈里森表示她十分愿意，即便这意味着她暂时没办法去完成其余 49 个愿望（但无论如何，她已经实现了写书的愿望）。

这场交易对哈里森而言也并非没有风险。她最终所获得的收购款，其中一部分会以业绩目标付款（Earn-Out）的形式支付。也就是说，只有公司日后的收入达到双方约定的目标时，她才能在最后获得一定比例的收购款作为追加款。但这两位准老板明显缺乏经营光之影这类灯饰公司的经验，如果公司运营出现问题，销量不如预期，哈里森很可能拿不到这笔追加款。因此，买卖双方制定了一个买卖协议，哈里森会获得一笔丰厚的首付款，外加公司未来 4 年的年销售额的一定百分比，以及一笔基于销量的产品设计版税。新老板还会支付给她一笔作为顾问的工资。哪怕是最坏的情况发生，这场收购也让哈里森获得了足以安然度过任何危机的首付款。同时，上述条款也能留住哈里森，让她在收购交易结束后仍愿为公司效力。

在 2011 年 7 月底，各种文件都已签好，光之影公司也随之正式易手。当然，直至最后一笔款项付清，整场收购交易才算正式结束。对哈里森来说，这意味着收购结束日期是在 2015 年的某个时间，也就是她按约定拿满 4 年公司年收入的百分比后。而 2015 年，距离她 2008 年开始整顿公司以便日后出售已过去 7 年；而距离她 2005 年开始认真考虑要卖掉公司，已过去 10 年。不过即便到了 2015 年，如果她没找到人生下一阶段的目标，她也不算真正完成了退场。她能够更快退场吗？当然，但很大的可能是，她不会像现在这么愉快。

## 多长时间，多长？

在关于退场时间的问题上，让我们先分享一个一般规律：你越早开始筹备，就越有可能获得圆满退场。原因相当明显。在审视一个潜在的收购目标时，买家最为关注的那些企业特质，也正是企业家需要自家公司具有并大力发展的。而时间正是其中一个关键因素。正如我们在第三章所提及的，你至少需要有足够的时间去。

- 设计一种经营模式并证明其可行性；
- 展示该经营模式的成长潜力；
- 尽一切力量减少买家风险。

这些基本上就是阿什顿·哈里森从 2008 年公司生意开始好转，到 2011 年收购合同全部签订的这 3 年间所做的事情。

如果你对企业有比哈里森更大的抱负，很可能会需要花费更多时间来做好准备，甚至多到超出你的想象。这些更大的抱负主要包括：将公司卖给一家私人股本公司、将公司运作上市，或由员工或家庭成员接手公司使其能在你打下的基础上持续发展并提高。无论你想实现上述哪一个抱负，（在大多数情况下）都将需要时间以便于：

- 打造一个强有力的管理团队；
- 培养有潜力的继任人；

- 培养高效能的企业文化以增强员工工作效率；
- 制定严格的财务制度、财务纪律，并认真履行，从而让贷方与投资者相信公司有能力用好每一分钱，带来理想的投资回报。

其次，只有将公司发展到一定规模，才能使上市或引起私人股本关注等梦想变为现实；而发展也同样需要时间（但必须再次指出，某些高科技类公司是例外）。大家公认的经验法则是，在考虑进行首次公开募股（IPO）之前，一家公司应拥有约 2500 万美元或更多的息税折旧摊销前利润（EBITDA）。对于财力小于该数值的公司，经济学原理会直接"不讲理"。而正如之前指出的那样，一方面，私人股本集团一般不会投资那些 EBITDA 少于 500 万美元的平台公司[一]——因为 500 万美元是高杠杆交易（HLT）所必需的年度现金流，而 HLT 又是一笔典型的私人股本交易的命脉。另一方面，一些私人股本公司也会购买数家小型公司，进行所谓的"增值型补强收购[二]"，用于扩建已进入它们投资组合的平台企业。

公司规模还会影响到你对战略型买家和财务型买家的吸引力。在本书第三章频频被提及、曾参与过 30 多次此类收购交易、既做过买方也做过卖方的金融专家罗伯特·托米指出："收购公司的买家们意识到，他们购买一家小企业所耗费的时间和精力，与收购一家较大企业相差无几。因此包括私人股本集团在内的大多数机构买家都会将精力

---

[一] 当一家私人股本集团以收购的方式投资一个新兴产业或市场时，会在该领域进行一系列连续收购，并将所有收购来的小公司整合为一家更大型的公司。而该集团所收购的第一家公司就是它眼中的平台公司（platform company），它不仅意味着后续收购活动的开始，也标志着随后收购来的其他小公司将以该公司为平台，逐步扩展、融合为一个较大的公司。——译者注

[二] 补强收购（bolt-on acquisition）属于私人股本交易的术语。当一家受私人股本集团支持的公司（公司 A）通过收购另一家公司（公司 B）来增加自身价值时，此类收购就是"补强收购"。——译者注

投入大型企业的收购。"

　　即便你的企业规模已发展得足够大，大到你可以拥有各种退场选择，但想要将它成功卖出还是要耗费数年时光——除非你深谋远虑，早在创业之初就开始准备日后的退场事宜。托米指出："企业家经常会低估卖出一家企业的难度，以为自己能在足够年轻的时候成功退场，尽情享受卖出企业的收益。但资本市场变幻莫测。而单单找一位买家就需要一年或两年。市场周期能够持续 5 年或更久，在此期间，一家企业的估值可能会起起落落，估值窗口也可能快速开合。而收购完成后，许多买家都会希望卖家能在公司留任，继续活跃 2 年或 3 年。因此，退场过程从头至尾可能会长达 5 年或 6 年。"而且别忘了，此处托米仅仅是指退场过程的第三阶段——出售公司的执行期。

　　值得强调的还有托米所说的"估值窗口"，此处的"窗口"是个暗喻，意指"转瞬即逝的机会"。我们已经见过许多案例，许多企业家正是由于已经为圆满退场而筹备了数年，才抓住了这次宝贵的机会。比如雷·帕加诺，如果他当时没能利落地卖掉视频预警公司，就有可能要等待很长时间，或接受更低的收购报价才能找到买家。视频预警公司最终的成交时间是 2009 年 2 月 13 日，那时美国乃至全球经济正遭受重创。在视频预警公司被穆格公司收购后，仍留任原职的首席财务官珍妮特·斯波尔丁指出，如果签约稍迟，这场交易很可能就不会发生。她说："我们当时要确保公司能够完成 1 月份的销售目标，而之所以能够成功，主要是因为我们仍在完成早些时候的订单。但到了 2 月份，我们就几乎接不到生意了。由于我已经和穆格公司合作了几年，也目睹了该公司是如何做决策的，因此我敢肯定，哪怕成交时间仅延迟 1 个月，穆格公司都会直接取消交易。雷也不可能拿到那么高的报价。"

　　诺姆·布罗斯基也有着类似的经历，他在 2007 年 12 月把城市存储公司的多数股份卖给了一家所谓的"商业开发公司"（即一家公开上市的私人股本公司）。此前他已为卖出公司做了两年多的努力，还因为对一位"准买家"丧失信任而拒绝了后者发起的收购交易。但因为意识到估值窗口正处于敞开状态，他一直在坚持着寻找买家。那时像"城市存储"这类档案存储公司正炙手可热，许多私人股本公司纷纷上门求购。当时档案存储领域的巨头铁山公司（Iron Mountain）就因在近期频频以数倍于市场价的高价收购了多家主要对手公司而震惊业界。布罗斯基由此推断出，该市场已到达或接近巅峰。如果未及时将公司脱手，那么在下一次类似的收购机会到来之前，他可能要等上数年，甚至数十年。他那时已经65岁了，必须趁热打铁。而在这笔交易完成时，估值窗口已经近乎关闭了。

结果证明，布罗斯基比自己意识到的更为幸运。城市存储公司为各种类型的公司进行档案管理，但其销售额中的65%都来自医院和医药公司。布罗斯基之所以专注于医疗领域，是因为他的同行竞争者们大都在争取律师事务所和会计公司的业务。他自豪地说："城市存储公司变成了处理医疗记录的专家，我们比潜在客户们更了解美国'健康保险可携带性和责任法案'（HIPAA）中的隐私条例，所以我们会指导客户如何去遵守这些条例。"这样做的优势是显而易见的，城市存储公司几乎拿下了全美医疗市场的档案管理业务。

但让布罗斯基没料到的是，医疗档案的存储媒介从实体纸张变为电子记录的速度快得惊人。在他卖出公司后的短短5年间，档案管理业的每个细分市场都受到了电子存储方式快速上位的影响，但医疗档案管理所受的冲击最大。比如，城市存储公司曾在公司仓库中储存了数以万计塞满了X光胶片的文件箱。但到了2012年，X光胶片几乎不复存在，几乎所有的医疗影像都是以电子版呈现并存储的。

在2013年回顾当年卖出公司的决定时，布罗斯基感慨道："我一直都知道数字技术会终结我们实体档案管理的生意，但我从没想到这一天会来得这么快。如果我没在 2007 年卖掉公司，电子存储技术的发展就会毁掉我耗费 17 年时间建成的企业，让它的股权价值一落千丈。而我现在也没机会开展任何新事业，只能日夜奔忙地试图改造老企业。"而他之所以能逃过一劫的原因只有一个：从一开始，他创业的目的就是在日后以更高的价格卖掉它。

你所无法控制的各种情况必然会对你卖出企业的最佳时机产生一定的影响。如果你打算将企业卖给第三方，而且你想在最佳时机将其脱手，那就需要让自己做好准备。"当万事俱备时——即当前市场的现金流十分充裕，公司产品正受市场追捧，买卖双方处于有利的发展阶段，等等——收购交易就会发生。"巴里·卡尔松如是说。我在第一章曾提到过卡尔松的经历，他在 2007 年 5 月以 1500 万美元的价格卖掉了他所创立的一家高速互联网服务供应商"超阳技术公司"。"所谓的'卖出时机'与你当时是否想要卖出公司毫无关系，它只是卖掉公司的合适时机、正确时机。你会卖出公司不是因为你自己高兴，而是因为卖得值。如果那时不卖，就等于把一大笔钱白白扔掉了。"

换种说法就是，如果你不花费一定的时间为出售公司做好准备，几乎就等于拒绝了一大笔唾手可得的财富。而究竟需要多长的准备时间，这是因公司而异，因形式而异的。但在大多数情况下，准备时间是以年为单位的。

## 提前退场

然而，不得不提的一种观点是，这个准备时间正在缩短。该观点最热诚的倡导者正是加拿大前企业家、现天使投资人巴兹尔·彼得斯。我们已经在第三章讨论过他提出的企业"可售性"问题。他曾撰写过一本引人入胜的商业著作，书名为《提前退场》（*Early Exits*）。他在书中指出，自 21 世纪起，创业和出售公司的过程已发生改变，并在书中详细说明了改变的原因和方式。

"互联网加速了一切，"他说道，"它让企业家们在短短几天之内就能向数以百计的潜在客户进行推销和销售，并加速了企业生命周期中其他的方方面面。现在甚至有可能出现只需一个周末就能建立一个完整企业的'周末企业家'。"嗯，这类企业家还真有可能出现，但这取决于你对"一个完整的企业"是如何定义的。彼得斯举例说，一个伦敦企业家团队闹着玩似的在 24 小时内创立了一家公司，并用 10 天时间在易趣网（eBay）上卖掉了。不过，这家实验性质的公司从未雇佣一名员工，而且消失速度和它的诞生一样快。

彼得斯坚信，这种提前退场的趋势之所以正在蔓延开来，部分原因是大公司的研发方式发生了根本改变。他说，许多大公司尽管不擅长创新，但却拥有各类所需资源来购买现有产品或服务，并迅速扩大其规模。与之相反的是，小公司擅长创新，但却很难实现产品或服务的规模化。因此，大公司就削减了自己的研发预算，代之以购买那些能提出有用创意的初创公司。实际上，这些巨头公司算是把自己的研发部外包给了这些小公司。

杰夫·约翰逊（Jeff Johnson）就是一位利用这种机会卖掉一家年轻公司的企业家，尽管卖出企业并非他创业的初衷。作为一名曾就职于数家大公司的商场干将，他与几位合伙人在 2001 年 4 月创立了"域密"公司（Arcemus）。他最初认为域密很有可能成为一家"生活方式型企业"<sup>⊖</sup>。但时年 35 岁的约翰逊在成年后的大部分时间都在有意识地

---

⊖ 生活方式型企业（lifestyle business）：此类企业创立和经营的主要目的或是维持创业者一定水平的收入（他们并不想赚得更多）；或是让他们能够以该企业为平台，享受某种特殊的生活方式。就通常意义而言，此类企业很难扩张或进一步发展，因为发展反而会破坏创业者所期望的生活方式。——译者注

做着准备，希望有朝一日能够成为自家公司的首席运营官。他知道，管理有方的公司所拥有的各种特质，正是精明的买家们在潜在收购时会去刻意寻找的。

但如何创立并运营一家高科技初创公司，对于约翰逊本人以及他在互联网域名注册公司领域内的一家先锋企业"网络解方"公司（Network Solutions）工作的合伙人来说，都是极为陌生的。在 21 世纪初，互联网的爆发性使用给大公司的法务部门造成了许多难题。即便法务人员能在现实世界将雇主们的知识产权保护得滴水不漏，但他们在虚拟空间内却很难做到同等程度。约翰逊与合伙人们将这一漏洞视为商机，由此创建了各种防侵权系统，不仅能帮客户公司识别网上针对该公司的知识产权侵权行为，还能帮这些公司注册与管理它们的域名组合。这样一来，就能防止侵权者利用错误拼写、形近词，以及其他知识产权方面的防御漏洞进行非法牟利。作为回报，客户应按月支付给"域密"公司一笔系统使用费。

尽管这些反知识产权侵权系统极尽新颖与巧妙，但约翰逊和他的团队在产品推广期时却可谓举步维艰。"域密是家新公司；我们研发的系统虽然为一个难题提供了创新的解决方案，但这毕竟是个新系统；而凭借着新公司的新系统，我们还试图拿下强生（Johnson & Johnson）、纽约人寿（New York Life），以及宝马（BMW）这样的大企业作为客户。"约翰逊坦白道："我们怎样才能证明公司是有能力的，并且公司产品能达到我们所承诺的效果？客户凭什么相信我们公司在 5 年后还会继续存在？最开始的 10 个客户是最难拿下的。但在公司创办第一年的年末，我们就已经顺利签下了第二批的 10 个客户，此后又是第三批的 10 个。"

与此同时，约翰逊开始逐渐意识到公司拥有许多扩张机会，但却苦于没有足够的资金来利用这些机会。他和团队成员们选择了一种老式办法来为公司筹措资金——他们以个人凑份子的方式，总共筹集了约10万美元。这笔钱虽然起到了一定作用，但距离约翰逊想要实现的"大飞跃"仍是杯水车薪。"我们想在弯道加速超车，借机甩掉所有对手，"约翰逊说道，"但这需要更多的资金才行。"

主要问题在于，"域密"是一家互联网公司，而许多投资者在2003年还尚未从全美互联网泡沫的重创中恢复元气。当公司无法以可接受的条件从银行家、风险投资人、私人股本集团，以及天使投资人那里筹集到资金时，约翰逊的结论是，是时候找个新办法了。"我对大家说：'让我们从另一个角度来思考一下，公司究竟身处哪个行业？'我自己认为'域密'并不属于一家域名管理公司，也不是一家知识产权保护公司。我们公司的业务是为大型机构管理某些类型的记录和信息。所以我和大家说：'让我们找出记录和信息管理行业的主要玩家。'团队成员们看我的眼神好像我长了3颗脑袋。"约翰逊是认真的，他花费了很长时间终于发现了记录管理行业的领袖：铁山公司（Iron Mountain）。约翰逊在对铁山稍做调查后发现，该公司应该会是'域密'理想的合作伙伴。

约翰逊并不确定自己究竟要以什么方式与铁山合作，但他认为应该先去和铁山公司的人接触一下。所以他拿起电话打给了铁山的总机。在拨打无果后，他又开始阅读铁山公司的委托投票说明书<sup>⊖</sup>，并从中找到一个人名。通过此人他又找出了另一个人，再通过这个人得到了铁山公司一位高级主管肯·鲁宾（Ken Rubin）的联系方式。"我立刻致电给他并在电话中进行了自我介绍，"约翰逊回忆道，"他说，'杰夫，我每周都要接到30多个这样的电话。你只有两分钟的陈述时间，然后

---

㊀ 委托投票说明书（proxy statement）：据美国联邦证券交易委员会的要求，上市公司在为股东大会征集委托投票书时，应向股东披露与股东大会所表决事项有关的信息，而记录这些信息的文件就是"委托投票说明书"。——译者注

我会告诉你咱们是否会继续通话。'我回答道：'太棒了！我只需要一分钟。'我尽量简洁地向他解释我们公司是做什么的，以及为什么认为铁山和我们域密具有共同的战略利益。而鲁宾的回应是'继续说下去。'"

接下来，两方的对话一直持续了 6 个多月，有些是在铁山公司的波士顿总部，有些是在域密公司位于弗吉尼亚州斯特林地区的办公室，还有一些是通过电话进行的。在对话中，约翰逊了解到铁山也正在涉足网络知识产权领域，但公司高管们并不真正了解可以利用铁山公司已获得的各种相关能力和可提供的服务来做些什么，而恰巧约翰逊和他的合伙人们对此有着各种好点子。双方很快就发现，最好的方案就是由铁山来购买域密的资产，使其团队融入铁山的运营，这样就能将铁山的资源与域密的创新方案紧密结合，实现双赢。

由此，约翰逊与其团队以域密公司所有者的身份实现了提早退场，原团队的新身份是铁山公司的知识产权管理部。约翰逊成为铁山的一位高级副总裁兼知识产权管理部的总监。收购交易在 2004 年 5 月初完成，该时间距离域密公司的成立仅有 3 年，而距离该公司第一批产品上市仅 2 年。

## 为何创业：为卖出赚钱还是为基业长青？

约翰逊在创业初期就卖掉企业，是出于一个令他难以抗拒的理由。但其他企业家也要效仿他提早退场吗？巴兹尔·彼得斯认为，如果他们对退场过程有一个更深入的了解，就可以这么做。"我认为退场环节是作为一名企业家或投资人最幸福的时刻，"他指出，"因为这是我们所投入的全部努力与风险资本得到回报的一刻。卖出企业通常是一个人在职业生涯中所能经历的最大的一笔财务交易。卖出过程不仅令人兴奋不已，而且必将改变你的生活。但人们对卖出过程并不十分了解，理由很简单：该过程并不会经常发生。"

彼得斯的这种观点不是没有遭到过批评。有人曾指责道，在 20 世纪 90 年代末的美国网络泡沫时期，他的观点滋长了硅谷人的淘金热心态。"创业是为了卖出"（built to flip）这个说法出自吉姆·柯林斯<sup>㊀</sup>发表于《快公司》杂志<sup>㊁</sup>（2000 年 3 月刊）的一篇著名文章。文章指出："当下一个颇为有趣的想法是，无须创立一家公司，尤其是一家具有持久价值的公司。在现在的市场上，只需编出一个动人的故事，对一个点子略作规划再执行一下，就能得到一笔快钱。"柯林斯认为此举着实骇人听闻。

彼得斯对该批评做出了相应的回击。他指出，那些在柯林斯与杰里·波勒斯（Jerry Porras）合著的经典商业著作《基业长青》（*Build to Last*）一书中被提及的公司，如迪士尼和沃尔玛，"都不是能够在 21 世纪建立、发展、繁荣起来的公司类型。在这个新世纪，花费数十年的时间来打造一家公司的情况已不再可能发生……'创业是为了卖出'并不是一个肮脏的动机，也不是一种违反常理的行为。为了在今天获得成功，我认为企业家们不但必须有志于提前退场，而且要把这一理念融入公司的基本架构与公司的 DNA 中。"

但彼得斯的上述论证听上去有些不大合理。许多企业家们仍然努力在线上线下打造自家的伟大企业，他们也仍愿意花费数十年的时间这么做，例如亚马逊的杰夫·贝佐斯（Jeff Bezos）、谷歌的拉里·佩奇（Larry Page）与谢尔盖·布林（Sergey Brin）、美国联邦快递的弗雷德·史密斯（Fred Smith），以及美国最大天然食品零售商全食超市

㊀ 吉姆·柯林斯（Jim Collins，1955—至今），美国著名管理学家、畅销书作家，代表作有《基业长青》（*Build to Last*）、《从优秀到卓越》（*Good to Great*）等。——译者注

㊁ 《快公司》（*Fast Company*），与《财富》和《商业周刊》齐名，是美国最具影响力的商业杂志之一。——译者注

（Whole Foods）的约翰·麦基（John Mackey）。不过，我赞同彼得斯所说，为提前退场做好准备就其本质而言是没错的，柯林斯对此也持有相同的看法。柯林斯所反对的是 20 世纪 90 年代末弥漫在硅谷的贪婪氛围。他在自己的文章中承认："并非每个人或每家公司都适合打造一份长青的基业——也不应如此。"

然而，彼得斯所举的例子几乎都是以互联网为基础的公司，与绝大多数私营公司所占据的现实世界相比，互联网公司像是存在于另一个现实世界。没错，某些基本的商业规律仍适用于此类公司，它们与其他类型的企业一样，同样需要正向现金流。但因为它们是在网络空间做生意，所以此类在线的初创公司有潜力开辟国际市场——即具备增长潜力——而且其增长速度是互联网领域外的企业所无法想象的。因此当此类网络公司被卖出时，这份发展潜力会自然推高其估值。

但这并不意味着每位基于网络的企业家都应该以提前退场为目标去工作。由企业家转行为风险资本家的彼得·蒂尔（Peter Thiel）作为脸书（Facebook）的首位外部投资人，为我们讲述了他心目中脸书史上最重要的一刻。那是在 2006 年 7 月的一天，刚刚两周岁、销售额约3000 万美元的脸书接到了雅虎公司的收购报价——10 亿美元。此后不久，脸书的董事会成员们——蒂尔、时年仅 23 岁的创始人马克·扎克伯格（Mark Zuckerberg），与风险资本家吉姆·布雷耶（Jim Breyer）——就聚集一堂，讨论如何处理雅虎的报价。据《企业》杂志的记者爱丽森·法斯（Allison Fass）报道，蒂尔在 2013 年度的西南偏南交互式多媒体大会（SXSW conference）上回忆说："当时经全面考虑后，布雷耶和我都认为我们应该接受这个报价。但扎克伯格在会议一开始就说：'这次开会就是走个形式，不用超过 10 分钟。我们当然不可能现在就卖。'"蒂尔对此大吃一惊，他建议说大家至少应该先讨论一下再决定。他还特别指出，10 亿美元不是个小数目，而扎克伯格拥有公司25%的股份，会获益最大。但扎克伯格的回答是："我不知道该拿这笔钱做什么，我应该只会用来创办另一个社交网络，但现在这个我还蛮喜欢的。"

面对蒂尔与布雷耶的极力劝说，扎克伯格承认自己觉得这个价格太低了。他指出雅虎对脸书的未来毫无概念，因此无法正确预判它的价值。蒂尔并没被他完全说服，但仍遵从了这位创始人的决定。他安慰自己说，雅虎公司之前也对易趣网和谷歌这两家公司提出过10亿美元的收购报价，但也被拒绝了。考虑到扎克伯格做出了同样正确的决断，蒂尔从这段经历中得到的教训是："我们所有人都必须以一个明确的未来为目标而努力工作……那些最成功的企业都对自己的未来发展心中有数，而且会在日后脱胎换骨，但这份未来的价值很难被充分预估。"

当然，只有极少的新企业才有望成为下一个脸书、易趣网或谷歌，但蒂尔的深刻见解可适用于任何一家试图成就伟业的公司。我指的是一家（如吉姆·柯林斯所言）致力于"对世界造成独特影响"的公司。柯林斯用一条标准来判断一家公司有无独特影响："如果你的公司消失了，它是否会留下世界上任何一家其他公司都无法轻易填补的大洞？"

打造这样一家公司必然是一项长期任务。事实上，柯林斯认为如果要被视为真正的伟大，一家公司应能维持其优异表现，并能在超过一任，甚至是一代老板的时段中，持续不断地对世界产生一种独特影响。换而言之，一家企业的伟大性不能单靠一人证明。还要注意的是，一家企业的规模大小并不会影响其伟大性。一家企业无论规模如何，都能拥有优异表现，并对世界产生一种独特影响。私营企业所面临的更大挑战在于，让数代经营者都能以此为目标。很少有哪家公司能做到这一点。只有在所有权与领导权第二次转手时，你才能真正知道一家公司是否已发现了某种有效的体制或方法，使之在脱离任何领导者或所有者的情况下仍能自行发展壮大。这样的公司才配得上"伟大"这顶皇冠。

我所发现的能通过这种伟大性测试的私营企业只有寥寥数家，它们或是家族所有制，或是雇员所有制。诚然，我并没有逐一查看全美所有的私营企业，因为它们的总数超过了700万家。此外，没有人持续追踪这些私营企业的相关信息，所以我们也无从发现那些能够一直保持高效公司文化的私企。但我的确利用手头一切可利用的资源进行了广泛深入的搜索，最终发掘出的伟大企业都属于上述两种所有制结构之一。也就是说，这些公司的创始人选择将公司股票出售（或赠予）给了公司员工或家庭成员。因此，公司股票并未外流，而是保留在公司内部，从一代所有者传承至下一代。

我的理论是，要想让一种独特的企业文化或经营方式得以延续，我们就要守护它们。在家族所有制企业中，守护者们是家庭成员；而在雇员所有制企业，守护者们就是员工们。没有上述这两种所有制结构的其一护航，每位继任卖家都会在公司引入他们自己的领导与管理作风，想要构建一家能持久保持伟大性的公司，其可能性就变得微乎其微了。当然，即便是一家公司属于家族或员工所有，但它保持伟大的可能性也不会因此而变得更高。毕竟，无数家族企业最终垮掉了，而海量的雇员所有制公司自创始人离任后也都纷纷走上了下坡路。打造持久的高效能公司文化，要耗费许多许多年。如果创始人或主要所有者未能在商业之旅初期就专注于发展这种文化，一家公司将很难享受到拥有这种文化的好处。

## 寻找持久性

如何才能创建一种高效能的公司文化，让它比任何一个所有者、领导人、管理团队，任何一项技术或产品组合都能存在得更为长久？在我所认识的企业家中，没人比杰克·斯塔克对这一问题的思索时间更长或钻研程度更深。斯塔克是 SRC 控股集团的联合创始人兼首席执行官，该集团位于美国密苏里州的斯普林菲尔德市（Springfield）。他从 20 世纪 80 年代中期就开始寻找该问题的答案，因为那时他首次意识到，在决定为"伙伴们"（他是这样称呼自己的员工的）设定一个员工持股计划时，他与几位合伙人忽略了一个重大问题。

当时，SRC 控股集团的前身名为斯普林菲尔德再制造公司（Springfield ReManufacturing Corp，缩写同样是 SRC），是美国国际收割机公司（International Harvester）的一家衍生公司。在当时，后者是一家已有 80 年历史的设备制造商，它曾在 1979 年的《财富》500 强上排名第 28 位，但在 1982 年已沦落至破产边缘。收割机公司在斯普林菲尔德市的工厂约有 230 名员工，工厂专门负责为公司生产建筑设备的替换零件。正当该公司在全世界范围内陆续关闭工厂与卖出资产，以求通过削减开支与筹集现金做最后一搏时，斯塔克与其他 12 位工厂经理担忧在一场经济衰退中丢掉饭碗，于是就向"东家"递交了一份报价，想要购买当地工厂的全部生产设施。在 1983 年年初，收割机公司出人意料地接受了他们的报价，斯塔克与同事们只得在仓促间拟定了一份史上最糟糕的杠杆收购协议。在他们的 SRC 成立的第一个年头，SRC 的负债与权益比率（debt-to-equity ratio，简称为债权比）一度竟高达 89:1。这就好像一个人买下一栋价值 890 万美元的房子，但只付了 10 万美元的首付一样。而银行通常认为，对一家发动机制造商来说，高于 2.5:1 的债权比已经是极具风险了。

然而 SRC 竟然熬过了最艰苦的头两年，并在 1985 年实现了盈利和增长。它的债权比尽管仍然高得令人担忧，但与之前相比，算是降到了一个更为合理的水平（5.1:1）。正不断复苏的经济当然起到了一定的帮助作用，但将 SRC 从"至暗时刻"中拯救出来的最大功臣是斯塔克本人。他当时提出了一个极为激进的运营策略：与全公司员工分享公司的财务信息，指导他们解读、利用这些信息，并让每个人都成为公司的权益合伙人（equity partner）。在 SCR 公司内部，员工们将这个运营策略称为"伟大的商业游戏"。它围绕着一个红利计划进行，并被组织为一场全员参与的"游戏"。游戏规则是要求员工们以一年为限，提高公司的某些"关键数字"。

1985 年秋，斯塔克在公司的一次全员例会上，向所有人汇报了公司的发展现状，以及即将面临的种种挑战。会议的一部分内容不可避免地聚焦于公司股价。那时，SRC 的股价已经从刚上市时的 10 美分涨至当时的 8.46 美元。因此，每位员工都分外关注公司的员工持股计划（ESOP），众人突然对 ESOP 如何运作、如何才能抬高公司股价、他们什么时候会拿到钱，以及到那时每股会价值多少等问题大感兴趣。

为了回答员工们的问题，斯塔克首先向他们解释了现金流的基本原理。他还提到公司的一部分现金是被库存占用的，比如连杆、引擎核心机等产品。在他说完后，一位时薪员工立刻举手发问。这位员工说他能理解公司所赚取的大部分现金都被再投入于公司的生产运营，但却不清楚当员工退休后会怎样。他特别指出，许多员工的年龄都十分接近，也大约会在相同的时间内退休。而到了那时，他们将退出 ESOP 并将持有股份兑现，而这么一大笔现金从哪里来？他最后还加了一句："好吧，公司的现金都被库存占用着，但我们总不能靠吃库存过日子吧。"

斯塔克无语了。这是个好问题，他甚至从没考虑过这一点，也不知道如何回答。就那时而言，他都不知道这个问题有多大，或可能会变得多大。他之所以启动 ESOP，是因为"让每位员工拥有一部分股权往往是一种最简单的运营方式，有了 ESOP 护航，经营者就再也不用关注工作效率问题了，员工们会自发地高效工作"。然而直到那一刻，他也从未想过当员工们退休时公司该如何支付他们应被兑现的股份。

这笔未来的债务是一种"或有负债"（contingent liability），时年35岁的斯塔克意识到，在搞明白解决方案之前，他必须老老实实地留在公司。而就在同年初的一次对公司13位原始合伙人所进行的民意调查中，斯塔克还曾表示他打算在大约5年后离开公司。那时他还不知道具体该怎么离开，但觉得自己总能找到办法。不过现在面对ESOP实施过程中的具体难题，他明白自己的离开可能要延后到更久之后了。无论出于什么原因，他知道自己无法做到赚上一笔钱就一走了之，并眼看着公司因他担任CEO期间所做的决策而走向败落。

如果他当时在商业上的经验有现在这么丰富，斯塔克就能理解他给自己布置了一件意义多么深远的任务，以及完成该任务要花费多么漫长的光阴。因为忙于和同事们一起制定各种公司常规、纪律和制度，他将自己的退场时间不断推后，就是为了有朝一日可以如他所言，"问心无愧"地离开公司。在前行的途中，团队灵机一动想出的一个计划，最后被证明是解答那位员工疑问的关键一环。

解决方案实际上起源于一个与之完全不相关的问题。在为公司客户翻新柴油发动机的过程中，SRC经常会不得不替换掉一个名为冷油器的零件。斯塔克心想，如果公司能学会去翻新而不是直接换掉冷油器，那么每年就能节省约21.5万美元。作为一个实验，他与公司的另外3名高管另立了一家公司，专门研发冷油器的翻新。他们从SRC之外聘请了一位企业家，然后这5人各投了1000美元，又从SRC那里借了5万，从而创造了属于自己的高杠杆交易。

这一实验获得了了不起的成功。在一年内，这家名为"引擎+"（Engines Plus）的新公司就完全满足了SRC对冷油器的需求量，而价格却只有公司之前支付的一小部分。在它成立的第二年年末，"引擎＋"的股票价值已经比他们原始投资增长了6000％还多。斯塔克与其他几位经理认识到，出于道义，趁"引擎＋"的股价仍然物美价廉，他们必须把手中75％的股份立即卖给SRC。

除了削减了冷油器的成本，展示了高杠杆交易的威力之外，"引擎＋"的成功也为SRC提供了一种发展模式，而该模式也能为SRC一直难解的或有负债问题提供一个潜在的解决方案。SRC作为母公司可以持续创立这种小型的衍生公司，当ESOP成员在未来离开公司需要将股份变现时，SRC可以卖出其中几家小公司以筹集所需资金。由此开始，SRC公司就开始逐步转型为SRC控股集团。

公司此后的业绩记录证明了管理团队所提出的经营策略与管理方法的有效性。SRC仅在创业第一年（1983年）在销量1600万美元的基础上出现了6万美元的亏损，但此后的每一年都在盈利，并连续保持盈利状态长达31年之久。在我写作本书时，该公司的年收入已增至5.28亿美元，税后净利润为2200万美元。公司员工总数也从最初的119名扩大到现在的1202名。公司一路曾创建65家小型衍生公司，其中一些被卖出，一些被关闭，还有一些已成为SRC控股集团的一分子，并由从SRC体制中成长起来的精英担任其总经理。与此同时，公司的股票价值也急剧增长。如果有人在SRC成立时购买了价值1万美元的股票进行投资，到2014年1月，这些股票的价值已高达3970万美元。

一路走到今天，斯塔克对退场的想法也在逐步演变。他觉得，如果他能给公司的下一代员工留下一家他们至少愿意保持其运营方式与文化10年不变的公司，那他就心满意足了。他指出："我认为，如果一种公司文化有相应的公司结构来支撑，就能一直存续下去。但这种结构必须是坚硬的，而不能是柔软的。如果一种公司文化失去了其创办人兼守护者，那么一种柔软、令人愉快的公司文化——就是那种试图为员工们营造温暖舒适的工作氛围的文化——是无法生存下来的。

一家公司必须有纪律，运营者则必须有勇气。你需要有足够的胆量，才能查看资产负债表和损益表，发现公司的不足之处，然后去做一切你必须做的事情来保障公司的稳固。只有更多地教会员工用这样的思维模式进行思考，公司文化得以延续的可能性才会越大，而你所创建的公司纪律也将会因此保持活力。"

SRC 的公司文化也在不断与时俱进，其核心是"伟大的商业游戏"，或称之为 SRC 版本的开卷式管理。"游戏"开始于每年 9 月，全体员工都会聚集一堂，共同制定公司的年度经营规划，其中包括一套完整的、以月份为单位的财务预测，作为未来一年内公司运营的发展目标。通过将预测数字与实际数字进行比较，高管们与普通员工们可以监控其工作进度是否在按计划向季度与年度目标推进。他们每周都会做这样一次监控，确认进度中与计划产生偏差的地方，并找出解决方法。[⊖]

到了 2010 年，斯塔克确信他与同事们所创建的公司文化已经真正具有了可持续性。SRC 拥有一批正处于上升期的新一代领导人，他们都是在这种公司文化中成长起来的。其中许多人都是大学或高中一毕业就加入了公司。他们全部都是公司这种"伟大的商业游戏"的常驻玩家，以至于"游戏"精神已深入他们的骨髓。斯塔克确信，这批人知道如何让公司文化茁壮发展下去。他说："我认为他们都会自动使用公司的现有制度，因为这个制度是合理的，还因为他们都参与了该制度的开发，而且会将其继续发扬光大。"

这就留下了一个问题：公司的所有权将如何转移。在过去的数十年间，SRC 已根据原始股东协议，逐一为 13 位原始合伙人中的 12 位

---

⊖ 请参考我与斯塔克合著的两本书《伟大的商业游戏》（*The Great Game of Business*），以及《结局的利害关系》（*A Stake in the Outcome*），以更多地了解 SRC 的文化与制度。——作者注

完成了股权套现。斯塔克也一路卖出了其名下的部分股权，但仍持有公司15%的股份。其他个人股东共计持有公司22%的股份，而剩下63%的股份则全归ESOP所有（一家企业的一项ESOP虽然有大多数员工参与，但该ESOP只等同于一位股东。员工们都属于该ESOP的成员，而不是公司的直接股东）。在经过深思熟虑后，公司决定让该ESOP买断它尚未拥有的剩余的37%的股份——尽管少数董事会成员对此决定持有异议，认为如果将这37%卖给第三方会让股东们获得更丰厚的回报。由于SRC控股集团曾被重组为一个小型公司，所以公司的全部利润将自此全部由ESOP这个唯一股东所掌握。而对于这些利润所征收的税费，也因此可以延期至个人股东们全部将其股份兑现后再进行缴纳。这样的结果将会直接增加公司的现金流。

将全部剩余股份卖给ESOP这一过程一直到2001年8月5日才正式结束。为了给这笔交易提供资金，SRC又额外承担了一笔1100万美元的债务，约定在10年内还清。

当然，我们将无法知道在经过数代人的运营之后，斯塔克与其同事们所建立的公司是否会历久常青。但我们清楚知道的是，他花费了30余年的时光才为这样一份基业打下了基础。现在，这家公司具备了一切优秀的素质，甚至连最为挑剔的私人股本买家也都在寻找这样的公司。这些素质包括：一个已被验证的经营模式、一种巨大的增长潜力、一个饱经考验的管理团队、4至5名有资格成为斯塔克接班人的内部候选人、一支工作效率奇高的职工队伍、一种已深嵌于企业文化的目标责任制度，以及为任何一位投资人所期待的一整套财务制度与对该制度的严格执行。这一切的得来绝非偶然。斯塔克历来都十分重视从一位外部投资者的角度去审视一家企业的做法，他不仅要求自己，也要求他的伙伴们学会这么做。

我相信，其他公司也一定发现了其他能实现公司持久性的路径。

尽管这些路径中可能有一些并没有斯塔克所走过的那么漫长，但也都不会太短。毕竟，创建一家能够持续伟大的公司没什么捷径可走。正如吉姆·柯林斯在 4 本探索该主题的著作中反复强调的那样，基业长青在业界不仅十分罕见，而且也极难达成，需要经营者在极漫长的时间内不折不扣地执行自己定下的规矩。但建立这种企业并不适合每一个人，而且也可能不适合你。但如果你有志于此，有一点经验是显而易见的：尽早开始。

此外，即便你不打算建立一家伟大持久的企业，尽早开始也是明智的。每个退场过程都会受其准备时间的影响。虽然没有什么能保障一个圆满的退场结局，但如果你给了自己充足的时间去准备，获得好结局的可能性就会更大一些。

# 第五章

## 继任者的选择

在选择继任者时，留下足够的纠错时间。

据罗克珊·波德[一]（Roxanne Byrde）回忆，她在 2007 年秋天接到的一个电话来得正是时候。她那时已年近 65 岁，为公司寻找一位接班人的问题一直在她脑中徘徊不去。来电者是拥有她公司旗下几家专营店并已经营了 40 年的一位加盟商之子。波德女士自这个年轻人——让我们叫他亨利好了——7 岁起就认识他了，眼看着他长大成人，并以总裁的身份接手了他父亲的店铺。在他来电之前的 4 年里，亨利还曾在波德女士公司的特许经营人顾问委员会任职，一年能与她见上两次。在那些他们曾共同出席的公司会议中，波德女士觉得这个年轻人是"一位随和的绅士"。而这种性格很让她喜欢，因为她自己也是一位相当随和的淑女。她评价道："亨利是一位非常优秀的年轻人，而且很安静，尽管不至于太过安静，但他也不是那种特别心直口快的类型。"

因此，当亨利询问她是否考虑过要卖掉公司的时候，她是乐于接受这个提议的。这家公司由波德女士的祖父一手创立，而她是在她父

---

[一] 本章中所提及的公司名与人名皆为化名。——作者注

亲去世后接手的；但无论是她的子女还是她的兄弟姐妹都没加入公司，而对她来说，继任者应优先从这些血亲中挑选。"我特别担心一家大型企业集团突然到来并买下我的公司，再将所有对公司有贡献的员工们辞退，"她忧心忡忡地指出。"我特别希望公司在将来也能保持与现在尽可能一致的公司文化。公司全体员工的幸福感都很强，这也是公司能取得成功的部分原因。"怀着这样的想法，她还找过自己的律师讨论要在公司建立一个员工持股计划（ESOP）。但律师不鼓励她这么做，因为 ESOP 的设立与执行都相当复杂，而且风险很高。

而现在亨利有意购买公司，这似乎是一个理想的解决方案，但波德女士暂时不想把公司完全卖给他。其一，她计划至少再工作 10 年，而在这段时间内她仍希望能够当家做主。在彻底放弃对公司的控制权之前，她首先必须确定自己已经准备好了，其次还要确定为公司找到了合适的继任者——即一个能维护公司现有文化与价值观的人。

其二，她还意识到，合适的继任者，比如亨利，可能没有财力一举买下公司的全部股份。波德女士在律师的帮助下提出了以下方案：亨利可以先支付 150 万美元来购买公司 5% 的股份。在接下来的几年，公司将按照当时的市场价逐步购买并收回波德女士手中的股份。随着流通股总量的下降，亨利持股的百分比自然就会增加。尽管他要等上 10 年或更长时间才能成为公司的唯一所有人，但他只花费了 150 万美元就买下了价值至少 5000 万美元的公司，这笔买卖相当划算。

这笔交易不仅明显对亨利有益，也能让波德女士达成所愿，尤其是在公司继承的问题上。"我打算在几年后任命他为总裁，然后再过两三年他将担任首席执行官（CEO）<sup>○</sup>。之后再过几年，我就会正式退

---

○ 简单地说，首席执行官（CEO）与总裁的职能区别是，CEO 负责对公司做出承诺，设定一个长期的发展构想。而总裁则负责履行该承诺，并通过管理公司日常事务来实现 CEO 的构想。——译者注

休。在我走出公司大门时，应该没什么人会怀念我，因为亨利已经能够应付公司的一切。"

波德女士对这个计划非常满意。她是如此信心十足，以至于觉得没必要在正式协议中加入律师建议的各种条款，比如，有一个条款规定她有权在协议生效的前两年内单方面终止与亨利之间的买卖交易，并可以用亨利当时支付的价格买回他手中的股份。但律师解释说该条款只是一个常规的谨慎措施，波德女士也就随他去了。

在 2008 年年初，波德女士对员工们公布了这个消息。她告诉他们，亨利正在逐步买入公司股份，并将最终成为公司的所有者与总裁。"办公大楼里的每个人都很高兴，"她说，"副总裁们也曾与亨利共事，他们也很开心。大家都认为亨利是个完美人选，当然我也是这么认为的。"

然而，波德女士几乎立刻发现，很明显亨利可能不像她想象得那么完美。"他对员工们的态度十分强硬，"她抱怨说，"他会对员工说：'我不是来和你做朋友的，而是来完成工作的。'我提醒过他好多次别这么粗暴待人。当然，他不觉得自己的态度粗暴。他认为自己只是性格坦率、直言不讳。我告诉他说：'有话直说是很好的，但你不能说完就走，这会把员工们吓坏的，他们担心自己明天就丢掉工作。你必须给大家一个做出回应的机会，然后你还必须聆听他们的回应。'"

波德女士认为"聆听"是高管所必备的素质之一。自从她接掌CEO 起，就一直努力打造一种上下级交流畅通的公司文化——员工们知道管理层在乎他们的喜乐，愿意聆听他们的心声。但亨利明显志不在此，他似乎对自己的公费报销账单更感兴趣。"当他第一次试图让公司报销他和他妻子的晚餐费用时，我十分震惊，并坚决制止了这一行为。"波德女士说道，"我对公司所花的每一分钱都管理得十分严格，也从不会让公司报销我与家人的餐饮费。但亨利却和其他几位副总裁抱怨说，一旦他成为公司的所有人，这条财务政策是他会最先改变的公司惯例之一。"

与此同时，亨利与员工之间发生摩擦变得日益频繁。"他变得完全与之前判若两人，"波德女士说，"他会在办公室当着所有人的面说出'公司员工太多了，我们因此亏了不少钱，看来必须裁员了'这样的话。听他这么说，员工们自然都人心惶惶。后来情况已经发展到我每周都要因为这样或那样的问题把他叫进办公室，要求他'不能这么做'的地步了。他的回复总是：'我就是直脾气的人，坦率的性格让我走到了今天，我不觉得自己应该做出改变。'"

在很长一段时间，波德女士都仍抱有一丝希望，觉得亨利最终会修正他做事的方式，但同样的问题却持续存在。她试过与亨利谈话，也试过给他写信。但在尝试了一年半的时间，亨利的行为没发生任何明显的改善之后，她决定采用另外一种更为强硬的方式。她让亨利来到她的办公室并告诉他，他有 6 个月的时间去好好表现。如果他仍然执迷不悟，总是出现她已经提醒了至少 50 次的同样问题，她将不得不重新考虑他们之间的全部安排。

亨利似乎领会了她的意思，但波德女士担心他只是"转入地下"：一边对她隐藏真情实感，一边改变行事作风并让她相信他已做出改变。无论如何，她觉得需要对目前的局面做一个独立、客观的评估。一位董事会成员向她推荐了一家擅长为家族企业服务的咨询公司，她聘用了其中的一位高级顾问为她提供建议。在与波德女士、亨利，以及其他副总裁们进行了大量面谈之后，这位顾问总结道，目前仍有可能挽回双方的关系。

随着圣诞节的临近，顾问建议亨利和波德女士用 1 个月的时间思考一下，他们各自希望对方做出哪些改变。当他们在 2010 年年初重新碰面时，双方在顾问的指导下各自列出了一份"改变清单"，并制订了一个方案以试图挽回局面，继续照原计划向前推进。

然而，双方并未进入到这个挽回阶段。波德女士越来越觉得自己应该采取措施。她告诉这位顾问："许多人已经和我说过亨利的所作所为了，我也相信他们的话。如果我不做点什么，这些人会觉得我在装聋作哑。"

最后使天平发生倾斜的是来自公司区域经理们的报告。这些报告中指出，亨利在招募公司新一批的加盟商时对他们说，他已经在主持公司运营，所以他们无须担心特许经营协议中的细枝末节，只要先签下协议就好。他还表示，他完全理解他们想要什么，而且一定会在日后予以满足。毕竟，他才是公司将来的所有人。

种种迹象使波德女士确信，无论亨利嘴上怎么说，他实际上没打算做出任何改变。他在过去学到的是小本生意的典型经营模式——按照这样的模式，生意是无法做大的。他的这些经营之道在过去是有用的，但对波德女士的大型企业而言就是一场必然的灾难，但他却一直未能明白这一点。更确切地说，他似乎并不在乎其中一些明显的不道德手段。波德女士最担心的是，在获得了公司的控制权后，亨利会在高收益的驱使下解雇大量员工，再将公司卖给出价最高的竞买人，从而凭借 150 万美元的投资获得 6000 万至 7000 万美元的回报。

波德女士决定必须让亨利走人。她联系了顾问，并让他知道了自己的决定。而顾问也并没有提出反对意见。当他们 3 人在 2010 年 1 月 4 日再次相约碰面时，波德女士告诉亨利，她认为他们之间的原定计划无法再继续下去，她将解除双方约定并另寻出路。按照合同约定，公司将按照亨利当时的买入价收回股票，他还会获得 3 个月的工资——之后增加到 6 个月的工资——以作为离职津贴。

在公司内部，亨利离开的消息让大伙儿都松了口气，但有几位他刚刚招募进来的加盟商对此有点困惑和沮丧。波德女士派出几位公司代表去看望他们，以减轻他们的担忧。对波德女士自己来说，她感到如释重负。"我最后已经到了不愿意去上班的程度。"她说。但她也并未轻松多久，因为她很快意识到自己再一次回到了起点——公司仍缺乏继任者，她也仍没有退场计划。

# 错误人选

一些企业家会有这样一种倾向，他们会将退场规划等同于继任规划。我认为，对于上市公司而言，两者在某种层面上属于同义词。这是因为上市公司的所有权与管理权是分开的。相应地，公开市场（public market，即股市）的投资者们在决定何时买入和卖出一家公司的股票时，该公司领导人的改变可能会，也可能不会影响他们的决定。因此，当一家上市公司的 CEO 离任时，主要问题，经常也是唯一需要解决的问题是：谁会成为下一任的 CEO。

但这对于私营企业而言，甚至连是否需要一位接班人这个问题，在很大程度上都要取决于你理想中的退场方式。如果你和罗克珊·波德一样，希望自己的企业能继续保持独立，保留企业文化，以及在你离任后仍能蓬勃发展，培养一位接班人的问题就极为关键。反之，如果你计划像雷·帕加诺那样将公司卖给一位战略型买家，就可能不需要自己培养接班人了，收购方常常更喜欢在这个位置上安排一个自己人。

但如果你无法确定公司将来会卖给哪种类型的买家，该怎么办？如果你只是为了确保自己在退场时能够拥有最多样的选择——包括可以一边追求自己的其他兴趣爱好，一边仍能继续拥有公司这种选择，又该怎么办？

除非你像巴兹尔·彼得斯所主张的那样，已走上了一条"提前退场"的道路，否则还是尽早开始思考继任问题以及培养未来接班人的事宜为好。如果没有一位接班人，万一哪天你突然倒下了，就会让你最在乎的人面临很大的风险。不过让我们先把一个最明显的原因放在一边，单从有利于退场的角度思考——外面有无数买家都有意购买你的公司，但前提是他们无须亲自运营。如果你解决了接班人问题——也就是说，如果企业能够在没有你的情况下也能完美运营——那么就会有更多合适的买家供你挑选，而当你最终准备卖掉企业时，在谈判中也会居于更有利的地位。

在整个继任规划的过程中，找到一个合适人选是最为关键的，即使仅仅因为无论企业在过去运营得多好，一个错误的人选在短时间内就能对它造成巨大伤害。因此，重要的是要确保如果你不幸选错了人，还能像罗克珊·波德那样及时发现错误，并在合同条款的保障下限制此人对公司所造成的破坏。如果企业家在准备退休前才想到接班人问题，往往会陷入麻烦之中。企业家会从企业外部找来一个资历无可挑剔的人选，然后在没有充分估计到此人会对企业造成的风险之前就匆匆离任。而等到他们意识到自己的错误时，破坏已经造成了。

其中一个代表性的企业家就是吉姆·奥尼尔（Jim O'Neal），他不仅是"O&S 货车运输公司"（O&S Trucking，以下简称 O&S）的创始人，也是美国密苏里州斯普林菲尔德市（Springfield）的前市长。1981年时，27 岁的他还是一位货运经纪人，但两年后他就与凯斯·斯蒂夫（Keith Stever）——即 O&S 中的"S"——共同创建了这家包含了两人姓氏首字母的运输公司。但那时的奥尼尔就对政治很感兴趣了，并在1987 年成功当选为斯普林菲尔德市议会的议员。他的合伙人对此十分不满，并提出报价想要买断他的股份。而最终奥尼尔在 30 天内凑够了一笔钱，提出了等额的报价。根据两人之间的股权买卖协议，这意味着奥尼尔将得到公司的全部所有权。斯蒂夫在退出 O&S 之后，立刻成立了自己的斯蒂夫货运公司（Stever Trucking），在经营数年后将其卖出，并最终被奥尼尔在 2004 年时从新的所有者手中买入。奥尼尔说：
"这样我们的'S'就算是回归了。"

与此同时，他已经将 O&S 建成为一家获利丰厚、增长快速的企业，
凭借其公司文化，以及屡次获得从安全到创新等各种国家级奖项而广
为人知。作为一位开卷式管理的坚定支持者与实践者，他在 2000 年设
立了一个员工持股计划（ESOP），并在 2003 年将自己 40% 的股权卖给
了该 ESOP。到了 2006 年，O&S 的年销售额为 6800 万美元，其中税前
利润为 180 万美元。对于利润微薄的货车运输业来说，O&S 的表现配
得上"卓越"二字。

从所有外部表现判断，O&S 可谓状态极佳，但奥尼尔却一直有种
无法摆脱的大难临头的预感。"我曾参加过一次研讨会，会上听到的一
个问题在我脑中不断回响：'你当前的经营模式 3 年后是否仍能健康运
作？'"他还担心公司的管理团队是否尽职。而雪上加霜的是，他还在
2006 年年末开始察觉到经济增长放缓的苗头，那时距离经济衰退正式
开始还有一整年的时间。他指出，货车运输业往往能够先于其他行业
识别出经济活动水平的变化。

而就在此时，奥尼尔正准备参选美国整车货运协会（Truckload
Carriers Association，缩写为 TCA）的主席一职，该协会是一个拥有 68
年历史的组织，全国约有 1000 名会员。而协会主席的工作十分重要，
因此他以 TCA 干部储备营成员的身份，花费了 4 年时间做准备。主席
选举将会在 2007 年 3 月的 TCA 全国大会上进行，而为了完成主席职
责，奥尼尔将在此后的一年花费大量的时间与精力。他向自己的保险
经纪人讲述了他对 O&S 未来运营的担忧，经纪人建议他请专业人士对
公司情况进行一次独立的分析，并推荐了一位他十分信任的顾问——
让我们称呼他为文斯。奥尼尔与文斯取得了联系，并与他约定在美国
拉斯维加斯市，也就是 TCA 大会的召开地会面。两人碰面并交谈之

后，奥尼尔聘用文斯为公司做一次评估、提一些建议、拟一项解决方案，以及建议一下该方案的实施方法。

奥尼尔承认，他不仅想对自己的公司，也想对自己的生活做一些改变。他已经从业 26 年了，有点筋疲力尽的感觉。他也强烈渴望去做一切其他事情——政治、旅行，以及行业协会的工作。他自己在心理上还没准备好要卖掉公司，况且他认为卖出的时机未至。但他认为，如果他能够（如他自己所言）"让公司运转得井然有序"，就不仅能腾出手来去实现一些其他的人生追求，同时还能让 O&S 在买家心目中更具吸引力。

文斯在 2007 年完成了对公司的评估报告。这份报告证实了奥尼尔之前的一些担忧，并引发了一些新的担忧。公司的管理团队如他所担心的那样运转不良；公司内部经常谣言满天飞；公司的经营模式需要进行调整，才能保持日后的正常运转。而公司的各种预测手段也是如此，因为现在公司粗制滥造出的所有数据信息都严重缺乏及时性，从而无法对公司每日与每周的运营安排进行有效指导。

总之，奥尼尔认为文斯把任务完成得十分漂亮。"他的报告书既准确又有益，"他在 6 年后评价道，"我应该就停在那里。我应该对他感谢一番并痛快付费，然后与公司的核心团队经历一切、处理一切。"

然而，他却将文斯任命为公司的 CEO。

坦白说，那时奥尼尔也没有其他更好的选择。他的 TCA 主席一职已占据了比他料想中更多的时间，他迫切需要有人帮他"看家"，替他打理公司日常业务。尽管奥尼尔那时与文斯仅结识了短短几个月，也从未与他真正共事过，但文斯曾运营过其他企业，包括曾短期担任过另一家货运公司的 CEO，而且明显了解 O&S 所存在的各种问题。又因为奥尼尔从未在公司内部培养过接班人的苗子，所以文斯已是当时唯一貌似理想的人选。

在接下来的 3 年间，文斯负责打理 O&S 公司，而奥尼尔则投身政界。在 2008 年 12 月，奥尼尔正式宣布参加斯普林菲尔德市市长竞选。此后，他将全部精力投入市长竞选活动，直至次年 4 月成功当选。接下来，他又陷入繁重的市长工作当中。当我在 2009 年 10 月去拜访他的时候，他已经不再负责公司的日常运营了。"我尽力在我有空的时候去公司看看，"他无奈地说，"不过我只能看一下公司的长期战略，但对公司目前的发展并不了解。"当然，他对此并不在意，因为这就是他想要的生活。

关于是否要卖出公司的问题，他回答说："我不急。我现在赚得不少，日子也过得很好，没什么特别强烈的理由想要改变现状。"他计划竞选连任，再做两年市长。同时，他打算继续活跃在卡车运输业，并有志成为本行业在全美最大的团体"美国卡车运输协会"（American Trucking Associations）的主席。该协会主席不仅在华盛顿特区具备一定的影响力，而且还需要奔波于全美乃至世界各地。如果当选，他对公司 CEO 的依赖就会更大。奥尼尔对我表达了他对文斯的信心，觉得他一定能承担好这份责任。

我不知道在 2009 年的这次拜访中，奥尼尔究竟是痴心妄想、对危险毫无意识，抑或只是过分乐观；但回顾当年，其实 O&S 在那时已明显陷入麻烦之中。销售额从 2006 年最高的 6800 万美元跌至 2009 年的 6200 万美元，而税前利润则从原本的 180 万美元沦落至亏损 30 万美元。在 2010 年，销售额再次下滑 600 万美元，跌至 5600 万美元，公司又额外亏损了 86.5 万美元。然而，主要问题在于 O&S 的现金流变得极为紧张，以至于不得不请求其债权人延缓行使其权利，以便公司修复自身的问题。

但各种问题越积越多，一件接着一件。在 2009 年，3 家最大的客户（即货物的托运人）改变了其付款方式，这等于冻结了 O&S 约 90

万美元的年度现金流。由此产生的现金危机，使公司不得不开始采用与这些托运人同样的方式来支付驾驶员的薪水。驾驶员们对此的反馈是，其离职率增长了一倍还多。结果在 2010 年第一季度，公司发现其闲置卡车一下子增加到 60～80 辆，约占车队卡车数量的 20%～25%。这意味着公司不但无法从这些卡车中获得收益，还必须为它们支付租金，这造成了公司另一个巨大的现金缺口。与此同时，公司在这两年间货车事故频发，加上根据保险合同约定所支付的 30 万美元免赔费用<sup>⊖</sup>，最终损失高达近 200 万。在过去公司业务蒸蒸日上，驾驶员们士气高昂的日子里，公司的安全行车记录能够保障一个如此之高的免赔额。该数额本应被削减的，但却并没有。

祸不单行的是，公司还要支付给文斯一大笔补偿金。公司已经在他身上花费了 100 多万美元，但得到的却是一个麻烦重重、大不如前的 O&S。到了 2010 年年底，奥尼尔告诉文斯，他自己将重回公司 CEO 的岗位。"公司无法承担聘用我们两个人的费用。"奥尼尔指出。O&S 此后继续挣扎了 17 个月，而奥尼尔试图平衡他作为市长、公司 CEO，以及父亲的职责。在 2011 年，O&S 的销售额跌至 4500 万美元，亏损 210 万美元，这使得奥尼尔不得不再次请求债权人延缓行使其权利。但这样还不够。尽管他在 2011 年再次被选为市长，但他在任期中（即 2012 年 5 月 7 日）就辞职了。23 天后，O&S 根据美国《破产法》第十一章向债权人提请了破产保护。在申请文件中，公司资产被估算为 5 万美元不到，而负债额却高达 1000 万～5000 万美元。

急需援手的奥尼尔向"首选公司"（Prime Inc.）发出了求助。该公司是一家价值 12 亿美元的全美卡车货运公司，总部也位于斯普林菲尔德市。"房子着了大火，我们能做的就是跳窗。"奥尼尔指出，"当

---

⊖ 免赔费用：指根据保险合同约定，在面对保险索赔时一位被保险人所必须支付的一笔费用，而其余部分则由保险公司支付。——译者注

我们跳下去时，唯一张开防护网接住我们的就是首选公司的创始人兼总裁罗伯特·洛（Robert Low）。"洛邀请他参与一个特殊项目，该项目允许 O&S 在保留公司身份的前提下，成为首选公司的契约承运人。这使 O&S 瞬间摆脱了一大笔经常性支出与全部的卡车租赁费。员工也从最多时的 60 人左右，减少为现在的 14 人。奥尼尔认为这是一笔很不错的买卖。"如果我们能再增加 20～30 辆卡车的运输订单，年收入至少能到 100 万美元，"他在此停顿了一下，然后继续说道，"要是我早两年这么做就好了。"

那时，奥尼尔已不再拥有他的公司。他已经把公司卖给了为他工作了 27 年的财务主管安妮塔·克里斯蒂安（Anita Christian）以保护 O&S，以防一位债权人援引奥尼尔必须签署的一种个人担保，从而迫使他宣布个人破产。如果他不把公司卖给克里斯蒂安，公司股票将会成为债权人能够争取的一项资产。只要他与克里斯蒂安之间遵守此类买卖交易的规则，这种销售公司的行为就是法律允许的。而这一规则就是，她现在必须用一个公平的市场价来购买 O&S，但将来却没有义务一定要把公司股份再卖给他。"她可以选择卖掉或保留股份，"奥尼尔说道，"我可以提出报价来买回股份，但她并不一定要接受这个报价。我当前最重要的任务是让公司生存下去，让每个人，包括我自己生存下去。"

奥尼尔与 O&S 签订了一份为期 3 年的雇佣合同，目前仍担任 O&S 的总裁兼 CEO，合同将于 2017 年年底结束。"我不知道自己那时候要做什么。"他苦涩地说。他是否将公司所发生的一切都归咎于自己？"是的，很难不这样。这份自责感挥之不去。"他在整个过程中的确犯了很多错误。但迄今最大的一个就是，将公司交到了一个最后被证明是错误的继任者手中。此人缺乏技巧、手段与经验，无法带领公司走出美国 75 年以来最严重的经济衰退。作为一家卡车货运公司的 CEO，文斯"就像一个误入游行乐队的钢琴家"。奥尼尔叹道："他注定是无能为力的。"

但他意识到错误不在于文斯。"我不得不承认，自己才是那个聘用他的那个人。事实是，我的公司曾发展得相当不错，但我把一切搞砸了，而且再也无法回到那个全盛时期，现在我也不知道自己该怎么办了。"

## 关键问题

奥尼尔和波德并不是少数在第一次挑选接班人时就判断失误的老板之二。犯同样错误的老板远比大多数企业家意识到的要更为普遍。我们目睹了此类事件在各家上市公司不断发生，创始人必须回归公司以校正其发展方向的情况也时常出现。如史蒂夫·乔布斯（Steve Jobs）之于苹果公司、霍华德·舒尔茨（Howard Schultz）之于星巴克、迈克尔·戴尔之于戴尔电脑、纳拉亚纳·默西（N. R. Narayana Murthy）之于印孚瑟斯⊖、查尔斯·施瓦布（Charles Schwab）之于嘉信理财、理查德·海恩（Richard Hayne）之于城市生活用品连锁⊜、汤姆·莱顿（Tom Leighton）之于阿卡迈⊜，以及雷德·霍夫曼（Reid Hoffman）之于领英，等等。

但有时候创始人回归并不是办法。我有一位朋友——就叫他丹尼尔吧——在 1992 年创立了一家高管配置公司⑳，该公司在自己特殊的

---

⊖ 印孚瑟斯的全称为印孚瑟斯技术有限公司（Infosys Technologies Limited），是印度 IT 业巨头，也是该国历史上第一家在美国上市的公司。——译者注

⊜ 城市生活用品连锁（Urban Outfitters），美国一家提供时尚生活用品的零售商，成立于 1970 年，致力于服装、配饰、家居等商品的售卖。——译者注

⊜ 阿卡迈（Akamai Technologies），美国一家内容交付网络（CDN）服务与云服务提供商，目前承载着全球 15%～30% 的互联网流量。——译者注

⑳ 高管配置公司（executive placement firm），指专为企业寻访、提供高级管理人才的公司，属于猎头公司的一种，但是专做高管人才这个细分市场。——译者注

细分市场领域成长为最具知名度的企业，并受到业界最高的赞誉。在 2003 年，丹尼尔开始考虑离开公司的事宜。他相信 10 年时间对任何一个 CEO 而言都足够了；他已经厌倦了这份拼抢激烈的工作，并觉得公司需要一位"能他所不能"的新人来掌舵。他自己想过一种写写书、教教课的日子。因此，他在两年内进行了一番密集的继任规划。他的公司拥有一个独立的董事会，并雇用了一家业界顶级的高管招募公司帮忙寻找一位新的 CEO 人选。在 2005 年 2 月，董事会选定了一位来自四大会计师事务所、履历优秀的人才——可称他为拉尔夫——作为公司合伙人。

但仅在短短一年内，丹尼尔就意识到他和董事们犯了一个错误。尽管拉尔夫依照丹尼尔的指令在扩展公司对客户的服务范围，但他的管理风格是等级森严的、奢侈的，属于指挥与控制型，所以很快他就疏远了丹尼尔的旧日同事。他创造了一整套公司之前从未存在过的行政等级制度，并开始更多地根据员工对他的忠诚度而非工作表现来提拔人才。他还向董事会不断塞入自己的亲朋好友。更重要的是，公司在他的领导下离开了原本的核心市场——中端市场公司（即年收入通常在 1000 万 ~ 1 亿美元之间的公司），并不断拉来大公司的生意。那些自丹尼尔时代留任至今的老员工纷纷向丹尼尔抱怨说，拉尔夫正在毁掉公司的生意，而其中许多人选择了离开公司。

丹尼尔十分同情他们，但同时也左右为难。他担心如果他开除了拉尔夫，就会给人留下一个创始人对公司恋栈不去、不肯放权的印象。而公司也要大费周章地再去寻找一位合格的人才来取代拉尔夫。丹尼尔自己是不想再做这份工作了。在创业过程中，他已为公司耗尽心力，做出了极大的自我牺牲。现在实在不愿意从头再来一遍。

然而，丹尼尔的确对公司深感担忧。他觉得公司目前这种依赖大公司实现业务增长的状况十分危险，因为他知道大公司应对经济衰退的常用手段：取消与顾问公司的业务订单。然而，丹尼尔目前能做的也十分有限，部分是因为拉尔夫的经营策略从表面上看是十分成功的。在他的领导下，公司正快速增长，收入也显著增加。不过，由于管理团队的大幅扩充，以及购入诸如公司专用喷气式飞机等奢侈物品，公司的利润有所减少。但拉尔夫辩称，这些花费都是对未来的投资，在将来的某一时刻，利润曲线就会上行，公司也将会财源滚滚、现金充裕。

但利润曲线最终并未出现上行。2007 年 12 月，美国的经济大衰退正式开始并一直持续了 18 个月。随着经济状况的恶化，丹尼尔公司的大公司客户正如他所担心的那样，纷纷取消了订单。在 2009 年，公司收入出现了其成立以来的首次下跌。

到那时为止，丹尼尔已经重整了董事会，迫使拉尔夫的朋党离开，并任用那些独立性令人毋庸置疑的董事们取而代之。公司的决策全由新董事会做出，该董事会正在考虑一个收购报价。该报价来自一家大型上市公司，与拉尔夫的公司属于关联企业，并对后者垂涎已久。董事会最终决定以现金与股票结合的形式，将公司以 5000 万美元的价格售出。尽管公司在发出的新闻稿中声称拉尔夫将会以总裁的身份继续留任，但他在 5 个月后就离职了。据丹尼尔估计，如果一直依照拉尔夫就任之前的既定路线来经营公司，这个售价至少会翻一番。

但对丹尼尔而言，最糟糕的事情是他一手打造并希望能基业长青的公司就这样烟消云散了。而且直到一切结束之后——某一天他正在和我解释到底哪里出了问题时——他突然意识到他与董事们曾犯下的一个重大错误在于：在将拉尔夫作为未来的接班人进行面试时，他们忘记询问他的管理方法了。结果就是，董事们既没能预见拉尔夫可能会在管理方式上做出的剧烈改变，也没考虑过这些变化会对公司造成的影响。在丹尼尔任职 CEO 期间，他领导下的公司结构精简，并实施扁平化管理。他还在公司实践了他自创的开卷式管理模式。公司的财务信息是被合伙人与员工们所广泛共享的。相反的是，拉尔夫总是对财务数字严格保密，想要知情的合伙人与员工们只能靠猜。

这种财务信息保密的做法会带来以下一些可预测的后果。首先，该做法会大幅削减公司与员工之间彼此的责任感，使权力集中于公司上层，并反过来导致了上级任人唯亲的管理作风。这种专断的管理作风还阻止了合伙人与员工们对公司事务进行坦率的讨论——而只有这样的讨论才有可能暴露拉尔夫的新运营战略中所存在的各种隐患。其次，财务制度的不透明挪走了一道最有效的监管屏障，使公司经营中的挥霍与浪费成风。最后，该做法几乎必然会导致公司一些优秀人才的流失，因为这些人是不喜欢被蒙在鼓里的，尤其是在他们之前对公司的财务状况已如此了解之后。

实际上，几乎所有导致公司衰败的内部因素几乎都能追溯到公司经营哲学的改变，而这一改变又都是因为当年董事会成员们少问了一个原本能够揭示该风险的问题：你在多大程度上认为财务信息应该被合伙人和员工们分享与讨论？也就是说，你会实施开卷式管理吗？回顾那时的面试情况，丹尼尔对他们当年竟然漏掉了这两个问题表示难以置信。他们评估了拉尔夫的简历、推荐信、他面试时的表现、他对公司未来的想法、他完成董事会计划给他设定的战略目标的能力——除了他打算管理公司的方式，其他一切都问到了。这份疏忽不仅让丹尼尔与合伙人损失了数百万美元，也让他的公司失去了独立性。

## 第二次机会与后备计划

考虑到很容易会招到错误的接班人，罗克珊·波德在律师的帮助下，采取了完全正确的方法。最重要的并不是她最初看错了亨利，而是她给自己立下了足够的时间去纠正错误，并重整旗鼓。

　　当然，她仍要解决公司的继任问题，还要做出一些有关她自己退场的决定。从亨利那里得到的教训至少让她缩小了潜在收购者的名单。她意识到自己永远也不能把公司卖给一个她并不真正了解，也无法彻底信任的人。"所以，我再一次开始考虑要设立一个员工持股计划（ESOP），"她指出，"就我看来，这是我唯一的选择。"

　　不过，这次她准备从一家全美知名的 ESOP 咨询公司聘请一位专家，帮她出谋划策。经过与专家的第一次面谈后，波德女士发现，自己对于 ESOP 最初的一些担忧是完全没有根据的。只要她愿意，在将公司卖给一个 ESOP 后，她仍然可以保留对公司原有的控制权。而当她对 ESOP 了解得越多，她就对这个主意越感兴趣。

　　此后，她大约花费了近一年的时间筹备所有细节。2011 年 6 月，波德女士最终将公司 100% 的股份以 4000 万美元的估值价卖给了一个 ESOP。在大约同一时间，公司的性质也变为一家小型公司，从此能够享受递延税款、现金流改善等福利，此类福利是每一家以 ESOP 作为唯一所有人的小型公司才能拥有的。⊖ "公司要为建立 ESOP 花上一大笔钱，"两年后波德女士指出，"但每次我为律师或银行家开出支票时，我都会对自己说：'罗克珊，如果你把公司卖给别人，要付的中介费将远不止这些。'"

　　不仅如此，她还找到了自己满意的 CEO 接班人。"他其实近在眼前。"她感叹道。当时年仅 45 岁上下的乔治·威廉姆斯（George Williams）其实已经为公司效力 17 个年头，他从质量经理一职做起，

---

　　⊖ 小型企业的利润会被转给股东，然后按照个人所得税税率进行扣税。当一个不被征税的 ESOP 拥有一家公司 100% 的股份时，本应用于缴税的现金能够被保留在公司，并用于资助其发展。但政府也不会永远失去这部分税收：一旦员工离职并将自己在 ESOP 的股份兑现时，他们需要向政府缴纳个人所得税，这就是政府最终收回这笔税收的方式。——作者注

一路升至副总裁。数年之前，他的上司就向波德女士提到过威廉姆斯，指出他具有成为 CEO 的潜质。但那时波德女士对他知之甚少，从未与他共事过一天，再加上很快就看中了亨利，于是也就没有在意。不过一旦亨利出局，她决定应该再仔细观察一下威廉姆斯。她这么做了之后，确信他是一位强有力的人选。"我与很多人聊过威廉姆斯，"她说，"加盟商们都认为他是最佳人选。他能与每个人都融洽相处，能自始至终地完成工作，并能做好自己该做的事情。此外，他头脑敏捷，也热爱公司文化。"

2013 年 2 月 1 日，波德女士宣布威廉姆斯将成为公司总裁兼首席运营官。她指出，威廉姆斯有 8 年的过渡期，在此期间他将越来越多地接手她的职责。直至 2020 年，他将成为公司的董事长兼 CEO。

一年半后，波德女士没发现任何让她改变主意的事情。相反，她甚至变得更为乐观了。"他具备我所缺乏的优势，"她指出，"我有一些优点，但他在我所不擅长的地方表现得更为出色。我切实目睹了公司在他的领导下正变得更为成功。"

我认为波德女士已经解决了她的继任问题。但罗伯特·托米，我们在第三章介绍过的强制收购方面的专家，也与我分享了几个不同结局的案例。在这些案例中，企业家本以为他们已经解决了继任问题，但最后的结果却并不美好。例如，一位 70 岁的创始人把自己的金属冲压公司卖给了一个杠杆型员工持股计划（leveraged ESOP，即一个 ESOP 通过大量借债来购买一家公司的股票，并承诺用该公司日后的收益还债）。他把企业卖了一个相当不错的价格——10 倍的息税折旧摊销前利润（EBITDA）、附带此类 ESOP 交易所能享有的一切税务优惠——并将这笔收入放入可变年金作为投资。此外，他还买下了金属冲压工厂与工厂房地产，并将其回租给公司。他相信这种年金与租金的组合能保证他在未来拥有一份稳定的收入。至于公司的继任问题，他已招募到一位哈佛工商管理硕士（MBA）来接任 CEO，并向他提供了优先认股权，以作为一种激励机制来留住人才。公司其他主要管理人员也得到了类似的待遇。

直至 2002 年 3 月，一切都进展得十分顺利。然后，由于那时推出的一项有关进口钢材的关税新政，公司的成本突然飙升。它最大的客户立刻转身离去，投入到一家不受该关税政策影响的墨西哥供应商的怀抱。几乎是一夜之间，公司的销售额暴跌至公司被卖出给 ESOP 时的30%。那位新任 CEO 与他手下的经理们也很快发现，他们手中的股票价值将再也不复以往，于是纷纷离职。创始人意识到他必须与该 ESOP解约，然而他发现如果这么做，公司就要承担严厉的税收后果。他突然需要一大笔现金来付清 ESOP 当初为买下公司股份而欠下的贷款，但他因卖出公司所获得的现金又都冻结在那笔可变年金之中，提前取出需要支付一大笔巨额罚金。那栋工厂大楼是否可以变现应急？他当初借了 500 万美元把它从公司手中买下，而且所有贷款都用于购买这栋厂房与地皮，并无剩余。但现在这栋厂房已一文不值，一部分是因为房客（他的工厂）已经两年未付房租，还有一部分是因为该厂房被设计得只能做金属冲压之用。

这位创始人把托米请来，希望他能调查一下公司当前的情况，以及找出最佳的应对方案。但托米无奈地说："已经没什么可做的了。"

托米遇到过许多类似的案例，小企业家们没料到自己精心打造的继任计划会遭遇意外失败，因此当失败真正发生时，他们完全没有准备。对此托米的建议是："不要只依靠单独一位继任者。为了继任计划的稳妥，不要借钱或为债务做担保。不要低估企业可能遇到的风险。不要等待太长时间。不要认为自己的健康没问题。准备一个备用方案一号！再准备一个备用方案二号！"

# 让一切走上正轨

在这条寻找一位有价值的接班人的道路上遍布着各式陷阱。有些企业家能避开这些陷阱，并最终找到一位不仅擅长"管家"，还能带领企业不断发展壮大的优秀负责人。如果说罗克珊·波德很可能会成为这样一位幸运者，那么马丁·莱特希（Martin Lightsey）则已经把这份幸运握在了掌中。他所创立的"特色刀片公司"（Specialty Blades）位于美国弗吉尼亚州的斯汤顿市，他成功地在 2003 年为当时已成立 18 年的企业找到了接班人。

莱特希在公司成立早期就曾考虑过继任的问题。"我知道他打算在某个时间辞掉 CEO 的职位，因为他在公司成立的时候就开始谈论谁能接他的班，"莱特希的妻子琳达如是说。"可能不是在最初那几年，因为我们甚至都不确定公司能不能办下去，但一旦公司站住脚跟并开始正常运营，我就很清楚马丁开始计划日后退休的事情了。"

莱特希曾有幸在 1977 年参与过前雇主、美国安全剃刀公司（American Safety Razor，ASR）的杠杆收购。他在 1980 年卖掉了一些股份，并在斯汤顿市风景秀丽的谢南多厄河谷（Shenandoah Valley）买地建房。由于经历过杠杆收购，他对各种套现机会非常熟悉，并知道自己最终也必须创建一个套现机会，让那些曾为他提供 35 万美元原始资本的天使投资人能获得一份投资回报。这些投资人有些是他在 ASR 的前同事，其他来自他自己的朋友圈。为了让这些投资人能在日后的某个时间将股份套现，公司就有可能需要被卖出，而这就涉及公司的继任问题。同时，莱特希非常希望建立一家在自己离任后仍能继续运营的公司，这同样需要解决公司的继任问题。

然而，为了实现"回报投资人"与"打造基业长青的公司"这两个愿望，莱特希在一开始就必须专注于将特色刀片公司建设成一个能够自我持续发展的企业——也就是说，公司依靠其内部生成的现金流就可以维持运转。作为一名具有工程师教育背景、工作经验与思维模式的专业人士，他在为 ASR 工作时就构想出了"特色刀片公司"的雏形。他当时在 ASR 担任工业与手术刀片部的主管，该部门生产出的商品通常是可以放入机器中的，比如说那种能够将合成纤维切成各种特殊长度的装置。而用于制造这些特殊刀片的设备，其实是由制造剃须刀片的机器改装而成的。莱特希认为，通过将计算机数控（CNC）机床技术与剃须刀片制造技术相结合，ASR 就可以制造出各种各样客户所需、但现有设备无法制造的特色刀片。

在对此调研了一年左右的时间后，他向自己的上司，即 ASR 的 CEO 汇报了自己的想法。尽管这位 CEO 对此深表欣赏，但认为它并不符合公司当时的发展规划。莱特希表示，他愿意在 ASR 之外实现这个计划。CEO 并未反对——他最终也成为特色刀片公司的一位投资人——但由于莱特希做此项调研时的身份是 ASR 雇员，所以他们两人必须制定一些基本原则，规定究竟哪些与这款"万能刀片制造机"相关的知识产权是莱特希可以使用的。最终，CEO 同意让他自由使用几乎所有与这台机器相关的知识产权，前提是他必须承诺不与 ASR 产生竞争。

创办一家制造公司是一项花费极为昂贵的任务。莱特希认为他需要约 100 万美元才能维持现金流的收支平衡。他带着自己的经营规划拜访了 50 位左右的投资人，只有 11 位和他签订了出资合同。他最后无奈接受了只筹集到 50 万美元的事实，而这其中还有 15 万美元是他卖出 ASR 股票后的所得。他觉得 50 万美元是此次创业所需启动资金的底线了。"从理论上来说，这次创业是可以成功的，"他在 13 年后回顾那段创业时光时对我说道，"当然，因为从前没人将计算机数控与剃须刀片制造这两项技术结合在一起，所以我们也不是很确定。最后我们比预计多花了一年时间，才成功地做到了。"

不仅时间超出预计，成本亦然。确切地说，最终的创业成本超过了50万美元。他通过一次过桥贷款从一家本地社区银行筹集到12.5万美元，又从原始股东们那里获得了第二轮股权投资，从而补足了资金缺口。特色刀片公司最终在1985年创立，在1990年凭借83万美元的销量终于做到收支平衡、不赚不赔。1991年甚至扭亏为盈，凭借150万美元的销量获利30.9万美元。在发展过程中，公司养成了一种高效能的公司文化，这正反映了莱特希本人的经营理念。"我认为公司有机会比ASR做得更好，毕竟ASR是一家工会制企业<sup>○</sup>。而在我们公司，车间员工可以和管理员工通力合作，只有这样，公司任何提议的执行才会更加有力。我们一开始并没有给这种工作风格定性，但现在想来，公司从起步时期的1985年至今，一直都算是一家开卷式管理公司。"

在1997年，公司的销量已高达600万美元，利润几近160万美元；初始投资的中间值4.375万美元，现已价值近35万美元；有些股东希望能将手中的股票套现，其中就包括莱特希的两个女儿，达娜和詹妮弗。出于遗产规划<sup>○</sup>的目的，他与妻子琳达在1994年将他们手中70%的股权赠予了两个女儿。而目前两个女儿看到了公司股票价值的快速上涨，并想从眼前的股票升值中获利。此外，莱特希非常担忧，如果他与琳达再等下去，将来等到他们去世，女儿们为继承财产需要缴纳极为高昂的各类税费。而她们如果付不起这些税

---

○ 工会制企业（union shop）：美国工会保障形式的一种，这种企业可以雇佣非工会会员，但这些员工必须在规定时间内加入工会并缴纳会费。如果他们不这么做，企业将会解雇他们。——译者注

○ 遗产规划（estate planning）是指一个人在活着的时候，对自己的全部财产所进行的管理与处置，以便在此人去世后，尽可能地减少该财产继承人需要缴纳的赠予税、遗产税、隔代继承税，以及个人所得税。——译者注

费，就会被迫将公司股票卖给出价最高的人，而此举很可能会对公司造成毁灭性打击。

然而，两个女儿也有各自的财务需要，通过卖一些股票也能够缓解她们的财务状况。问题是，她们能把股份卖给谁？特色刀片公司需要将内部产生的现金流全部用于企业发展，所以公司本身无法负担购回这些股份。另一个选择是找到一批新投资者来买断旧投资者们手中的股票。莱特希认为，如果知道了这个投资机会，斯汤顿市的其他对此感兴趣的人可以购买这些股票。他向一位证券律师咨询了有关公司上市的信息，并迅速意识到特色刀片公司无法负担首次公开募股（IPO）所需的成本，更不用说随之而来每年约50万美元的法律与会计费用。这笔费用对一家年销量仅1000万美元不到的企业来说太过高昂了。

然而，莱特希意识到，斯汤顿市的社区银行正在将银行股份在本地进行交易。他想知道银行是怎么办到的？他的律师解释说，弗吉尼亚州证券法包含了一些"例外条款"，允许弗吉尼亚州的公司无须一定要在美国证券交易委员会注册或向其提交报告，也能向公众出售其股份。除了像斯汤顿社区银行这种小银行能享受其中一条例外条款，特色刀片公司也能享受类似的例外待遇。前提是，公司只能把股票卖给弗吉尼亚州居民，并再满足其他一些条件。

莱特希花费了数月时间对此事进行研究，并和董事会及律师交换了意见。最终，公司股份在1999年年初进行了公开发售，约35名弗吉尼亚州人花费了60万美元，以每股20美元的价格购买了公司3万股股票。每股股价是由董事会决定的。整场发售过程仅花费了公司1.5万美元，其中大多数还是法律费用。这次股票发售也是公司在未来十年间所进行的3次州内股票发行中的第一次。

通过允许股东们买卖他们手中的股票，这种州内股票发售机制也

# 第五章
## 继任者的选择

让莱特希在最终决定退场时将要面对一个重大问题，即公司所有权的转移。股东们能够决定自己是否买卖以及何时买卖股票，但所有权转移仍是莱特希需要关心的问题。幸运的是，就在首次州内股票发售之后，一个可能的解决方案冒了出来。而该方案也再一次涉及他的女儿。

莱特希的长女达娜大学毕业后，她自己搬到了旧金山居住。经朋友介绍，她认识了一位刚刚毕业于明德学院<sup>⊖</sup>的小伙子彼得·哈里斯（Peter Harris），他在一家小型咨询公司工作，为跨国公司提供进入中国市场的战略建议。他曾参加过明德学院知名的中文课程，并获得了数学与中文的双学位，说得一口流利的中文，因此十分胜任这项工作。他与达娜很快开始了约会。

随着他们感情的迅速发展，哈里斯面临着一个职业选择。他已经在中国相关的业务上花费了很多时间，下一步本应是去中国进行一次为期 3 年的商务之旅。相反，他却决定去商学院深造，并最终选择就读弗吉尼亚大学（University of Virginia）的达顿商学院（Darden School of Business）。他对达娜说："这两年你可以住得离父母近一些。"她对此表示同意："很难再有这么好的机会了。"1996 年，两人搬至弗吉尼亚州居住。就在商学院的秋季课程开始之前，他们在斯汤顿市达娜的父母家中举行了婚礼。

哈里斯给达娜的父母都留下了美好的第一印象，而随着他们对他的了解日渐增加，也就越来越喜欢他。他们都确信等到哈里斯从商学院毕业后，一定能找到一份理想的工作。不过，莱特希总会禁不住畅

---

㊀ 明德学院（Middlebury College）是全美国的顶级文理学院之一，位于美国佛蒙特州（Vermont）。据全球教育排名权威《美国新闻与世界报道》（*U. S. News & World Report*）的 2018 年全球最佳大学排行榜，该大学以其卓越的学术声誉在美国文理学院中名列第六位。学校在法国巴黎、日本东京、德国柏林和中国杭州等地有 30 多个教学点。——译者注

想一下，如果哈里斯这样的人才能为自家公司工作该有多好。在 1997 年的春末，哈里斯前往斯汤顿市拜望岳父母，莱特希建议他俩出去散散步。当他们一路穿过林子回到家附近时，莱特希对自己的女婿说，如果哈里斯有兴趣为一家小型的弗吉尼亚制造公司工作，他非常乐于和他聊聊加入特色刀片公司的事情。"我就是想让他知道，这个机会是有可能的，"莱特希说道，"我并不是在鼓励他一定要接受这个邀请，但如果他感兴趣，我非常乐于接受他的加入。虽然我强烈厌恶任人唯亲，但举贤不避亲嘛。"

哈里斯坦言，在这场谈话之前，他从未考虑过要加入特色刀片公司。但仔细考虑了几天之后，他认为这可能是个不错的主意。他告诉岳父说，他愿意进一步讨论此事的可能性。莱特希非常高兴。哈里斯当时刚刚完成他在达顿商学院第一年的学习，并于暑假在全球最大的暖通空调和冷冻设备供应商之一开利公司（Carrier Corporation）实习。他把岳父的提议告诉了他的直属上司，也就是公司战略规划部的总监。当总监听到他正在考虑是否要为岳父工作，加入一家年销售额仅 600 万美元的企业时，惊讶地回复道："你疯了吗？我们正准备让你全权负责阿根廷的业务！"

然而，哈里斯也有运营一家企业的抱负，而不是在公司的晋升阶梯上逐级攀爬。从这方面来说，特色刀片公司就是一个绝佳的机会，就像是为他量身打造的。不过，尽管他的最终目标是成为该公司的 CEO，但他知道自己只能以新手的身份加入公司，并为自己争得 CEO 的头衔。他希望如果自己最终能够担任 CEO 一职，也是因为大家都公认他是最佳人选，而非凭借"老板女婿"的身份。因此，翁婿之间就此事达成了共识，并拟定了一份文件，规定特色刀片公司目前不是，也永远不会成为一个家族企业；公司的晋升将严格依照员工的功绩而定；其他家庭成员将不被鼓励来公司求职。

哈里斯在后来开玩笑地说，这是一份他所能想象到的最糟糕的工作邀请。"马丁基本上是在说：'来吧，来我们公司参加一场漫长的试镜。人人都会觉得你是靠裙带关系进来的，你将遭遇到所有因此而产生的偏见和问题；但却无法享受到任何实质性的好处。你想得到的一切都要凭自己的表现换取，但在这场试镜的最后，我也不能保证你能得到自己想要的角色。由于公私利益冲突，我会要求董事会撤换掉我自己。不过，我付给你的薪水会比你上商学院之前的收入还要少。'"

哈里斯在 1998 年 6 月正式加入公司，从销售一职做起。他说，让他在公司最为举步维艰的那个人正是他的直属上司。"即便我不是马丁的女婿，这项任务也并不简单。我的意思是，你把一个刚从商学院毕业的人引入公司，明确希望他在各个岗位上轮转，以测试他的全部潜能。这可不是一趟轻松的镀金之旅，而是一路充满了各种艰难险阻。"

莱特希面对的则是另外一个截然不同的挑战。他需要确定，在将来指定公司接班人时，董事会能做出一个合理的选择。公司那时还存在两位强有力的 CEO 候选人，一位是大约一年前被聘入公司的新财务主管，另一位是当时的运营经理，同时也是特色刀片公司的第二位员工（莱特希是第一位）。

哈里斯的起步比这两位都晚。他开始自学公司的基本业务。"我和操作员们一起开动设备，"他说道，"还花费大量时间与客户交谈，以便能够理解他们的产品。"他甚至学会了看设计图，并熟悉了相关的制造技术。在大约一年后，公司被重组为几个业务单位，哈里斯被任命为医疗刀片部经理。在该部门工作约一年后，他又被提拔为全公司的运营经理。这样一路走来，一部分是由于他显而易见的工作能力与职业道德，一部分是由于他明显的独立性——在公司的所有员工中，他是最有可能对莱特希所做的决策提出质疑而非盲从的那个人——公司里有关他是通过裙带关系上位的说法越来越少了。

2002 年，莱特希认为是时候让新任 CEO 登场了。他认为哈里斯已经做好准备，而且最终会成为一位优秀的 CEO。不过正如他所承诺的那样，他撤掉了自己的 CEO 一职，并将选出新任接班人的任务交给了董事会的其他成员。哈里斯与公司的销售经理（之前担任运营经理）是该职位的两位最佳内部候选人。董事会分别面试了两个人，并要求他们各自对一长串问题做出书面回答。如果这两位内部候选人都不合董事会的心意，那就只有在公司外另寻人才，不过董事会成员们没有选择这条路。他们都认可了哈里斯。

莱特希此后花费了约 6 个月的时间来完成他 CEO 任期中手头尚未完成的一些琐事。到 2003 年 1 月初，他正式辞去 CEO 一职，并与妻子外出度假 3 个月。"我犯过不少错，但至少有一件事做得很对，就是注意不要挡住彼得前进的道路，"莱特希说道，"我让他放手去干。"哈里斯后来将这段过渡期形容为"无缝衔接"。

在任何一家公司，管理权从创业 CEO 到其接班人的过渡都会对公司日后的顺利发展造成巨大的长期影响，而莱特希与哈里斯翁婿俩也都明白这一点。"新旧管理者的过渡不只是业务的交接，更是人事的更替。现任 CEO 的拥护者们应该觉得新来的接班人还不错，而且不会因为将来要在其手下工作而感到对现任有所亏欠。但如果管理权移交得不顺利，整个公司就会排斥这位新领导，就像抗生素攻击病毒一样。这也是为何外来管理者很难在一家公司站稳脚跟的缘故。就我的情况而言，在接手公司 5 年后，员工们就都对我十分熟悉了。"哈里斯如是说。

当然，莱特希并未完全与公司"一刀两断"。他仍留任董事会主席一职，并连续 7 年半，每周 5 天正常上班，工资只有之前的一半。在这些年中，公司大事不断。莱特希的主要贡献在于，他与哈里斯定期会面，讨论公司的重大决策，并帮助后者为每季度一次的董事会做准备。

哈里斯花费了约一年的时间来适应这份工作。直至 2004 年，公司终于确定了新的发展目标，其中包括主营方向的重新定位。此前，特色刀片公司一直是以销售工业刀片为主，医用刀片为辅；但公司逐渐发现前者的市场不仅没有扩大，甚至还开始出现萎缩；而后者的业务却似乎呈现出腾飞的迹象。因此，大家都同意调整公司的业务重心，而第一要事就是将医用刀片部更名为"切口科技"（Incision Tech）。

这一新战略很快便取得了成功。销售额从 2003 至 2007 年增长了一倍还多，即从 970 万美元增加到 2110 万美元，税前利润也从 210 万美元增至 310 万美元。2008 年，公司收购了一家位于罗得岛州的公司，该公司是一家主营注射针、金属导管等相关医疗领域产品的制造商。为完成这笔收购交易，公司需要注入大量资金。在私人股本投资市场四处寻觅之后，董事会选定了一家瑞典的家族财富管理办公室[○]"阿克塞尔·约翰逊"（Axel Johnson）。该办公室用私募的方式收购了公司 22% 的股份。同年，公司更名为韵律（Cadence）公司，标志着公司的产品范围已大大拓展，不再限于工业刀片与专业医疗刀片。

所有这些发展都证明了莱特希当年的识人之明。"在那个阶段，哈里斯比我更适合担任公司的 CEO。我比较喜欢技术这一块，但我不确定自己能跨越刀片制造这个领域。但彼得却能我所不能，引领公司发展到了一个更高的层次。"

哈里斯在韵律公司延续了这种积极成长型企业发展战略。2011 年，公司已经凭借 4150 万美元的销量获得了 440 万美元的税前利润，并且又到了需要注入一笔外部资金的时候。此时，阿克塞尔·约翰逊财富管理办公室再次出手，将其在韵律的股份增加至 40%。但这一年的最

---

○ 家族财富管理办公室（family office）是一种私人财富管理公司，专为积累了世代财富的大家族进行理财投资。——作者注

大发展决策，还要属哈里斯决定聘用一位他自己的未来接班人。他早在一两年前就透露过这个想法。"在我踏上公司管理之路之前，我没觉得退出管理之路会有多难，"他在 2010 年对我说，"作为一个成功的继任者，我没想到自己有一天也要面临挑选接班人的任务。而且我还有责任让这次继任过程与上次一样完美，这可并不容易。"

哈里斯开始寻找接班人的原因之一是这是他的职责所在。而第二个原因是，他觉得公司的成长可能会超出他力所能及的范围，正如之前公司的发展曾让莱特希觉得难以掌控一样。在将来的某一时刻，韵律公司也将需要一位有能力运营规模更大的机构、具有丰富经验与专门技能的新任 CEO；而青涩如当年刚刚加入公司的哈里斯这样的人选自然是无法胜任的。正如哈里斯所说："公司现在已经太复杂了。"

但哈里斯并不想要一位能立刻接手公司的外聘 CEO。"我所寻找的工作伙伴应该具备两大素质：谦逊、有自我目标。但外聘 CEO 共同的特质则是自负与利己。"

因此，公司理想的接班人应该既有能力掌控在数年后规模更大、结构更复杂的韵律公司，也愿意担任首席运营官一职，以便让哈里斯能灵活决定他自己的离任时间。哈里斯聘请的一家猎头公司找到了一位除了最后一点，其他各方面都符合要求的人选：艾伦·康纳（Alan Connor）。康纳时任 "微气外科器械" 公司（Microaire Surgical Instruments）的副总裁兼总经理，该公司是韵律公司的客户之一，专营矫形外科手术器械。康纳花费了一定时间去参观、了解韵律公司，并与哈里斯进行了面谈。韵律公司与哈里斯本人都给他留下了深刻的印象，但他不愿意在上述条件下接下这份工作。哈里斯经重新考虑后再次找回康纳，建议康纳以公司总裁的身份负责公司的全部运营事务。于是，康纳在 2011 年 4 月正式就任。

就在刚好一年后，莱特希放弃了他董事长的头衔与责任，但仍保留了董事的身份。在公司历经第二轮继任过程时，他觉得自己是时候做出改变了。他在 10 年前，也就是即将 60 岁时辞去了 CEO 一职。现在他年近 70，已准备好最后一次交出自己的"权杖"。此后，哈里斯即刻当选为新董事长。

在 2012 年 10 月，公司董事会宣布康纳当选为新任 CEO。经过 6 个月常规的过渡期之后，他正式以 CEO 的身份接管公司，而哈里斯仍留任公司董事长，并在阿克塞尔·约翰逊财富管理办公室担任副总裁兼常务董事。至于莱特希，他的商业旅程几近结束。他说道："我很幸福，虽然我不像有些朋友那样，有一辈子怎么花也花不完的钱，但我比起世界上其他许多人来说都富裕得多，而且过着舒心的日子。幸运的是，我的尊严和骄傲仍丝毫无损。"

事实上，莱特希所完成的是只有相对一小部分公司创始人方能完成的伟业——他创建了一家伟大的公司，而且公司在他离任之后仍能独立运营，直至很久以后。

# 第六章

## 向谁请教？

最佳建议来自那些亲身经历过的人。

团体成员们依次到来：其一是一位正在卖出自己第四家企业的连续创业家，但出售交易却因遭遇一项监管制度的改变而突然陷入危机；其二是一位从父亲手中继承了一家公司的女企业家，她已将公司成功打造为行业先锋，并开始为未知的下一步做准备；其三是一位仍对自己6年前卖掉公司的决策无法释怀的创业者，因此削弱了他曾最为珍视的亲密而充满活力的公司文化；其四是一位家族企业的所有者，他已经获得了该团体其他成员所公认的完美退场与财务自由，退休后在3处住所轮流居住，并用旅游、航海、高尔夫、写作课与陪伴孙辈填满时间——但仍无法摆脱自己失去了重要之物的失落感，也不知道该如何追回这件"宝物"。除了这4位企业家，还有其他5位也陆续而至。

2010年8月一个湿热的下午，这9位来自芝加哥大区<sup>○</sup>不同地方的

---

○ 芝加哥大区（Chicagoland），是芝加哥大都会区（Chicago metropolitan area）的非正式称谓，按照《芝加哥论坛报》当前的说法，芝加哥大区包括库克郡（内含芝加哥市）、伊利诺伊州的8个与芝加哥市相邻的郡（莱克、麦克亨利、杜佩奇、凯恩、肯德尔、格兰迪、威尔、坎卡基），以及印第安纳州与芝加哥市相邻的两个郡（莱克、波特）。——译者注

# 第六章
## 向谁请教？

企业家们会聚在一栋布局不规则的牧场式住宅中，从房中可以俯瞰一座高尔夫球场。这栋白色砖房是戴夫·杰克逊与其妻女的住所，位于伊利诺伊州树林繁茂的绿色城郊因弗内斯村（Inverness）。杰克逊是家庭医疗保健行业的一位先行者，很早就创立了一家相关的企业并在1998 年将其出售。而此后的一年半是他商业生涯中最糟糕的一段时光，那时的他深觉孤单、失落与困惑。不过这段经历对他在 2008 年与布鲁斯·利奇（Bruce Leech）联手创立"全美渐进"公司（Evolve USA）一事起到了重大作用。利奇是本书第二章提到过的企业家，也同样有过一次糟糕的退场体验。全美渐进公司是一家会员组织，专门为那些已经卖出、正考虑卖出，或是正在卖出自家公司的企业家们提供服务。目前正散坐在杰克逊家封闭式阳台的这 9 位企业家，都是公司的第一批签约成员，在过去的两年间每月都会碰头聚会。

他们各个心情愉快地在屋中走动，轮流介绍着自上次聚会后的个人情况与企业进展，这是该团体常规的"签到"模式。大家彼此倾听、朗声大笑、相互打趣，直至轮到连续创业家迈克尔·勒莫尼耶。他目前正陷入一大堆的麻烦中，而目前正在出售中的企业"医专人力资源公司"（MedPro Staffing）所遭遇到的一项监管危机只不过是其中最小的一个。他还要把自己的老岳父安置到一家配有辅助生活设施的养老院，清空他的旧屋，并安排对老人家的宠物犬实施安乐死。

但勒莫尼耶又提到了一个令他更为沮丧的消息，该消息事关一位他在创业前所结识的前同事。那时勒莫尼耶还在一家全国性的人力资源公司担任区域经理，他手下的一位分店经理向他推荐了一位年轻雇员。勒莫尼耶很快就认识到这个年轻人是注定要做大事的。"他英俊潇洒、口齿伶俐、异常聪明，远胜于我，"勒莫尼耶回忆道，"他后来能替我完成一些工作，我对此十分高兴，也特别欣赏他。他提高了整个团队的水准。最终他也离开了公司，并自己创立了 3 家与人力管理相关的公司，而且都做得红红火火。在创业的 11 年间，3 家公司的销售额从无到有，最终累积高达 2.2 亿美元。几年后，我听说他将所有公司以 1 亿美元左右的价格卖给了一家私人股本公司。"

"但他却在今年 6 月上吊自杀了。我和妻子去芝加哥市中心参加了他的追悼会。我觉得人人都对他的去世感到震惊。他这么做真让人很难理解。我的意思是，这么一位出类拔萃的人才为何会选择在这么年轻的时候结束生命？我特地向他的前合伙人打听原因。这位合伙人告诉我：'他失去了自己的使命感。'"

## 问题，问题

有过卖出企业经验的人们都认为，想要实现从企业家到其他身份的优雅过渡，最大的障碍是他们要面对的问题发生了实质性的改变。成功的企业家往往高度地目标取向，因为只有这样才能在商业环境下占据优势。他们往往会专注于设定与达成各种通常那些被量化的目标。他们所要解决的问题也往往与目标的完成进度息息相关：我们已经进展到哪里了？是什么拖住了我们的脚步？什么时候才能实现目标？等等。

但一旦你卖出并离开公司，会突然发现自己身处于一个量化目标已不再重要的环境。最急待回答的问题变成了那些存在主义方面的问题：我是谁？我为何在这里？我要去哪里？"日常运营企业就好像一场激烈的竞争，其间压力重重，"勒莫尼耶总结道，"但我们在全美渐进公司要解决的是一种不同类型的压力，即与人生目标和人生意义相关的压力。想要解决此类压力并不容易。一位企业家只有在卖出企业后才拥有选择的特权或责任。你需要养家糊口，或是去做其他诸如此类的事情。因此，你选择自己的人生目标往往很难，但让生活的各种现实左右你的人生却很容易。"

第六章
向谁请教？

等到所有团体成员坐下吃晚餐的时候，他们的讨论已经转移到金钱上了。大家最为热议的话题之一是：将你的公司尽可能地卖出高价对于现在、过去或将来究竟有多重要？

"我曾因这个问题而深感苦恼，"埃德·凯泽（Ed Kaiser）说道。他在 1976 年进入他父亲创办的专营录音磁带与其他媒体包装产品的"多段线公司"（Polyline Corp.）工作，在 1993 年成为该公司的唯一所有人，并在 11 年后将其卖出。"有些潜在收购方可能会把公司搬到其他地方，并让所有员工失业。幸运的是，我最后找到了一位买家，他的报价正好接近我的底线，而且每位员工也都能保住工作。"

"我也很苦恼于卖价问题，因为我还没把公司卖掉，"琼·莫兰（Jean Moran）说道。她所经营的"LMI 包装解决方案"公司（LMI Packaging Solutions）专营各种覆盖物与标签，如酸奶罐上面的那层密封箔纸。"会有曾为我工作的人回来告诉我说，'这家公司改变了我的人生。'而用最高价卖掉这样一家企业让我内心感到十分不适。"

"我并不认为用最高价卖掉一家企业是一件坏事或是恶事，"勒莫尼耶回应道，"如果你清楚自己在卖出过程中所要达成的目的，一切就不成问题。你必须自问：'我的重点和目标是什么？'比如说，如果我要卖掉自己的企业，首要目标是在经济上公开感谢我的领导团队所做的一切。我会为了他们而争取把公司卖个最高价，给予最丰厚的酬劳，尽可能让他们少一些后顾之忧。"

坐在勒莫尼耶对面的戴夫·黑尔（Dave Hale）专心聆听着他们的对话，但面部浮现出几分不赞同之色。目前 73 岁的黑尔是团体中年龄最大的成员，他与商业伙伴卡洛琳·莱普勒（Carolyn Lepler）在 1975 年共同创建的"超尼电子秤"公司（Scale-Tronix）是医用电子秤业界领先的设计者与生产者。他说："一想到要结束我正在做的一切工作，我就觉得可怕。退出企业运营会让我生不如死。我们公司从一开始就致力于解决客户问题、照顾好他们每一位。这就是我最喜欢做的事情——解决人们的问题。可能我有点儿怪，但对我来说'退场'就是一个侮辱人的词。"

"我的一位朋友和你很像，他也讨厌听人提到'退场'这两个字，"勒莫尼耶说道，"而正因为他对此没有规划，所以现在连自己的房子都没保住。我也热爱自己的工作，但我总是会把自己的爱好与投资分开。我的妻子和孩子，我所居住的社区与四邻，我常去的教堂与教友们——这些才是我的所爱。我的生意只不过是一项投资。"

"生意就是我的最爱。"黑尔反驳道。

"没错，但对你我这种企业家而言比较可怕的事情是，如果没有了生意，我们是什么？"勒莫尼耶反问道。

"我情不自禁地想到了你那位在卖掉公司后因失去使命感而自杀的朋友。"杰克·阿特舒勒（Jack Altschuler）插话说。阿特舒勒曾拥有过一家水处理公司。"我不认为人类在缺乏一个清晰使命感的前提下能过得很好。如果经营企业是我唯一的使命，那么离开企业的我也就等于丧失了人生目标。"

"问题是，除了经营企业，我的人生是否还有其他目标可言？"勒莫尼耶继续道，"我相信人活一世，除了赚钱，应该还有许多其他的事情可以做。但反过来，只有赚到钱我才能摆脱俗事束缚，能够更深入地发掘自己内心的渴望。"

"没错，人们必须赚到钱才能维生。但看看我们这个团体成员们的年龄，对我们这些人来说，赚钱还是第一位吗？"阿特舒勒接话道。的确，在场所有人都年过50，而包括黑尔在内的几个人的年龄甚至更大。

## 救命！我需要帮助

退场的道路是一条孤独之路，这也解释了为什么许多企业家都对退场避之不及，尽可能地拖延它的到来。但拖延退场规划所带来的显见危险是，如果企业家没有事先仔细考虑过退场事宜，而又因各种突发原因被迫出售企业，他们往往会措手不及，无法正确应对。而隐形的危险在于，当他们不得不最终走向退场阶段时，他们往往会过于依赖投资银行家、经纪人，以及其他退场专家的建议。但这些专业人士的利益所在与企业家们截然不同。对专业人士而言，企业卖出交易完成就是最后一步，一旦企业成功卖出，他们就会另寻其他客户。但对企业家来说，交易的完成才是人生下一阶段的开始，而交易的圆满与否会严重影响到他们日后的人生。

无论是显见还是隐形的危险，都可以通过向前人取经而得以减轻或避免。这里的"前人"就是曾经历过退场过程的企业家们，他们的观点在退场过程的第一阶段，也就是探索阶段是尤为有益的。在这一阶段，你会探索各种退场选项，了解各种陷阱，并澄清思路，了解自己究竟要什么。大多数人仅因为正式的打听渠道寥寥无几或遥不可及，只能选择获取一些非正式的、来自周围亲朋好友的建议。而立足于芝加哥大区的全美渐进公司正是首批填补这一市场空白的会员组织之一，专为企业家们提供他们所需要的来自同行们的支持，以帮助他们顺利完成从活跃的企业家到其他身份的过渡。

创办该会员组织的想法源自于两位创始人的切身经历，他们都遭遇了艰难的过渡期，在卖出企业后拼命填补人生空白，寻找人生意义。之前已经讨论过创始人之一布鲁斯·利奇的探索经历了。而另一位创始人杰克逊说，他的寻找过程开始于一本由鲍勃·布福德（Bob Buford）所撰写的《中场休息》（*Halftime*）一书。作者在书中讨论了人生该如何实现"从成功到伟大"。杰克逊已经把"成功"这部分完成得十分出色：他在 1989 年创建了家庭医疗保健公司"首选医疗"（First Choice Health Care），公司只用了短短 9 年，销售额就增长到

1000 万美元，员工人数也增加到 150 名（其中大多数是护士）。至少根据各种数字来判断，公司已价值数百万美元。

但这门生意对他来说已经变得不再有趣。他不得不越来越专注于公司的日常运营，而这恰是他最不喜欢做的。"每天都是在为了工作而工作。"他抱怨说。雪上加霜的是，美国医疗保险报销制度的改变，会使原本竞争激烈的医疗保健市场越发倾向于那些规模更大的公司。杰克逊认为，卖出公司的时机到了。他开始四处寻找买家，并在 1998 年 7 月将"首选医疗"卖给了总部位于美国马里兰州巴尔的摩市的一家《财富》500 强企业——综合健康服务公司（Integrated Health Services）。

时年正值 38 岁的杰克逊获得了人生第一笔不大不小的财富后，所面临的挑战就是找出人生下一阶段的目标。而"从成功到伟大"这一理念恰恰激起了他的共鸣。在卖出公司后的头两个月，他每天通勤往返于自己的住所与买家位于市中心的办公室之间，帮助公司顺利完成过渡。"我还记得自己每天坐在通勤的火车上，一遍遍阅读这本书时的情形。"他回忆道。

当然，寻找人生的意义并不意味着必须实现它。而在你对自己有一个深入全面的了解之前，你甚至无法确切定义"人生的意义"。杰克逊也和我们大多数人一样，仍在学习之中。那时他还没预料到，卖出公司会将这个学习过程加速到何种程度。

有关"人生的意义"的第一个线索来自他与妻子克劳迪亚的一场旅行。他们夫妻俩当时驾车前往距芝加哥北部约 5 个小时车程、风景秀丽的威斯康星州多尔郡（Door County）。多尔郡正好位于威斯康星半岛（Wisconsin peninsula）延伸至密歇根湖的位置。"当时正值秋天，"他回忆说，"我们一路驾驶，马上就要开到半岛了，我突然意识到竟然没人找我。我那时已经不带传呼机出门了，因为并不需要。没人需要了解我的行踪。这种感觉十分怪异。那时我第一次意识到，老天啊，一切真的改变了。我直到那时才明白，被人需要的感觉对我来说是多么重要。我的自我就建立在他人对我的需要上，而这份'被需要感'突然从我的世界中消失了。"

最终假期结束，当他决定要回去工作时，他才理解了自己那场顿悟的全部含意。他将自家的地下室改成了一间办公室，"我会早上6点钟起床、冲澡、穿衣，然后来到地下室坐上一整天，只是摆弄自己的铅笔。"当然，他也会检查电子邮件，打电话安排与他人会面，列出待联系人名单、需要做的事情，以及可以去尝试的潜在商机——但心中却没有一个明确的目标。"我那时就像在玩。我知道自己在寻找某样东西，但并不知道自己要找什么。现在才意识到，当时的我就是试图在寻找一种让自己仍有价值、仍被需要的方式。"

他苦涩地说，那段时间简直就是一场噩梦，而这场噩梦竟然持续了一年之久。月复一月，他都束手无策，不明白究竟是哪里出了问题，或是应该去做什么，只知道自己的处境一团糟。最后，他在几近绝望的时候灵光一现，想到了一个主意。"我自问：'如果我仍在经营企业并遇到了麻烦，那我会怎么做？'"答案是制定一份企划书。但首先他必须弄清楚，自己究竟要做哪方面的生意。他在一页便笺纸上画了一条竖线，在左边写上他愿意做的事情，右边则是他不愿意做的。"而右侧清单最终被证明是十分有用的，我列出的不愿做的事情包括：不愿放弃对自己时间的控制、不愿放弃与家人度假的机会，等等。这份清单让我厘清了思路。我一看到那条'不愿放弃对自己时间的控制'，就立刻删除了一大堆考虑过的计划。这算是这段时间以来我取得的第一次重大突破。"

杰克逊逐渐从低落的情绪中走了出来，并仍在积极探寻人生的意义。他开始投身慈善工作，加入了一个受基督教人道主义组织"世界宣明会"（World Vision）支持的商人团队，并致力于在旧城区建设低成本的大卖场，为低收入家庭以及服务于低收入阶层的社区活动中心与教堂提供捐赠的家装产品。而在此期间，他也开始接到来自亲朋好友们的电话，这些来电者也都是企业家，都希望向他学习卖出"首选医疗"的经验。他们会来和杰克逊共进早餐或午餐，然后聆听他分享自己的经历。他最开始并没意识到自己在为他人提供一种有价值的咨询服务，直到他突然遇到当地一位名叫基思·坎特雷尔（Keith Cantrell）的投资顾问。坎特雷尔建议他对自己花费的时间和提出的建议进行收费。尽管最初对此表示怀疑，但杰克逊还是鼓起勇气，开始向咨询者收取报酬。人们很乐意地支付了。

当他意识到自己已经在无意之间发现了一条新的职业道路时，杰克逊与坎特雷尔的关系也愈加亲密。杰克逊在 2001 年，也就是卖出"首选医疗"的 3 年后，着手购买了坎特雷尔创立的"埃文斯顿顾问公司"（Evanston Advisers）近 1/3 的股份。他这个举措十分英明，因为该公司的客户与准客户们大都是企业所有人，而其中越来越多的企业家都在寻找一位能引领他们圆满完成退场过程的导师。杰克逊很乐意为他们效劳，并在未来几年里成为众多正经历退场过程的企业家们的首席顾问。

"这些企业家的行为有一个共同的模式，"他说道，"对大多数企业家而言，退场就好像是在第四季度末做一次只有两分钟的演习，但此前却从未练习过，他们甚至根本没接触过这种退场"游戏"。这种情况我见得多了，他们不仅对退场一无所知，而且还无知于自己的无知。我告诉这些企业家们，当意识到自己未能实现企业价值或税收优惠的最大化，或无法适应个人身份即将发生的改变，或没有完成自己应该做好的其他准备，他们就应该对自己感到不满。因为完成上述一切需要很长时间。"

他感觉到这些企业家们需要一些别的东西，比如说某种学习机制，但他不是很确定他们究竟需要什么。此后，他听说"决策者委员会"（TEC，现在更名为"伟事达国际"）在芝加哥的几位成员为那些卖掉公司的企业家成立了一个校友小组。他于是就开始参加他们的聚会，并遇见了利奇。"在校友小组的聚会中大家发现，我们在退场后的人生有许多共同之处，"杰克逊感叹道，"大家一起学习威廉·布里奇斯所撰写的《转变》<sup>⊖</sup>一书，虽然这本书并不是以企业家为重心，但却给了我们一门通用语，使我们了解到在退场过程中每个人究竟经历了什么。这一过程与悲伤的 5 个阶段<sup>⊖</sup>的理论十分相似，只要你意识到自己处于悲伤的哪个阶段，就能相应地管理好自己的情绪。我们在小组聚会中做的就是类似的事情。"

该校友小组的一些成员找到 TEC/伟事达国际，与相关人士商量要为这些已经退出或正计划退出公司经营的前企业家们建立小团体。但伟事达国际对此持有异议，于是杰克逊和利奇就发起了他们的全美渐进公司。

## 谁能领导领导者？

当然，这种同类人的团体对其成员所能提供的帮助是有限的，对于一个退场团体而言尤为如此。这是因为退场过程对大多数企业家而言只有一次，而只有相对较少的人会经历反复退场。在企业经营的过

---

⊖ 《转变》（*Transition*）：威廉·布里奇斯（William Bridges）著，袁容等译，机械工业出版社，2005 年 3 月出版。——译者注

⊖ 美国情绪学专家伊丽莎白·库伯勒-罗斯（Elizabeth Kubler-Ross）将悲伤（grief）分为 5 个阶段，即①否认（denial）、②愤怒（anger）、③协商（bargaining）、④绝望（depression）、⑤接受（acceptance）。了解这 5 个阶段及各阶段的症状，是协助他人疗伤止痛的第一步。——译者注

程中，除了退场之外的几乎每件事情都会重复多次，这对企业家而言是幸运的，因为经历的次数越多，你的表现就会越好。"吃一堑长一智"成为你的学习机制。但这并不意味着你也可以通过在一次退场过程中所犯下的错误而得到成长，因为如果没有下一次退场的话，这些错误只会成为你的悔恨之源，而不是自我成长的途径。因此，在不同的退场阶段获得相应正确的帮助，对企业家而言是非常关键的。你距离真正的买卖交易越近，所需的帮助就越要有针对性。

比如说，像全美渐进公司这样的团队机构能在退场过程中的任何阶段，尤其是第一阶段的探索期，为企业家提供极为宝贵的建议。但当你处于退场的第二阶段战略期时，又会需要另一种类型不同，层次也更高的专业建议。在战略期，企业家应把关注点转移到发展关键的价值动因<sup>⊖</sup>上，因为这些价值动因会在很大程度上影响公司最终的卖价、公司应对发展道路上层出不穷的各种危机的能力，以及公司稳定发展的潜力。

毫无疑问的是，无论企业家是否在积极地准备退场，他/她都应该一直关注企业的各个价值动因。然而，一旦你对自己想要何时退场，以及你希望把公司卖到什么价格已经胸有成竹，情况就会发生变化。此时，关于以何种方式卖出公司，你就需要一位精通该领域的专家为你提供专业建议。比如说，如果你计划把公司卖给公司外的买家，就需要一位既了解市场行情、对同类公司的卖价了如指掌，又能针对公司有待改进之处提出针对性建议、让交易圆满进行的专家。最理想的情况是，这位专家至少能在整个交易过程中，甚至交易完成后，一直

---

⊖ 价值动因（value drivers）是指一家公司在运营中所具有的、能吸引顾客与潜在公司买家的特点或品质。动因的范围因公司而异，基于公司结构、生产产品以及业内外的声誉而各有不同。价值动因既可以是公司所持有的有形资产，也可以是有助于提高公司整体吸引力的无形资产。——译者注

以首席顾问的身份为你随时出谋划策。一位合适的"导师"将会是除你之外，为一次圆满退场做出最多贡献的人；而一位错误的"导师"则可能会让你所付出的全部努力都成为镜花水月。

当然，有些企业家会选择由自己掌控退场过程的全局。但这通常来说是个糟糕的主意——主要原因有以下两个。首先，除非你过去曾经历过一次退场，否则极有可能根本无法掌控全局，或是表现得并不尽如人意。比如说，光之影灯饰公司的创始人阿什顿·哈里森女士（详情请见第四章），如果她没有聘请战略顾问史蒂夫·金博尔为她提供专业建议，那么其退场经历将必然是惨不忍睹的。此外，随着企业买卖交易的不断推进，企业家很可能会顾此失彼，忽略企业的日常运营。卖出企业是一项大工程，需要用到许多企业家从未有机会掌握的知识与技能。如果你打算全权掌控卖出环节，就很难分心他顾。除非公司在没你掌舵的情况下也能保持巅峰运营状态，否则它在待售期间的运营表现将一落千丈。而无论最终的买卖交易是否会顺利完成，公司的售价也将会因其表现而受到重挫。

不过，颇具讽刺意义的是，最优秀的首席顾问们，经常是那些曾主持过自家公司出售过程的前企业家们。而他们之所以经验丰富，往往是因为他们曾犯下代价惨重的错误，从中吸取经验教训后才知道正确的做法。而他们犯下的第一个错误往往就是自不量力地主持自家公司的卖出交易。在此我必须承认，我更为青睐的首席顾问是这些曾亲身经历过自家公司卖出过程，并体验过退场后的酸甜苦辣的前企业家们，而不是交易中间人、投资银行家、律师、会计师、财富经理，以及其他一些只提供咨询、建议、进行买卖交易或其他类型专业服务的并购专家们。我对华尔街那些大型投资银行公司尤为警惕，因为据说这些公司往往会派出那些经验最少的员工来完成此类工作——如刚毕业的工商管理硕士——以测试他们的能力。

我并不是要中伤所有的企业并购专家。他们中的许多人都非常优秀，在出售过程中的不同阶段，你也会需要其中一些人的指点。但那些没有退场经历的并购专家们可能会有一些盲点，尤其对于那些企业家因卖出企业而产生的情绪波动，他们往往很难感同身受。此外，这些并购专家通常只关注企业买卖交易本身，却对交易结束之后可能会发生的事情并不在意。而那些有能力的首席顾问——即有过退场经验的前企业家们——却能深刻意识到退场过程并不会随着公司的售出而结束。他们还知道该在什么时候需要专业化的服务，以及这些服务该由谁来提供。

即便你决定把公司卖给自己的子女或其他家庭成员，或是通过一项员工持股计划卖给公司的员工们，选择一位首席顾问也是十分必要的。我知道，你可能很难找到一位既有过类似卖出公司的经历，现在又转行咨询业、愿意用自己的宝贵经验来帮助他人实现圆满退场的理想顾问。当一位家族企业或员工所有制企业的前所有人转行成为商业顾问时，适合他们所给出建议的企业也往往与他们曾运营过的企业十分类似。但只要这些前企业家曾选择的退场类型是你所感兴趣的，你就可以从他们那里获取尽可能多的宝贵建议。他们的观点往往与那些律师、会计师，以及其他专业服务提供者截然不同。

当然，我知道后者中的一些人会反驳说，他们也是企业家，同样拥有并运营能够提供专业服务的公司。这没错，但如果你所拥有的公司出售的是专业建议之外的商品，那你对退场过程所持的态度就会与经历退场过程的企业家有所不同，正如鲍勃·伍斯利（Bob Woosley）在离开他所任职的会计公司去自行创业时所发现的那样。

训练有素的注册会计师伍斯利首先在普华永道踏上了他的职业生涯，并在 1982 年受雇于总部位于佐治亚州首府亚特兰大市的"弗雷泽 & 迪特尔会计师事务所"（Frazier & Deeter），成为该事务所的第一位专业员工。3 年后，他被提升为事务所的合伙人，而弗雷泽 & 迪特尔会计师事务所也一跃成为美国会计事务所 100 强之一，并因为迅速的成长、典范的服务、优质的管理，以及良好的工作环境而获誉无数。

但伍斯利也有自己的创业梦。在 2000 年，他离开了事务所并与一位合伙人共同创办了"路明公司"（iLumen）。两位创始人的想法是，为各个企业实现金融数据收集、分析与基准检测的自动化，而他们最初的目标市场就是会计事务所。在这种金融数据自动处理技术的帮助下，会计事务所可以为客户提供更优质的服务，发展更密切的关系。此后，路明公司又将该数据技术分别提供给银行与其客户，以及拥有特许经营权的公司与其加盟商共同使用。在成功运营该公司长达 10 年时间后，伍斯利辞去了 CEO 的职位，并于 2011 年重返弗雷泽 & 迪特尔会计师事务所，领导其下的企业家咨询部，并指导该部门制订战略成长计划。

这时的会计师事务所较之前伍斯利离开时已成长了不少，伍斯利本人也变得今非昔比，他对企业家客户们提出的建议也是大有不同。"回想我在创立路明公司之前所给出的一些商业建议，真让人有点尴尬，"他坦言，"我现在给出的建议要好得多。"

正如伍斯利所言，创办、经营、退出一家企业的亲身经历会改变任何人——包括他这样的专业人士——对退场过程的看法。这也是你为何需要一位有过上述体验的专业人士来带领你走完退场全程的原因。但顺利完成退场，单靠一个人的帮助还不够，还需要一个团队来解决。在此期间，尤其是在第三阶段执行期会出现的许多技术问题。首席顾问的一部分工作正是要组建并管理这个团队，团队成员至少要包括一位律师和一位会计师，还有可能会需要一位保险专家，以及一位财富管理人或财务策划师。财富管理人或财务策划师在第四阶段过渡期会变得尤为重要，因为那时交易已经完成，大笔资金也已经易手。

这种"退场咨询团队"只需首席顾问具有企业家的从业经验即可，对其他成员没有这方面的要求。此外，如果由前企业家担任的首席顾问像伍斯利一样，背后还有一家法律、会计或财富管理公司可以依靠，就会更为从容。比如说戴夫·杰克逊的一些客户并不急着进行企业买卖的交易，但他可以给他们足够多的时间去慢慢准备，因为杰克逊自己的财富管理公司无须依靠企业买卖交易的圆满完成，也能够独立运营并获利。

至于商业经纪人与投资银行家，他们的主要任务是为待售公司开发一个市场，找到潜在收购方，以及监督整个销售流程。有时你会需要他们，有时则不需要。这两者主要因为经手的交易规模以及做生意的方式不同而有所不同，但由于有些商业经纪人将自己视为投资银行家，所以两者之间的分界线也开始逐渐变得模糊。

一般而言，商业经纪人通常为销售额小于 500 万美元、息税折旧摊销前利润（EBITDA）少于 50 万美元的小型公司服务。他们处理企业销售的方式，与房地产中介买卖房屋的方式类似——他们会在报纸和网络上打广告，并试图与那些做出回应的买家达成交易。许多小规模的经纪人也会处理许多其他物品的买卖，如房屋、船只、商用地产、拖车式活动房屋，以及任何你能想到的东西。不过，他们往往对自己所代表的公司并不了解。正是这类人破坏了经纪人的名声。那些更为优秀的商业经纪人只接手公司买卖的业务，并且经常专攻某个他们从里到外都彻底了解的特定行业。

投资银行家们则通常会关注那些年度收入超过 500 万美元，EBITDA 超过 100 万美元的公司。在大多数情况下，这些银行家的工作是确认并吸引潜在买家，之后再设立并管理一场拍卖。投资银行家也像商业经纪人一样，分为只精通某一行业的专才与游走于多个行业的通才。从卖家的立场而言，很难说专才与通才哪一种更受青睐。两类人都各有其支持者。幸运的是,如果你聘请了一位优秀的首席顾问,他/她会告知你是否需要一位投资银行家;以及如果你需要,哪类投资银行家更适合你选择的交易类型。

很明显,对于卖方而言,卖出交易的成功与否在很大程度上取决于首席顾问的表现。尤其是当你想到,买方在进行任何谈判时,他们中的许多人都参与过数次收购交易,而卖家却经常是正在进行人生中的第一次卖出交易。此时,卖家拥有一位有经验的首席顾问就等于拉近了双方之间的差距。不过,对于一位顾问而言,最困难的部分在于如何在交易一开始就获得必要的经验。

## 一位并购顾问所需的教育

巴兹尔·彼得斯承认,他的第一次退场经历几乎就是一场十足的灾难。当时他要卖出的公司是"历思工程"(Nexus Engineering),该公司是他在 1982 年建立的,那是他在不列颠哥伦比亚大学<sup>⊖</sup>读博的最后一年。他指出自己创办公司就是为了满足经济需要,因为在获取电机与计算机工程博士学位的过程中,他已经花光了自己讨来或借来的每一分钱。

公司最初只有两名成员,就是一直在大学实验室苦干的彼得斯和他的一位同学彼得·范·德·格拉赫特(Peter van der Gracht),以及两位天使投资人。那时,卫星通信技术的各种商业应用正在被陆续开发出来,而两位创始人敏感地抓住了其中所蕴含的商机。据他们判断,有线电视将成为未来的潮流。他们开始制造有线电视机顶盒的内部零件——尤其是一种能接收卫星信号,并将信号转为可传输至同轴电缆

---

⊖ 不列颠哥伦比亚大学(University of British Columbia),位于加拿大的温哥华市,是加拿大著名公立研究型大学。——译者注

的数据所需的头端设备。

他们对有线电视的赌注押对了。公司第一年的销售额就高达 25 万美元，并在此后几乎每年增长一倍，到 1989 年时已达到了 2500 万美元。作为制造商，他们需要一大笔营运资本来维持这种高速增长率，而外来资本正好想要进入公司。于是，公司就先后做了两轮风险投资，并引入了 3 家机构投资者。

公司的重大突破发生在 1990 年，当时时代华纳（Time Warner）公布了一项大计划：在纽约市建造世界上第一个拥有 500 个频道的有线电视系统。当时有线电视设备的业界巨头——科学亚特兰大公司（Scientific Atlanta）与通用仪器公司（General Instrument）都认为该系统是不可能实现的；但彼得斯和格拉赫特却对此深信不疑，并向时代华纳的总工程师毛遂自荐，保证他们能够设计出一个能处理 500 个频道的有线电视机顶盒。两人由此赢得了时代华纳的合同，这也使那些重量级的竞争对手们大为懊恼，并且毫不掩饰地放话说，历思工程公司不会成功。但历思工程公司没有失败，它在 18 个月后设计出了相应的机顶盒系统，并在技术上一下子超越了其他对手。

彼得斯一时风光无限，成为加拿大大不列颠哥伦比亚省这个小商圈的名人，获奖无数，还登上了各种杂志的封面。历思工程公司不仅发展迅猛，而且分离出好几家新企业——确切地说是 6 家，都隶属历思工程公司名下。彼得斯与格拉赫特每天过得忙碌而快乐。"我记得在大多数日子里，我们都在忙着处理公司的日常事务，"彼得斯说道，"偶尔在晚上我会担心，一切似乎都进展得太过顺利了。我隐隐约约觉得自己似乎遗忘了某些重要的事情，但又很快把这点担忧抛诸脑后，继续忙于工作。"

麻烦的第一个征兆就在历思工程公司刚拿到时代华纳的合同之后到来了。彼得斯意外地接到了一个来自泰德·罗杰斯（Ted Rogers）的电话。罗杰斯是历思工程公司最大的客户"罗杰斯通讯公司"（Rogers Communications）的创始人兼 CEO。彼得斯回忆说："他告诉我，最近一些媒体会报道说全美的存款与贷款协会<sup>○</sup>都出了问题。但让我不用担心，因为他仍然能拿到各项施工贷款。这些施工贷款就是他用于购买我们公司产品的资金。"彼得斯不知道该如何解读这则新闻，但在几天内连续接到来自美国与欧洲的客户打来的类似电话后，他决定把这个消息告知自己的董事会以及合作的银行——这些银行都在以公司的应收款项为抵押向历思工程公司放贷。他对董事会与银行说，他最大的一批客户正在告诉他不要担心——而这本身就是有事要发生的明显信号。

实际上，历思工程公司已经略微感受到了美国的存款与贷款危机，以及随之而来的垃圾债券市场的崩盘。整个有线电视行业，包括历思工程公司所有的优质客户在内，都依赖高收益债券（即垃圾债券）为企业成长提供资金。而美国几家大型的存款与贷款协会都是这些债券的购买者。在 1989 年，美国国会通过了一条法律，要求各家存款与贷款协会在 5 年内处理掉它们所持有的垃圾债券。消息传开后，人们都急于抛售自己手中的债券，这使得新债券根本无法发行。美国各家有线电视公司的主要资金来源几乎在一夜之间就干涸了。

尽管如此，彼得斯的客户们不断告诉他无须担心，而他也不断将这些保证传达给银行。6 个月后，银行将历思工程公司的账户转至它的特殊贷款部，该部门监控历思工程公司的账面动态已有一年时间，于是要求提前收回贷款。彼得斯无奈地说："这就好像是在慢镜头下眼看着一场车祸即将发生，因为你一年前就知道可能难逃一劫了。"与此

---

○ 存款与贷款协会（savings and loan association，S&L），又称"互助储蓄会"（thrift institution），是一种专门接收储蓄、存款，以及发放房贷与其他贷款的金融机构。——译者注

同时，美国经济已下滑至经济衰退的程度，历思工程公司的投资者们开始向彼得斯询问他是否能帮忙搞到一点流动资金。

"我实在不知道一家私人公司在经济衰退中如何才能拿出一点流动资金，"他无奈地说道，"我认为我只有一个选择：找一位买家接手历思工程公司名下 7 家公司中的一家或更多。这个想法令我很不舒服。我们一直痴迷于发展企业，以前从未想过要卖出任何一家公司，但现在却觉得过去的做法有点不可思议。我无法相信我们竟然没有拟定一个退场战略，甚至从未讨论过此事。董事会也没想过这个问题，我甚至没在午餐时与合伙人聊一下。这是我职业生涯中所犯下的一项重大失误。"此外，与许多失误一样，一次失误就等于打开了一系列失误的大门。幸运的是，他还是做出了许多正确的决定，并碰上了几次意外的好运，这些都让他险而又险地避免了全军覆没的下场。

## 出售企业时常见的错误操作

彼得斯总结了自己在绝望地寻找一位买家的过程中所犯下的 12 个错误。正如前面提到的，**错误 1 号**是他没有规划一个退场战略。**错误 2 号**是他在多年后才意识到，当时除了卖掉历思工程公司，他其实还有另外一条路可走。只要进行一场二次发售（secondary offering）就可以。"二次发售就是让新投资者从公司创始人或早期投资者那里购买公司股票，"他解释道，"回顾过去，我本应该在公司年景大好的那几年就组织一场二次发售的。那时候股票能卖个好价，而我们两位创始人和两位天使投资人手中的流动资金就会变得比较宽裕。此外，二次发售还能让我们分散投资；以及在公司处境最为艰难的时候，使我免于承受来自股东们的压力。"

他犯下的**错误 3 号**是决定将自己全部的时间和精力用来卖出公司，以及让格拉赫特独自一人打理公司的日常运营。"我非常努力，一天经常会工作 16 个小时，那时我们太需要找到一个买家了，"彼得斯说道，"但我做得并不好，老实讲，可以说是糟糕透了。而且公司的状况也相当糟糕。之前，我俩都每天工作 12 个小时，一心扑在公司事务上。但那时我放下公司运营，转去做一件完全不会产生任何公司收入的外部事务。我的合伙人一个人独木难支，公司很快就在原本已经不好的状态下变得更糟糕了。所以，这就是我得到的另一个教训：CEO 绝不应该主持出售企业的工作。"

两位合伙人都认为，最好的选择是将历思工程公司卖给一家国防承包商，由于美苏冷战结束，该承包商当时正考虑接手一家非国防性质的公司。此外，彼得斯还找到了另外两个潜在买家，并由此认为自己出售公司的计划还是可行的。这就是他犯下的**错误 4 号**。"自从有过这次经历，我终于懂得，有兴趣的买家并不一定是严肃的买家。前者往往会无缘无故地一个接一个地走掉。他们应该也不是生气了或有其他什么情绪，就是突然不再回你的电话了。这就是对我们公司感兴趣的买家们所做的事情，最后只剩一位没有离开。"

面对仅剩的一位准买家与日渐耗尽的现金流，公司第一次有了申请破产的想法。只要最后这位买家走人，公司就真的可以这么做了。幸运的是，眼见公司的形势不妙，历思工程公司的一位有过出售公司经验的天使投资人就插手干预了此事。他建议找人向科学亚特兰大公司放话，告诉该公司历思工程公司正在积极活动中，可能很快就会被收购。彼得斯从没想过可以这么做。"我们怎么才能让该知道的人知道这个消息？"他问道。这位天使投资人建议聘请一个中间人，让此人把消息传给对方公司某位合适的高管。而他正好有一位已经把自家公司卖给科学亚特兰大公司的朋友，此人应该能接触到地位足够高的高管。不过，这个中间人可能会收取一笔 1 万 ~2 万美元的中介费，必须现金支付。

彼得斯认为这个提议听上去有些冒险，并怀疑董事会是否会表决通过，毕竟公司存在银行的现金十分有限。他后来才想到，公司无须再找个中间人，而是应该聘请一位专业的并购顾问，可惜他们并没这么做——这就他们所犯下的**错误5号**。但无论如何，董事会最终通过了这个计划，也同意支付中介费，装有现金的纸袋被送到了中间人那里，他也按照承诺打了电话。在彼得斯的指导下，他在电话中向他在科学亚特兰大公司的联系人透露了历思工程公司即将与一家大型国防承包商达成交易的消息。这则消息意在暗示，历思工程公司在既弱小又资金匮乏的情况下都拿到了大单，那么一旦它被注入资金，就会变得更难对付。这个虚张声势的计划效果绝佳。仅一天左右的时间，科学亚特兰大公司的收购专员就联系了彼得斯，询问他现在是否仍能提出收购报价，并迅速报出了一个比国防承包商的报价要高得多的数额。

而这家国防承包商，就其本身而言估计是改变了主意，所以很快就不再回电了。如果科学亚特兰大公司那时没有现身，那么拯救历思工程公司的战役应该已经败北了。因此要谨记不能再犯下**错误6号**：只有一个出价方。彼得斯指出："这是另一条绝对的、始终适用的教训。如果在售出公司时最终只剩下一位买家，你需要放慢节奏，后退一步，并至少再去找到一位准买家。每次退场都需要有数位竞价者。"

不过，那时彼得斯对准买家的数量并不在意。科学亚特兰大公司这一家公司的有意收购已让他如释重负。他回忆道："我们公司被拯救了，至少我是这么认为的。随着谈判的不断升温，我确实开始对未来感到有些乐观。遗憾的是，我当时太天真了，并很快得到了另一个惨痛的教训。"

这个教训来自**错误7号**：他没有去询问核实主要股东们是否目标一致。他只是自以为股东们都与他同心同德，并因此对一位风险投资者在几次董事会议上所发表的"奇怪"论调而感到十分不解。直到其他董事会成员提醒他要小心这位风投者在幕后所做的游说活动，他才开始感到担忧。

这位风投者竭力游说董事会成员们的意图在其后变得昭然若揭。他让这些董事们深信，如果历思工程公司的现金枯竭，他们就会失去家园，无处可依。彼得斯在董事会的两位关键支持者相信了这种说法，于是辞去了董事会的职位。"这根本不是事实，而且这个风投者自己是知情的，"彼得斯愤愤地说，"我试图劝说这两位董事不要离开，但这家伙的手段太高，以至于我完全无法说服他们。结果就是，在我最需要这两位优秀、忠诚的董事盟友时，我失去了他们。"

这一切都是由**错误 8 号**——忽略公司投资者们的需求——所导致的。那位风投者的行为完全出乎彼得斯的预料。"这是我犯下的另一个关键错误，"他说道，"这些投资者们当年是以每股 3.2 美元的价格买入公司股票的。我那时不懂，但在我自己做了几年风投之后才明白，如果他们拿不到一份十倍于原投资额的回报，是不会同意出售公司的。"但在当时美国经济与公司状况双双不景气的情况下，想要把公司股票卖到每股 32 美元完全是天方夜谭。

彼得斯渐渐明白过来，他正在面对一场与他立场相反的董事们所精心策划的恶意接管（hostile takeover）行动。"我之后才知道，风险投资公司已经制订了一个周详的计划。他们私下召开过数次例会，研究如何扼杀这次出售历思工程公司的尝试。他们希望公司遭遇一场现金危机，然后就能开展一轮清洗型融资，并以每股 0.1 美分的价格对公司进行资本重组，从而将公司的早期股东有效地清洗出公司。这是风投公司为了获得最高投资回报所惯用的伎俩。但公司的天使投资人和创始人会因此失去一切，让过去十年的辛苦经营一夕成空。"

这些风投者无所不用其极。有一次，历思工程公司的首席财务官面色惨白地出现在彼得斯的办公室，告诉他说一位董事要求查看彼得斯作为 CEO 在过去两年间的支出报告。"他脸上没有丝毫血色,"彼得斯回忆说,"我说:'不用担心。让他们查。'我一直都让公司的一位审计员专门负责我的支出报告,所以我知道这些报告不会有任何不妥。这些风投者找来一些律师核查相关的文件,并在审核后提出了一大堆问题,但他们从中未找到任何能用来让我声名扫地的内容。"

还有一次,彼得斯接到了一个来自一家大型机构投资商的电话,该机构投资商在几年前曾贷给历思工程公司一笔数百万美元的次级债务。来电者对他说,一位外部人士曾前来打听有关收购这笔债务的事宜。这让彼得斯大惊失色。历思工程公司与那时许多其他公司一样,已经无法履行当初与该投资商签订的定期还款合同,并且有可能要被迫申请破产,不过贷方答应给彼得斯多一点时间来寻找解决方案。但如果这家风投公司收购了历思工程公司的债务,就等于拿到了能够扼杀公司出售的有力把柄。

由于意识到自己由于未能预判对手的行动——**错误 9 号**——而处于失去公司的危机中,彼得斯立刻搭乘最近的一班飞机前往多伦多,也就是该机构投资商的所在地,并请求面见一位高级主管、为自己公司的还款问题进行说明和辩护。他的请求得到了满足,彼得斯得以与一位高管会面,并竭力说服对方不要接受该风投公司收购历思工程公司债务的要求。这位高管礼貌地聆听了他的说法,但却没多说什么。就在彼得斯要离开的时候,他觉得他看见了这位高管对他眨眼示意。"在回家的航班上,我一直在揣摩,他的这个表情究竟是我人生中接到的一个最为重要的信号,还是这家伙的一次神经性抽搐。"彼得斯疑惑道。但无论它代表什么,贷方最终决定,即便是卷入一场接管历思工程公司的斗争中也是有害无益,因此拒绝了向那些风投者出售历思工程公司的债务,也就由此切断了他们取胜的捷径。那么能决定这场公司接管大战结果的,主要就是董事会议室的投票结果了。

# 第六章
## 向谁请教?

与此同时，公司的出售过程也在缓慢展开。由于历思工程公司那时是全美第二大的有线电视机顶盒头端制造商，而科学亚特兰大公司正是市场的老大，因此此次收购需要获得政府的监管批准。为谨慎起见，两家公司决定主动申请这一批准，并最终在经过漫长的等待后成功获批。在科学亚特兰大公司向历思工程公司递交了收购意向书后，双方又为了完成两件大事额外花费了数月时间。一件是科学亚特兰大公司对历思工程公司进行收购前的尽职调查。另一件是双方针对收购协议书中的细节进行协商，以递交给历思工程公司的董事会审议批准。如果董事会没有通过该协议，那么这场收购交易也就到此为止。

彼得斯将"决战"——即争夺历思工程公司董事会掌控权的大战——之前的那9个月称为"激战期"。总的来说，这场激战是在幕后进行的。董事会中的风投者继续用大手笔宴请其他董事会成员的方式来拉拢他们。彼得斯在忙于公司出售事务之外，也开始对董事会成员展开游说，但他觉得自己总是在疲于防守。"董事会中的风投者比我更擅长此道，总是他们先出招，而我要晚一步才弄明白他们的意图，并不得不拼命应对。每次我自认为已经解决了一部分问题的时候，都会发现另外一条我完全没有注意到的'前线'已损失惨重。"

有时，彼得斯在董事会的对手还会试图用粗暴的方式来恐吓他。"这位风投者身高近2米，体重约135公斤，曾是一位橄榄球明星球员。我永远也忘不了在一次董事会上，他从椅子上站起来，怒气冲冲地向我的位置大步走来，对着我大喊大叫。当他俯身过来对我大吼时，我确定他午餐一定吃了大蒜。我觉得他可能要揍我，而我已经准备好要挡住他的拳头了。幸运的是，他没动手。"

1992年8月，两家公司间的收购协议终于拟订，只等历思工程公司董事会投票表决了。彼得斯的妻子那时正好怀了二胎，是个女儿，

# 大退场
## 企业家如何急流勇退

而孩子的预产期正好与这场关键的董事会会议撞个正着。彼得斯一直在祈祷，希望孩子能晚几天落地。但小婴儿没听见父亲的祷告，在母亲历经了漫长而又痛苦的分娩后，她在董事会会议当日的凌晨 4:30 呱呱坠地了。彼得斯整晚陪伴在妻子身边，并迎接了小公主的到来。在清晨 6:30 左右他离开医院前往办公室——身着牛仔裤，累得半死，急需冲个澡。尽管董事会即将在数小时后开始，他觉得自己可以解释一下自己的情况，争取会议延后。

但董事会成员与彼得斯家新生的小公主一样，都拒绝拖延。他们投票决定按时开会，而这对彼得斯而言，无疑是个不好的兆头。他比以往任何时候都更为紧张。如果董事会拒绝科学亚特兰大公司的收购协议，他在过去十年间为历思工程公司所付出的一切就得不到任何回报。他环视左右，对投票结果也完全没底。数位董事毫不掩饰自己的打算，只是说他们会在通读全部信息后履行自己的信托责任。他甚至无法依靠公司的其中一位原始天使投资人，因为尽管董事会的那位风投者背地里觉得这位天使投资人是公司的一个负担，却一直坚持不懈地向他献媚。

这次董事会议持续了整整半天时间。董事会成员们一丝不苟地逐条审读协议草案，对每一处要点都进行了讨论。严格说来，主要的问题就是，历思工程公司的管理团队是否应该转移到出售过程的下一阶段，其中包括敲定与科学亚特兰大公司签署合同的剩余细节。彼得斯最终要求董事会表决，他仅以一票之差胜出。

终于回到家淋浴之后，彼得斯感觉如释重负。诚然，仍有许多工作需要完成，但他们与科学亚特兰大公司之间的谈判迄今进展顺利，他相信双方会一直保持这种友善的态度。他开始重拾自信，或至少产生了足够的自信去腾出一周时间陪伴新生儿。毕竟，出售公司道路上的最大障碍已被清除，与董事会中风投公司那一派势力的斗争也以胜

# 第六章
## 向谁请教？

利告终。过早地放松戒备——这就是彼得斯犯下的**错误 10 号**。

历思工程公司的一位律师提出，公司还需要召开一次"额外的"股东大会。彼得斯以为董事会的投票就是决定性的，但其实不然。董事会投票只代表了一种态度倾向，即建议股东们同意出售公司。但为了完成买卖交易，股东们也必须进行一次投票。历思工程公司约有近 70 位股东，其中 50 人在公司工作，另外近 20 人是外部投资者。

彼得斯觉得股东投票只不过是走个形式，大家正好可以借开会的机会庆祝一下。他预订了两箱啤酒，一大箱薄脆饼干和薯片，还在举行会议的仓库安放了一个立体声音响。"我觉得这一定是个完美的下午——直到来自风投基金的 3 位合伙人在他们的律师陪伴下走入会场，我才觉得事情不对劲。他们不是来喝啤酒的。我的心一下子跌至谷底，完全不知所措。我之前一定是遗漏了什么重要的东西。"

他遗漏的正是有关投票数量的细节，这是他犯下的**错误 11 号**。为了保护少数股东的利益，法律规定股东大会要想通过出售公司的提议，必须得到绝对多数票，而不是像彼得斯以为的简单多数票。构成绝对多数票的百分比在公司章程中有详细说明，但彼得斯却从未阅读过相关条款，他甚至不大确定这些条款的存在。而这几位风投者和他们的律师却在投资历思工程公司前对它做过尽职调查，并在那时拿到过公司章程的复印件。他们在参会股东面前宣布，支持他们的股东已足够投出公司章程所规定的绝对多数票，而彼得斯的支持者不足以撼动投票结果，因此他们可以终止公司的出售。

这简直是一个坏到不能再坏的消息，对彼得斯来说恍如晴天霹雳一般。他是如此的心烦意乱，以至于完全没有注意到历思工程公司的律师正和那几位风投者争论着绝对多数票应占的比例。作为股东大会的正式监票人，这位律师的职责就是做记录、数投票，以及确保各项正当流程能被严格遵守。这位律师当场指出，这些风投者看的是旧版的公司章程。他早就在之前的股东年会上更改过其中的条款，只不过由于年会的议程比较无趣，所以几乎无人参会。在被更改的条款中，有一项就规定了股东大会在批准卖出公司时所需的投票百分比，而该百分比已在原有基础上降低了。

3 位风投者表示要看相关的文件。人们花费了数小时去找这些文件。在此过程中，彼得斯与所有人一样在等，但他的思绪已经飘向别处了。"我真的完全没注意投票百分比的问题，"他说道，"我就呆坐在那里，觉得一切都完蛋了。我犯下了一个致命的错误，它即将使我一生的心血化为乌有，在过去十年间创造的账面财富烟消云散。"

最终，相关文件终于呈递到股东们面前，而彼得斯的律师说得没错。根据修订后的公司章程，出售公司所需的票数比这些风投者们曾认为的要少，而他们也无法获得足够的票数来叫停此次收购交易。尽管彼得斯那时已筋疲力尽，面对这个天大的好消息也很难产生雀跃的心情，但他学到了重要的一课：应提前修补公司的结构性缺陷。"这种修修补补的确令人头疼，但如果你不这么做，就会大大降低自己圆满退场的概率。"

除了上述的 11 条错误之外，他还犯下了**错误 12 号**，但他直到最后一分钟才意识到这个问题。科学亚特兰大公司在位于亚特兰大市的本部召集了一次会议，与历思工程公司的相关人员商议收购过程中剩余的难点。该公司的代表曾示意说，双方之间不会再有后续会议了，科学亚特兰大公司已为此次收购投入了他们计划投入的一切时间，历思工程公司必须在这次会议上对全部剩余问题做出决断。

彼得斯那时已经意识到，交易过程中的任何变动都必须获得股东同意，所以他特地带领许多股东共同参会，以保证他在需要的时候能够获得他们的支持。整整两天，他们都在与科学亚特兰大公司的一个由 15 ~ 20 位成员组成的收购专家团进行磋商，每次磋商都要仔细审阅

# 第六章
## 向谁请教?

一张清单上的所有事项。夏日的亚特兰大,室外酷热难当,室内开着空调也无济于事,大家都热得难受。"会议本身也令我们每个人都充满压力,我只记得自己当时汗如雨下。"彼得斯回忆说,"但我们终于就清单上的最后一项达成了一致。我把椅子从桌后推开,准备起身与每个人握手庆祝。这时坐在我对面的那个家伙突然说道:'哦,还有一件事。'这绝对是你在交易即将完成的那一刻最不想听到的一句话,我确定自己的心跳都停了一拍。那人说:'我们希望彼得斯再留任一年。'"

直到那一刻之前,彼得斯一直都在谈判中小心翼翼地不让自己的名字出现在任何组织系统图中,以避免让对方觉得自己对企业还有用。他盼望自己能运营历思工程公司未出售的另5家公司,他觉得至少其中两家是前途光明的。彼得斯本打算在会谈结束后立刻回家开始他的新生活,他把一切都计划好了。

"我觉得自己就像一只困兽,"彼得斯说道,"这些人把我逼到了峡谷里,举起长矛对准我。我看向那些和我乘同一个航班飞过来的同伴们,他们却都在点头微笑。只要我答应对方的要求让交易完成,这些同伴眼看着就能拿到一张大额支票。我意识到自己没有其他选择,只能做一个绅士该做的事情——牺牲自己,成全他人。但在点头应允并试图微笑之际,我听到自己在磨自己的后槽牙。"

但彼得斯其实只付出了一个比较小的代价。这笔出售交易使他从一名资金短缺的企业家一举变为一位财务独立、可以四处投资的有钱人。"这场交易太棒了,"他不得不承认,"它改变了我的人生,让我能够花几年的时间四处旅游,去往那些拥有白沙碧水的海滨。"但他也不是全无遗憾,最主要的遗憾是他因为犯错而付出了巨大代价。"我们曾将公司运营至巅峰状态,但却没能见好就收。公司最终的成交价是每股约2美元,但如果我们能早几年,趁公司蒸蒸日上的时候卖出,我觉得能很轻易地拿到每股5至10美元的价格。"

彼得斯花费了 10 年时间才领悟到他所犯下的每一个错误，然后又花费了甚至更长的时间才学会他当时应该怎么做。他最终总结说，他和大多数股东们全凭运气才逃过一劫、免于破产。"我们在出售公司的过程中表现并不优秀，也不比别人更聪明。在好几处关键点上，我们都可能全盘皆输，最终都是纯靠运气才侥幸过关。我在公司出售过程中做得还不错，但如果我能早一点，在公司年景好的那几年认真考虑退场事宜，所有股东就都能拿到比我们将公司卖给科学亚特兰大公司时多出数倍的报酬。我们本不必在经济遇冷的时候卖出公司，也不会因此遇到那么多挫折。所以我要再三强调：每家公司都需要规划一个出色的退场战略。"

不过，尽管遗憾不少，但彼得斯从与科学亚特兰大公司的交易中学到了更多。长远来看，这些宝贵的经验比他得到的金钱更有价值。整个出售公司的过程对他而言就是一次并购顾问的初级培训。当他开始为其他企业所有人主持出售公司的事宜时，就能很好地把握交易进度，相关技能也随着经验的丰富而不断提高。在承接超阳技术公司（以下简称"超阳"）的出售任务时，他修炼至炉火纯青的并购技能得到了充分展现。该公司的创始人兼最大股东是巴里·卡尔松。这次交易也是一个优秀案例，从各方面向我们展示了出售一家企业的正确方式。

## 好交易详解

巴里·卡尔松是一位在无意间成为企业家的人。作为一位摇滚乐手与曾经的学生运动激进分子，他在 19 岁时就结婚生子，并在之后去了一家电路板工厂工作。在 1976 年，当他得知工厂主打算关门停产时，就用一美元的价格买下了工厂并将其扭亏为盈。6 年后他又将工厂卖回给原主，但卖价并不理想。他认为如果自己当时知道出售企业的诀窍，本应能获得一个数倍于实际的卖价。

他在离开电路板工厂后，进入了一家名为"思维连线通信"（Mind Link！Communications，简称思维连线）的公司工作，这是一家小型的互联网服务提供商（ISP），此后的超阳技术公司正是在它的基础上衍生出来的。思维连线在 1996 年年初被"艾斯达网络公司"（iStar Internet）在进行行业整合时所收购。在此后的一年半里，在艾斯达公司仍四处收购其他小型 ISP 期间，卡尔松做了各种各样的外包工作，并一直留意着行业内所蕴含的商机。在此期间，艾斯达的经营模式也在不断进化，他越来越清楚地发现，思维连线所经营的很大一部分业务——为大不列颠哥伦比亚省偏远地区的顾客们提供服务，其实对艾斯达的发展没什么用处。但他很明白，尽管思维连线这部分业务的利润并不丰厚，但却能带来充裕的现金流。更重要的是，思维连线拥有一个优秀的技术团队。卡尔松认为，他可以将该技术团队作为一个平台，在此基础上创立一家独立的公司。于是他开始与艾斯达的相关人员进行接触，要求买下思维连线。对方同意了他的要求。

买下思维连线后，卡尔松团队将其更名为"超邻网络公司"（ParaLynx Internet Inc.），并用了 2 到 3 年的时间摸索出了确切的经营之道。他们专注于和各大广播电台建立营销伙伴关系，为它们提供技术支持，使电台能为其客户提供自有品牌的互联网服务。其中一家兼营有线电视业务的广播电台还要求超邻帮助它为其客户提供宽带互联网服务。这一要求引起了卡尔松与公司销售兼营销副总裁史蒂文·麦克唐纳（Steven MacDonald）的注意，他们认为超邻可以为北美约 4000 家独立有线电视运营商提供同样的宽带互联网服务，因为这些运营商手中没有宽带互联网的技术与资源，但其客户又都纷纷要求提供该服务。

"我们注意到'爱家网络公司'（@ Home Network）已花费近 6 亿

美元，用于为客户提供同样的高速有线电视互联网服务，但它的营销方向与我们的正好相反。"卡尔松指出，"爱家网络是向客户推销自家品牌下的宽带服务，并将有线电视运营商们视为'承运人'。但有线电视运营商根本不吃这一套，它们是绝不会允许在自己与客户之间存在'第三者'的。而我们公司的营销策略则正相反。我们对有线电视运营商说：'你付给我们5000美元，我们会在你自己的有限电视设施中安装好一切宽带零部件，还会帮助你把宽带业务放在自己的名下推出市场。之后，你按一个客户每月7美元付款给我就行。客户还是你的，你只是在为我提供的宽带维护服务付钱。'有线电视运营商们都更青睐我们这种方式。"

公司不仅使用了这种新的营销策略，也换了一个新名字——从"超邻互联网公司"更名为"超阳技术公司"。与此同时，公司的领导人也发生了改变。卡尔松当时有些分身乏术，主要是由于他同时还在经营着另一项成长中的业务，一部专为极客们打造的每日在线连载漫画，名为《用户友好》（*User Friendly*）。随着这部漫画占据了卡尔松越来越多的时间，他的销售兼营销副总裁麦克唐纳非常担心这会影响到超阳的运营。"有一天，他招呼我坐下并对我说，'我全职主持超阳的运营工作，会比你兼职工作的效果更好。'"卡尔松回忆道，"我认真思考了一下，觉得他说得可能没错。"由此，卡尔松就将超阳的经营大权转交给了麦克唐纳。

在麦克唐纳的领导下，公司的上述新营销策略大获成功，但也成本高昂。因此，他与卡尔松曾两次试图将公司与上市公司合并，希望能更容易地为超阳的股东们筹集资金与提供现金流。在第一次尝试中，他们俩希望将超阳与一家上市的互联网服务提供商进行合并，但并未成功。在第二次尝试中，他们准备了一年多的时间，希望进行所谓的"反向收购"（RTO，又称"买壳上市"），即一家私人公司被一家已上市的壳公司收购。"壳公司"是指一家上市的实体企业因经营不善等原因，已不再生产商品或提供服务，成为一个"空壳"。通过与该壳公司合并，私人公司可以在无须承担首次公开募股所需费用的情况下成为上市公司。但这种做法是有风险的。一方面，这家壳公司可能背负着隐性负债。另一方面，被合并的私人公司可能尚未准备好，无法承担公司上市后的各种负担。

幸运的是，由于收购方的融资落空，卡尔松与麦克唐纳的反向收购计划也失败了。他们那时已经意识到这种合并并不是个好主意，因此也没有过于沮丧——超阳只是规模还不够大，它提供的服务对公开市场而言也没有太多的吸引力，此外，公开上市会让超阳承受它可能无法负担的额外压力。

另外还有一个越来越清楚的事实是，与卡尔松和麦克唐纳曾料想的截然相反，超阳可能并不那么需要外部资金。在推出发展有线电视宽带业务连续3年后，公司终于在2002年秋季扭亏为盈，现金流量也转负为正。而到了2004年，公司利润已足以从内部支持其发展。但公司那时还有35位股东，其中包括11名公司员工。卡尔松知道，他有责任为股东们创造一条途径，让他们能在某一时刻将公司的股份兑现。他最终认为，让每位股东都能获得一些流动资金的最佳途径就是卖掉公司。他相信会有各种战略型买家对收购超阳感兴趣，尤其是那些正想涉足互联网宽带业务的公司。

我应该在此指出的是，与我们曾提及的雷·帕加诺、杰克·斯塔克，或其他几位企业家们不同，卡尔松并不是特别在意公司在出售之后会发生什么。他当然希望自己的员工们能过得好，否则也不会赠予他们公司股票。但他在此时是一位缺席的企业家，对公司文化并没有特别深厚的感情，并且认为公司会如通常所发生的那样，在被新企业家接管后发生新变化。

　　而让他特别在意的是公司是否能够卖出一个尽可能高的价格，让他本人与其他股东共同获利。因为自己的第一家公司并没有卖个好价钱，他于是希望这一次能找到一个有能力的团队来指导公司的出售事宜。卡尔松在自己的董事会中已经找到了一个合适的人选，他就是大卫·拉法（David Raffa）。拉法原本是一位经验丰富的证券及公司财务律师，但目前正在向并购交易与投资转型。此外，他还参与发起了一家名为"BC 优势基金"（BC Advantage Funds）的风险投资集团，与巴兹尔·彼得斯同为该集团的联合创始人。

　　由于彼得斯在有线电视行业的背景，他也曾听说过超阳公司，并有兴趣对它做出更多了解。他请拉法为他介绍了公司的基本情况，又亲自去参观了一番，并非常喜欢他所看到的一切。彼得斯说："那时的超阳还未实现盈利，但它所在的有线电视行业是我所熟悉的，我认为他们做得相当不错。超阳是那种典型的初创公司，你一进入公司大门就能立刻感受到那种令人振奋的、正值起步阶段的公司氛围。员工们都活力满满，脚步匆匆。这正是我要的感觉。"

　　此外，彼得斯觉得超阳的成长策略也十分合理。"我能看出他们做了许多该做的事情，并成功吸引到了客户。我认为他们会拥有广阔的市场前景。超阳目前在每个季度都有所成长，所以我相信他们一定会获得成功，问题就是究竟会有多成功。"

　　对于卡尔松而言，他十分希望拉法和彼得斯都来帮助他出售公司，而两人都表示愿意帮忙，但前提是他们要以投资者兼顾问的身份加入出售团队。他们还希望超阳和他们签订一份正式的并购顾问合同，这样他们就能在获得正式授权的情况下帮公司寻找买家，并能灵活地使用他们觉得合适的方式来管理整个出售过程。这份顾问合同还包括彼得斯将代替卡尔松成为公司董事长的内容。

　　这些条件要让超阳安然接受，两位顾问还需要对公司的两位领导人做些说服工作。"一份并购顾问合同的条款并不复杂，但也很难被顺利接受，毕竟这对超阳来说是一项重大决定。"彼得斯说，"我俩花了很多时间与巴里和史蒂文进行讨论。在双方就顾问合同达成了一些彼此都认为是公平的一致意见后，巴里说他需要几天时间考虑一下。几天之后，他请我一起喝杯咖啡并再聊两句。他对我说：'巴兹尔，你知道我就是想再确认一下。在我们拟定的顾问合同里，你们是保证了能帮我赚一大笔钱，否则就不会收费，是吧？'我回答说：'没错，我们就是这个意思。这样我们双方才能休戚与共，密切合作。这就是我们想要的。'他说：'好的，那我没问题了。就这么干！'"

最终，从签订并购顾问合同起到公司成功出售，整整耗时 3 年。在此期间，彼得斯谨慎避开了他在出售自己的历思工程公司时所犯过的一切错误。事实上，如果你将这两次出售过程并排进行比较，就会发现它们完全是相对的两极。

比如说，彼得斯与拉法所采取的第一个措施是，他们在公司外举行了一次战略规划会议，用于选定一种退场战略，以及试探各位股东是否立场一致。而就在他们试图选定退场战略时，立刻就很清楚地发现了股东们的立场并不一致。有些人（尤其是包括卡尔松在内的早期投资者们）希望尽快卖出公司，而另一些人（尤其是麦克唐纳和他手下的经理们）觉得公司在两三年后会变得更有价值，而解决流动性问题可以再等一等。

彼得斯与拉法也觉得现在卖出超阳为时尚早，但为了让所有股东都站在同一阵营，他们决定为那些急于变现的早期投资者们找一条渠道，让他们能先卖出手中的一些或全部股份。在 BC 优势基金公司的配合下，两人组织了一场二次发售，招募到许多私人投资者加入公司，并筹集到 50 万美元的资金。这笔现金被用于购买那些想快速变现的股东们所持有的股份。彼得斯指出，他俩之所以能筹集到这些现金，主要是因为：（1）股价合理，（2）公司制定了一个明确的退场战略，（3）拥有一个优秀的团队来执行该战略。"当做到了这3点，你能提供给投资者们的就不再是一个长期并严重缺乏流动性的私人投资机会，"他指出，"而是一条人人趋之若鹜的财富之路，不愁找不到买家，我们这次就找到了12位左右。"一年后，超阳又进行了一场二次发售，彼得斯再一次进行了投资，这次是通过他自己创立的天使基金进行的。

当然，需要被照顾的不仅是那些早期投资人，公司几位重要的经理也需要得到关怀。考虑到这一点，卡尔松曾在之前与拉法共同商定了一套专为麦克唐纳与其他公司高层所打造的股权可选方案。在此之前，这些高层经理和普通员工们一样，只能拿到极少份额的公司股票。而这套方案规定，只要公司成功售出，每位高层就能立刻或在5年内拿到比之前多出不少的公司股份。

让不同的股东最终支持一份共同的退出战略，这一工作的耗时比彼得斯想象得要长。这份战略的内容是：争取在此后的两年内，也就是2006年年末或2007年年初，以至少1000万美元的价格卖掉公司。彼得斯认为完成该目标的最大障碍是公司那支年轻但缺乏经验的管理团队。"尽管他们做得不错，但要学的还有很多。作为一直极为积极的董事会，我们的工作就是尽我们所能地帮助公司的管理团队尽快发展相关的技能。"而在董事会中，没人能比董事长彼得斯本人更加积极。他说道："有一段时间，可能有大半年左右，我每周都与管理人员开一次碰头会，集中研究公司运营中对达成公司售出战略至关重要的某个方面。"

他把这些会议叫作"辅导班"，但另一些参会的管理人员却对此牢骚满腹，卡尔松经常能听到他们的抱怨。"巴兹尔带着一种不顾一切的决心在驱动着每个管理人员，他强调人人都要专心致志，并教导内部成员什么才是他们必须完成的任务。他就是想要确定，我们正在做一切该做的事，以达成预期的销售目标，并对手中的业务从头至尾都了如指掌。当然，在销售的第一线，一切并没那么容易。有些月份你运气不错，其他月份则没那么幸运。但巴兹尔不管。他说：'我们必须完成每月的指标，这样公司才能在将来卖出一个最高价。'他强令每个人都遵守这条铁律，而那段时间他真的惹恼了不少人。不过，见鬼了，他这套还真灵，结果人人都干得很棒。那些经历过的人现在都会告诉你，他们很感谢他，十分感谢。"卡尔松如是说。

除了超阳的运营状况会影响到公司最终的出售结果之外，在公司能被放到市场上销售之前，还有更多的准备工作需要完成。比如，作为卖方，超阳必须聘用一家会计事务所来进行相关的审计工作。此外，公司还需要一位专精公司兼并与收购的律师坐镇。还有，负责出售公司的团队还需要编写一本包含公司关键信息的"交易手册"，专供潜在买家们阅读。相关专家们将会自上而下地审查超阳的公司结构，检查其就业协议与承包商合同，以及深入审核公司的税务状况。彼得斯列出了一张检查清单，上面列出了50多项有待完成的任务。这些任务大都既耗时又专业，而且必须在公司开始接触潜在买家之前全部完成。

不过彼得斯是幸运的，他有大卫·拉法在身边帮忙。作为一名前律师，拉法与超阳公司打交道的时间比彼得斯更长，而且他的法律背景让他能够游刃有余地处理公司结构、文件、谈判等相关事宜。直至2006年春末，清单上的全部项目都已完成，预计在接下来的一年里，公司销售额将从前一年的800万美元增加到1200万美元，其中息税折旧摊销前利润（EBITDA）也会从150万美元增至220万美元。彼得斯和拉法决定，是时候开始寻找买家了。

他们用3到4个月的时间编写了一个潜在买家候选人的名单，名单上约有100多人，包括了战略型买家与金融型买家。之后，他们向名单上的每个候选人都寄去了一封两页纸的信，内容包含超阳公司经营计划的执行概要与公司综述。他们又用了 2 到 3 个月的时间与名单上的人进行接触，确定了其中对收购超阳感兴趣的人。在这些人中，约有七八个人与超阳签订了保密协定，从而能够读到那本涉及公司关键信息的"交易手册"。随后，这个小群体中的 3 个人表达了他们愿意继续跟进的想法——彼得斯认为，3 人就足以撑起"一场活跃的拍卖"——最后，这 3 个人各自提交了他们的收购报价和条件。

现在超阳团队面对的问题就变成了：选哪个？这一问题在董事会上激起了一番热烈的讨论，卡尔松比较青睐其中的一个报价，而彼得斯和拉法则更青睐另一个。"巴里本能的反应是，接受我们收到的第一个报价，这种选择没什么不合理的，"彼得斯说道，"这是一位绝对合法的买家，给出的报价也相当不错。但大卫和我认为，我们应该能从其他两位竞价者那里拿到一个更好的价格。所以，我们针对究竟是选择'一鸟在手'还是'双鸟在林'进行了长时间的争论。"

卡尔松最终听从了两位顾问的判断，而且他很高兴自己这么做了。"最后的竞价就在两家本地公司之间进行，"他说道。"大卫和巴兹尔让这两家公司都燃起了足够的兴趣，以至于双方选择了同时提出报价，让我们目睹了一场竞价之战。这不是一种正式意义上的竞拍，而是一方先提出一个报价，然后大卫和巴兹尔会审阅该报价，琢磨我们可能会从另一家获得什么条件，并决定他俩谁应该找哪一家说什么。能亲眼看到他们是怎么赚钱的，这对我而言是真正意义上的一课。比如说，我们曾对一个报价已经很满意了，但巴兹尔和大卫看了一眼后说：'我们要保住营运资本。'于是他们回到谈判桌告诉对方：'好的，我们对你们的报价很满意，全部内容我们都没有异议。当然，我们要保留一笔营运资金。'买方回答说没问题。这就等于我们又多拿到 160 万美元。"

最终在竞价过程中胜出的是一家上市公司"唯服务通信公司"

（Uniserve Communications Corp.），它是另一家加拿大互联网服务提供商。双方一旦就收购价格与条款达成了一致，唯服务就开始对超阳展开了尽职调查。总体而言，除了一些小问题以外，一切进展顺利。唯服务本身存在一些财务问题，并有可能因此而导致交易失败。它两次拖延了双方正式结束交易的交割会。当唯服务公司的人员试图第三次拖延时，拉法和彼得斯拒绝了。"大卫·拉法对延迟交割尤为反对，"卡尔松回忆道，"大卫说，'除非我们对这些人施压，否则交易就有可能中途夭折。他们的时间绝对够用，不能再拖了。'我当时认为大卫就是讨厌这种拖拉的作风，但结果证明他的强硬是完全正确的。大卫后来告诉我：'我见过太多的交易就因为第三次延期而土崩瓦解，所以决不能让它发生。'"

超阳对完成交易的时间定下了一个最后的期限，即 2007 年 5 月 24 日。卡尔松、麦克唐纳与彼得斯都一致同意，如果那天仍未成交，此次出售就宣告终止。一方面，唯服务公司因财务问题而无法筹集到足够的收购资金。另一方面，美元对加拿大元的汇率突然暴跌，这对超阳的打击很大，因为它 80% 的收入都是以美元入账，但几乎全部的开支却都是以加拿大元支付的。

但对超阳全体股东而言幸运的是，此次收购交易终于如期完成——就在最后期限当日深夜的 11 点 55 分。正式收购价为 1250 万美元，但加上一笔返还的营运资金与其他调整后的金额，最终超阳的实收款项为 1480 万美元，较之于公司所获得的最初报价，同时也是超阳全体股东在 2005 年 9 月制定退场战略时都同意的目标价格 1000 万美元，几乎多出了 50%。

卡尔松、彼得斯和拉法在拿到钱后就各自奔向了下一个目标，但麦克唐纳和他的管理团队留在了超阳公司，并很快接手了唯服务的经营活动。但尽管他们尽了最大的努力，但唯服务的财务状况仍每况愈下。2008 年 10 月，也就是它收购超阳公司不到 18 个月之后，唯服务公司就将超阳以约 2000 万美元的价格转手卖给了一家美国公司——"综合宽带服务"（Integrated Broadband Services）公司。但该公司只需要超阳的客户名单，所以它解雇了所有员工。这对麦克唐纳和他的超阳班底来说不是个严重的问题。多亏了彼得斯与拉法，他们早就在超阳售出时得到了丰厚的回报。"巴兹尔和大卫设计并执行了一个完美的退场过程。"麦克唐纳由衷感叹。

至于卡尔松，他在出售公司的过程中达成了一切既定目标。而他之所以能做到这一切是因为：（1）他知道自己是谁、自己想要什么，以及为何想要；（2）他拥有一家具有可售性的公司；（3）他给了自己足够多的时间来筹备退场事宜，并幸运地拥有了一位可堪大任的接班人；（4）他受益于一个优秀的退场管理团队，该团队的首席顾问不仅经验丰富，而且是一位有过退场经历的前企业家。正如我们在第一章中所提及的，卡尔松完成了自己的过渡期（关于过渡期的问题，我会在第九章做进一步阐述）。而这也可能部分因为他有一个清晰的认知。他知道自己卖出公司的行为对投资者和员工们来说都是一件好事——而这也正是一场圆满退出的下一个必备条件。

# 第七章

❖❖❖❖

# 人事安排

没人能独自经营一家公司。那么退场后，员工们该怎么办？

在 2010 年 4 月一个多雾的阴天，杰克·阿特舒勒现身于伊利诺伊州格伦艾伦镇的一间录影棚中，来参加一次有关退场话题的访谈录制。他在 1972 年创建了一家工业废水处理公司"脉蓝"（Maram Corp.），并在 12 年后将公司卖给了一家竞争对手，然后转行进入领导力培训与公开演讲的新职业生涯。但当他在明亮的摄影灯光下讲述自己当年卖出公司的经历时，从他的表情可以看出，他对其中的许多片段仍念念不忘。身着条纹衬衫，领口敞开，外罩一件深色 V 领毛衣的阿特舒勒向我们娓娓道来为何当年耗时数月的尽职调查阶段，对他而言难熬到仿佛度日如年。

据他所说，其中一个原因是他当时迫切地想要离开公司。多年以来，经营公司都是令他兴奋不已的乐事，但这份热情在那时已消耗殆尽。他渴望脱身而去。"我那时很不开心。每天要处理公司那么多的日常琐事，我再也不想干了。"

不过，对阿特舒勒来说最困难的任务，是要将他意图出售公司的事情对员工们保密。他那时已经聘请了一位会计师与一位律师来帮他打理此事，这两位专业人士都强烈建议他在事成之前，一定不能对公司的全部 50 位员工透露风声。"他俩似乎很有道理的样子，"他说道，"我就听从了他们的建议。但保密并不容易。我在公司一贯是开门办公的，但现在我要把门关上，在办公室里偷偷打电话给公司外的人。此举让很多员工深感惊讶。不止一个人来问我，'一切都好吗？公司出什么问题了吗？嘿，你为什么最近总是关门办公？'这些问题实在令我尴尬。"

尴尬也就罢了，但这种偷偷摸摸的行事作风实在与阿特舒勒所打造的公司文化格格不入。他一贯强调忠诚、信任，看重同事间的情谊，以及服务精神。事实上，一位重要员工的不忠之举恰是阿特舒勒决定出售公司的原因之一。"照我的性格，我会很快也很容易信任他人，"他自我评价道，"但如果我的信任受挫，或是忠诚遭到背叛，我受到的伤害也会很深。所以，当一位被我寄予厚望的员工决定离开公司，而且不是以一种坦荡的方式离开时，我非常想不开。这是一次深刻的教训，自那以后，我就感觉经营这家公司越发无趣。"

然而，就在公司还剩几个月就要卖出时，阿特舒勒觉得仍让员工对此一无所知实在不妥，因为他们才是会因公司售出而受到重大影响的人群。这种把员工蒙在鼓里的做法无异于一种背叛。

坐在录影棚的高脚凳上，他重新回顾了一件 12 年前发生的，但至今仍令他耿耿于怀的意外事件。"这件事就那么醒目地存在于我的脑海中，"他感叹道，"我们一直十分谨慎，确保所有来自律师团队和会计团队的信件都要寄到我家而不是公司。所有相关的发票上，也不得出现与出售公司相关的字眼，而必须是那些无关痛痒的词句，类似'为所提供的服务开具'这种字眼。但与我合作的会计公司却犯了一个错误，在发票上写下了'为所提供的将贵公司出售给……公司的会计服务'，并明确提供了买方公司的名字。我审批了这张发票，并且没注意

# 第七章
## 人事安排

到这个问题，就把它和其他发票一起交给了办公室经理，让她处理付款事宜。那时我坐在办公桌后，而她走了进来拿着那张发票问我：'杰克，你要出售我们公司吗？'我现在仍清楚地记得她脸上震惊的表情……"阿特舒勒突然说不下去了，长久以来潜伏在内心深处的情感无法遏制地流露在外，他花了点时间让自己平静下来。

"我现在仍能感受到那一刻仿佛做了坏事被抓个正着的心悸感，一切历历在目。我想和她兜兜圈子，继续隐瞒我的所作所为，但这是无济于事的，因为她手中已经掌握了一份明确的证据。所以我只好向她如实坦白了一切。她回到了自己的座位上，过了大约 10 分钟后眼含着热泪走过来告诉我说，她对我一直忠心耿耿，而我要卖掉公司这件事竟然不和她提一句，这让她觉得自己被深深地背叛了。我对她的这种反应手足无措，这实在是太糟糕了！"

而当他向公司其余的员工宣布此事时，大家的反应也没好到哪里去。"在签署了买卖文件后，我在会议室召开了一次员工大会，"他继续说道，"除了办公室经理，其他人都不知道发生了什么，所以你能想象到当我告诉他们后，整个会议室的人们表现出的极度震惊。大家不知道该说些什么。我现在还记得他们脸上痛苦的表情。会议的气氛十分低沉。"阿特舒勒对员工们说，他之所以选择了另一家水处理公司作为收购方，一部分原因是那家公司的文化与脉蓝十分相似，而且任何员工想要留任的话，新公司都会帮他们安排工作。这时有些员工问了几个问题，还有一些表达了他们的难以置信之情。然后，全体员工都一起前往距离公司 20 分钟车程的新东家的店铺。"那种震惊感就像一片挥之不去的阴云，我能越来越深地感受到员工们在那时以及此后所产生的遭遇背叛的感觉。因为他们对我都十分忠诚，所以那种被出卖感也就更为强烈。他们那么痛苦，这让我心里也特别难受。"

但尽管心怀愧疚，阿特舒勒却从未质疑过自己出售脉蓝的决定。

如果说有什么后悔之处，那就是他认为自己如果能更早地卖出公司就好了。"我知道自己不再是领导公司的最佳人选，"他坦承，"所以我对此并不后悔，但我对员工们感到十分抱歉。如果能一切重来，我会提前通知他们我的打算，比如甚至两年之前，我就会告诉他们：'让我们一起努力，这样人人都能获利。'但那时的我从未想过要这么做。我只是盲从了他人的建议，没考虑过员工们的心情。"

## 其他人的生活

每位企业家的退出都会影响到除他/她本人之外其他许多人的生活。这些人中自然包括公司的投资者们，以及企业家的家庭、公司的客户与供应商们。但其中受影响最大的则是公司员工，这些人不仅依靠公司为生，而且面对新老板所做出的种种改变，是最为弱势、最易受到伤害的。此外，在许多情况下，卖出公司的企业家在退场后的心态，也会因其前雇员们对此事的反应，以及新老板给予他们的待遇，而受到强烈的影响。

在我这些年来所遇到的数以千计的成功企业家之中，绝大多数都十分在意自己的员工，努力让他们得到公平的待遇，并为他们营造一个良好的工作环境。他们之所以这么做，一部分是因为这么做是对的，另一部分是因为这是一种明智之举。正如事实一再证明的那样，当员工知道公司在真心关爱他们时，他们的工作效率就会更高，对待客户也会更尽心。但让人哭笑不得的是，成功打造了这种公司文化的企业家的退场过程往往会更为艰难。

就这种情况而言，杰克·阿特舒勒不是唯一有此遭遇的企业家。全美渐进公司的联合创始人之一戴夫·杰克逊的经历与他相差无几，我们在第六章曾描述过他艰难的过渡期。与阿特舒勒一样，杰克逊也一直未让员工们知晓他准备出售自己的家庭医疗保健公司"首选医疗"。直至交易完成、钱也到账之后，他才召开了一次员工大会。"所有员工都是在那次会议上才知道公司被卖出了的，会上的局面十分糟糕。"他坦承。而导致这种糟糕局面的一部分原因正是杰克逊一直致力于在公司内推行的高亲密度的——同时也是高效的——公司文化。杰克逊坚信这种文化对公司取得的成功起到了关键作用。"同事之间的关系都很亲近，可以说是非常亲密，"他说道，"公司中有一种家庭般的氛围。所以我卖出公司的消息令所有员工大为震惊。他们都觉得我不诚实，感觉自己遭到了背叛。我没料到他们会是这种反应，因为我觉得这笔收购交易让他们得到了不错的待遇。他们将会享受到一套更好的福利，没人被开除或是减薪。我们当时的错误在于，没给员工留出足够多的时间来消化卖出公司这个消息。再加上一公布完这个消息，收购方人力资源部的人员立刻将各种表格塞给在场员工，要求他们进行填写，这让局面更为混乱了。那一天真难熬！"

即便员工们并未将你卖出公司的决定视为一种背叛，退场仍可能是一种苦乐参半的经历，尤其是在你已经成功创建了一种高效能的公司文化之后。琼·乔多因（Jean Jodoin）正是此例。在 1989 年，他与其他 3 位合伙人一起在伊利诺伊州的埃尔金市创办了"灵技"公司（Facilitec）。该公司是由两家公司合并而成的，一家是经营厨房排油烟机的公司，名为"净触"（Spotless Touch），另一家是专为饭店生产屋顶油烟处理器的公司，名为"油卫"（Grease Guard）。从一开始，灵技公司的几位创始人就致力于在公司培养一种以勤奋工作、享受乐趣，以及为每位客户提供最佳成果为主旨的公司文化。"这种文化渗透到了全公司，从电话客服人员到现场技术员，都以上述主旨为目标。我们把每一次与客户的接触都视为一种让公司脱颖而出的机会。"

灵技公司成长得极为迅速，在十年之间，年销售额就达到了 1000万美元，并吸引了潜在买家的关注，包括一家知名的上市企业"艺康集团"（Ecolab）。在 1999 年，艺康对灵技提出了一个非正式的收购报价，但被灵技拒绝了。但随着时间的流逝，几位合伙人之间的关系变得紧张起来。"这剥夺了工作的乐趣。"乔多因感叹道。所以，当艺康集团再次向灵技提出一个新报价时，几位合伙人决定接受。乔多因在买卖双方的交割会上感到五味杂陈。"一方面我们都很兴奋，因为我们将股票套现后，获得了比我们一辈子所见过的钱还要多的现金。但另一方面，我们感到的是与兴奋一样多的悲伤，因为我们把员工们都抛下了。我们手下有数百名员工靠我们吃饭，但我个人觉得公布消息那天，我让他们失望了。我曾承诺他们要将公司持续发展许多年，但我所做的却是将他们抛给了一个新老板。而在内心深处，我知道此人不会像我一样对员工这么好，也不会像我一样照顾员工以及他们的家人。这是那天最让我难过的地方。"

## 内心的宁静

　　大多数企业家都不希望在卖掉自家企业那天感到难过，他们也不希望自己的前雇员们将他/她卖出企业的行为视为一种对员工信任的背叛。这两种情绪都会让企业家感到心神不安，哪怕拿到了钱也无济于事。一位退场企业家内心的平静往往来自于他/她知道自己好好回报了那些曾帮助自己成功走完一段商业旅程的人们。所以问题就是，对你而言，究竟怎么做才算"好好回报"？不同企业家的答案也不尽相同，这很正常。但有意退场的企业家们最好能在启动退场程序之前，就问一下自己对这个问题的答案。

　　托尼·哈特尔（Tony Hartl）是一家美黑连锁公司"美黑星球"（Planet Tan）的老板。在决定 2008 年就是他卖出公司、转向人生新目标的时候，哈特尔就敏锐地察觉到了他的离开会对员工造成的影响。他是在 13 年前年方 26 岁时创办的这家公司，启动资金共计 5 万美元。

其中 4 万美元来自一位投资者，而另外 1 万美元是他从自己的 401
（k）<sup>⊖</sup>养老金账户中提前支取的。他用这笔钱购买了一家他正为之工
作，但已处于破产边缘的美黑公司的 3 家店面。虽然剩下的钱不够用
来重新装修，但对哈特尔来说已经足以开始经营了。他拉起了一支队
伍，让大家用力刷洗擦亮这 3 家店的每个角落。他说，当时他的经营
理念就是，让每家店都达到"医院级的洁净度"，并配备市面上最先进
的美黑仪器。

随着手中现金流的增加，哈特尔做出了一个重大决定——抛弃那
种以尽快增加新店数量来实现公司成长的传统做法，转而采用扩大原
有店面规模的方法来发展公司。他认为，将美黑店面做大做精要比将
其做小做多更有助于提升客户体验，大幅拉高销售额，相对而言也会
节省人力成本。结果证明他是对的。到了 2007 年，"美黑星球"已拥
有 16 家分店，遍布于美国得克萨斯州的达拉斯市与沃思堡市之间，员
工约 170 名。每家分店的平均营业额接近 100 万美元，而按照该行业
的平均标准，通常一家美黑店的营业额仅 20 万美元。不仅如此，美黑
星球还实现了行业中最高的店铺人均营业额，它多家分店的息税折旧
摊销前利润（EBITDA）竟超过了 50%。

哈特尔无意保守美黑星球的成功秘诀，就是优秀的员工素质加上
强大的公司文化。"我们有一个更高的目标，就是将公司打造成一家伟
大的组织，"他坦言，"我经常告诉员工们，我们要成为行业第一。我

---

⊖ 401（k），通常被称为"401K 计划"或"401K 条款"，是指美国 1978 年《国内税收
法》第 401 条 k 项的规定。按该计划，企业为员工设立专门的 401（k）账户，员工每
月从其工资中拿出一定比例的资金存入养老金账户，这部分存入的 401K 计划的工资是
免税的，而企业一般也为员工缴纳一定比例的费用。员工自主选择证券组合进行投资，
收益计入个人账户。员工退休时，可以选择一次性领取、分期领取和转为存款等方式
使用。当然，员工也可以选择提前支取 401（k）账户中的钱，但需要进行补税。——
译者注

心心念念的就是：'看看那些世界知名的高科技公司！好吧，我们也能在零售领域做到它们的程度。我们需要早出晚归，一切以客户的需求为先。'这就是公司成功的精髓。我们只会招聘赞同这种理念的人，即使他们认为自己赞同这种理念，我们也会从他们之后的表现中看出他们是否言行一致。"

在经营初期，哈特尔就开始接到各种想要收购美黑星球的咨询，有些来自私人股本集团，有些则来自同业的竞争对手。他拒绝了所有潜在买家，部分原因是他觉得公司还没准备好。大多数分店仍然相对较新，需要再发展一段时间才能到成熟期并生成大量现金流。同样重要的是，他本人也还没准备好。"我还年轻，除了运营一家公司，我也不知道自己还能做什么。这份工作不仅能让我赚大钱，而且对我来说还很有意义。"

不过，尽管他对经营公司仍有激情，但哈特尔并不打算一辈子都待在美黑星球。他在读大学时就给自己制订了一个人生计划：工作到40岁，然后用一段时间去做点其他事情。他没打算放弃这个计划，当然，这意味着他最终会卖掉公司。不过，他并不想让自己的这个打算阻挠公司的正常发展。哈特尔深信，要像自己一辈子都会拥有这家公司那样来进行每日的运营，也就是说，总是做出最有益于公司长远发展的决策。但即便如此，在41岁生日前卖掉公司的想法仍不时出现在他的脑海里。

时间在一点一滴地流逝，转眼到了2006年11月，哈特尔39岁的生日到了。作为一名全球性非营利机构"青年企业家组织"（Young Entrepreneurs' Organization，现更名为"企业家组织"）的活跃成员，哈特尔经常参加他所在的论坛或分会的各种会议，这些会议在每个季度都会邀请一位外来演讲者进行发言。在2007年年初的会议上，受邀请的发言人是一位商业经纪人大卫·哈默（David Hammer），他那时刚刚帮助该组织的一位成员卖出了其名下的一家工资服务公司⊖。在形容整个卖出过程时，哈默强调了"手册"（又称"交易手册"或"机密信息备忘录"）的重要性，因为该手册作为一份自我营销的资料，会写明一家公司的历史、财务状况、成长潜力，以及潜在买家会感兴趣的信息。他还特别指出，无论是否要卖出公司，这种手册都有助于那些对自家企业的价值自视过高的企业家们认清现实。这一点尤其吸引了哈特尔，他很快就聘请哈默前来公司，与他本人和他手下的高管们合作，共同为美黑星球打造一本这样的手册。哈特尔主要是想通过制作这种手册对公司现状进行一次核实，那时他并未将此行为视为卖出公司的具体步骤之一。不过，最后证明这是一次令公司全体人员大开眼界的操作。

"我一开始并没意识到编写这样一本手册会有多难，也没想到竟然要放入那么多的信息，"哈特尔说道，"这真是一次很棒的学习经历。我一开始还对是否要做审计而犹豫不决，因为一次审计的费用要 3 万美元。但大卫说这很重要，所以我们还是照做了。结果证明，这是我有生以来花得最值得的 3 万美元。我们对公司的会计流程做了一些有益的改动。但真正让我惊讶的是，这次审计让我们公司在银行那里赢得了极高的信用度。当你把经审计的财务数据递交上去，银行就把你和其他客户区分开了。总之，在制作这本交易手册的过程中，我为我们公司深感自豪。很明显，从各种重要指标看，公司都呈现出运营良好的态势。就在编写手册的过程中，我最大的一家竞争对手找上门来，

---

⊖ 在美国，雇主必须为其雇员缴纳社会保险金、医疗保障金、劳动补偿金，以及州、联邦和地方税金。雇主必须将这些税金与其他费用的一部分从员工薪水中扣除，并将上述信息备案，以供审计与缴税之用。而一家工资服务公司（payroll company）会收取一定费用，专门为雇主打理上述工资事务，让他们能空出时间来处理更重要的业务。——译者注

询问我是否要卖出公司。"

这家对手是"棕榈滩美黑公司"（Palm Beach Tan），它的总部设在达拉斯，并在全美各地都拥有分店。哈特尔与该公司的首席运营官布鲁克斯·里德（Brooks Reed）一直是朋友，后者还几次提过如果哈特尔愿意卖出，他们公司有意收购美黑星球。这本手册一做好，哈特尔就将一份复印件快递到了棕榈滩美黑公司的总部。该公司立刻做出了回应，请求哈特尔将有意出售公司的事情保持低调。在哈默的建议下，哈特尔回复棕榈滩美黑公司说，他打算与其他几位有兴趣的买家进行会面，但在棕榈滩准备好一份正式的收购报价之前，美黑星球不会启动拍卖流程。

一家私人股本公司也表达了想购买美黑星球多数股权的强烈兴趣。与该公司的代表会面后，哈特尔迅速判断出他对该公司提出的收购交易没什么兴趣。他并不需要外部资金来发展公司，当然也不想有一位合伙人。他想要的是买方能保障他的几位重要手下仍能继续留任，尤其是那支跟了他 7 年之久的核心团队的成员们。他还希望买家能够维持住公司文化并保留公司品牌。

令他感到分外惊讶的是，棕榈滩美黑公司一口答应了他的条件。"他们说他们甚至愿意保留店铺中美黑星球的品牌名称，以便了解为什么我们的各家分店能做出这么好的业绩，"哈特尔说道，"他们说，'我们想要学到你们公司的精华，包括你们最优秀的管理理念和操作方式，并尽力融入我们的公司。'这听上去简直是太棒了！"

随着双方谈判的不断推进，哈特尔越来越关注出售公司会对他手下的员工们，尤其是与他最亲近的那些员工所造成的影响。他已经把其中几位引入了公司出售的进程中，因为他需要这些员工的帮助，觉得他们有权知道此事，以及意识到可能想瞒他们也瞒不住。他向这些员工们承诺，他们不会被抛弃。他虽然觉得新公司不会开除这些人才，但为了以防万一，他向这些员工们保证，他会在他们寻找新工作期间找点小事让他们做，并给予他们和现在相同的薪水与待遇。"大不了我再买一家公司来安置他们。我至少能做到让他们不用太担心钱的问题。"

由于早在很久之前就买断了公司早期投资者们手中的股份，因此到那时为止，哈特尔仍持有美黑星球的全部股票。他曾想过要为手下的经理们创立一个虚拟股票计划，并为此专门研究过美国两家声名卓著的快餐连锁品牌福乐鸡（Chick-fil-A）与澳派牛排馆（Outback Steakhouse）的薪酬制度。他甚至准备了一份本打算次年就正式实施的书面计划。但目前公司出售近在眼前，再花费人力物力执行该计划已经没有意义了。所以他开始考虑用其他方法来确保他手下的经理们能得到适当的回报。

与此同时，他鼓起勇气告诉剩余尚不知情的160多位员工，公司即将被出售。"这太可怕了，"他说道，"我从青年企业家组织特地请回了一位有过出售公司经验的家伙来带我走了一遍流程。但演练了一遍之后，我还是很害怕。有段时间我都睡不着觉，十分担心员工们的反应。他们会愤而离开公司吗？如果他们离开了，交易也因此失败了怎么办？各种可能发生的情形在我脑中走马灯似地过了一遍。但最终的结果并没那么糟糕——我认为这要归功于我和团队成员之间的信任。他们一直都和我紧密合作，对我的为人十分信任。他们知道我不会一夜之间性情大变，对他们翻脸无情。但不管怎样，这场与员工们的对话是我曾准备过的最为心惊胆战的对话之一。"

这场出售交易在2008年11月18日圆满完成，那一天正是他41岁生日之后的第13天。尽管他手下的经理们并未持有美黑星球的股票，但哈特尔确保他们都因此次出售而获得了适当的财务回报。"我给他们每个人都发了奖金，无论是区域经理还是店长，人手一份。"他自豪地说，"这让他们既惊又喜。这么做让我获得的喜悦比员工们的更多。得到奖金最多的是曾经聘用过我，此后又连续两次担任美黑星球执行财务总监的一位老伙计。我在与他共进晚餐的时候把一张大额支票递给了他——有 6 位数。"

对哈特尔来说，此次出售是他在经历了一场漫长而艰难，但回报颇丰的商业之旅后所得到的最终成果。在他年仅两岁的时候，他的父亲就抛妻弃子不知所踪，他是在极度贫穷的条件下长大的。他的母亲要同时做两份工作，把他和妹妹艰难地拉扯大，一家人常常连生计都无法维持，饿肚子是家常便饭。所以，哈特尔现在能成功地过上不仅收入稳定，而且财务自由的生活，实在是一场伟大的胜利。"这真是美妙的一刻！"他感叹说，"我为自己感到骄傲。'骄傲'这个词十分贴切，因为我知道这一切的成果并不是靠运气得来的，而是我用将近 20 年的努力工作、专心致志、行事可靠以及言而有信所拼搏得来的。能走到这一步，也完全超出了我的想象。"

在喜悦与骄傲之后，随之而来的就是悲伤与不舍，哈特尔毕竟失去了他的公司，以及与他共同奋斗的人们。"这种感觉就像失去了自己最好的朋友。美黑星球的一切对我来说都是最棒的。它让我成长为一个更好的人，让我结识了很多对我而言很重要的人，并让我获得了许多令我感恩无限的殊荣与机会。公司就是我所能梦想到的最佳伙伴，永远如此。"哈特尔之所以能获得内心的宁静，就是因为他在卖出公司后尽力回报了那些曾与他并肩作战的员工们，做了他自认为该做的事。

## 分享财富

当然，能让一位退场企业家感到内心宁静的事情，却会让另一位感到愤愤不平。这种"老板欠了员工多少"的认知是高度个人化的。除非你是一位性格与废奴文学代表作《汤姆叔叔的小屋》（*Uncle Tom's*

*Cabin*）中那位贪婪、残暴的奴隶主西蒙·勒格雷（Simon Legree）类似的人物，否则在一般情况下，你都会希望在大家各走各路之后，自己的前员工们一切安好。但这也并不意味着你一定要觉得自己有义务与员工们分享因出售公司而得来的收益。当然，如果你与哈特尔一样选择了这种"有钱大家分"的做法，此举不仅体现了你的性格与价值观，也会改善你的精神面貌，让你平添一份与接受馈赠的员工所感受到的相差无几的斗志。

当然，你也不应低估通过与员工分享财富而获得的良好商誉。我还记得发生在美国密苏里州斯普林菲尔德市的一个例子。那是在1994年，小鲍勃·韦尔（Bob Wehr Jr.）与他的儿子吉姆（Jim）将自己的公司"亚伦汽车产品"（Aaron's Automotive Products）卖给了一家正在进行行业整合的大企业。当时的情况是，许多公司都获得过"社区最佳工作场所"之类的奖项，但在斯普林菲尔德，亚伦家的汽车配件厂的工作条件比较糟糕却是众所周知的。因此，当韦尔在公司售出后，发给员工每人一张至少1000美元的支票，外加一封感谢信时，员工们的惊讶之情也就可以理解了。有关父子俩慷慨大方之举的报道上了当地报纸的头条，让他们沐浴在各方的赞誉中。

不过，如果你的员工们也是公司的股东，无论是以个人持股的方式还是通过一项员工持股计划（ESOP），所有这些问题就变得截然不同了。让我们暂且不去考虑创建一个ESOP主要是为了让企业家套现这个问题。但如果你在创建公司时选择与员工们共享公司的所有权，你很有可能心中至少会有一个，也可能是几个不同的目的。

其中一个目的应该是围绕"最大化股权价值"这一目标，让老板与员工上下一心，结成同盟。这也是"股权共享"在那些新兴成长型公司如此盛行，并经常被风险资本家们与私人股本投资者们所鼓励的主要原因。从理论上来说，股权共享对员工们而言是一种财务激励，当公司流动性问题最终发生时，人人都会向着一个有利可图的结果方向而努力工作。如果你能够与员工们结成这样一个同盟，那么卖出企业就意味着公司全员都为之努力的一段商业之旅已成功完结，而公司上下的每个人都应为之欢呼雀跃。

然而，许多实行股权共享的企业家并不打算把公司卖给第三方。尽管这种企业家也希望围绕着最大化股权价值这一目标与员工们结成同盟，但他们的最终目的不是卖掉企业之后全体立刻将股份套现，而是因为他们相信，如果全体员工都能与企业家的想法与行动保持一致，并且都能分到一部分利润，企业一定会变得更好。此外，还有一些企业家认为，广泛的员工所有制能够更精确地反映现实状况，因此也更为公正。毕竟，创造一家企业股权价值的，不仅是创始人与投资者，员工们也在其中起到了作用。从这个角度来看，员工所有制就是一种简单的保障员工利益的方法，让他们也能分到一口自己帮忙烤制的大饼。

即便如此，让员工得到一份合适的回报，这一任务不仅对那些拥有100%公司股权的企业家们来说是一项挑战，而且对员工所有制企业的高管们来说也并非易事。后者不仅通常是公司最大的私人股东，还必须在做决策时考虑到自己所承担的信托责任。同样地，对他们而言，如果能做到兼顾自己与持股员工们的利益，一种满足感就会油然而生，正如我们接下来要谈到的埃德·齐默（Ed Zimmer）曾感受过的那样。

## 当员工成为部分所有者

2006年，齐默正担任"ECCO安全集团"（ECCO Safety Group）的CEO。该集团总部位于美国爱达荷州的首府博伊西市（Boise），专门生产倒车警报器、卡车的黄色警示灯、建筑设备、公共汽车，以及其他商用车辆，是业内世界领先的生产商之一。该公司（我在自己的另一

## 第七章
### 人事安排

本书《小巨人》中也专门提到过它）设立了一个员工持股计划（ESOP），该计划拥有公司57%的股份。剩余股份分别归齐默本人、前任CEO吉姆·汤普森（Jim Thompson）、几位公司高管，以及唯一一位公司外部投资者所有，但这位投资者仅持有3%的股份。在2016年秋，正当齐默在准备他每年秋季召开的公司高管研讨会时，他听说ECCO的主要竞争对手"步瑞适PMG有限公司"（Britax PMG Ltd.）有意出售。因此在那一年的研讨会上，他提出了一个想法：步瑞适有几个与ECCO构成竞争关系的部门，公司是否可以考虑收购它们。如果该想法得到支持，这将会是公司历史上最大规模的一次收购行为，并且第一次需要公司卖出部分股票以换取必要的融资，而这样做会让包括ESOP在内的所有股东手中的股权都遭到稀释。但最终公司的管理团队同意对这项收购先调查一番再做决定。

到了12月末，ECCO已初步放弃了对步瑞适的收购打算，但之前所做的调查却暴露出了一些齐默认为有必要解决的问题。比如，他发现收购方在收购像ECCO这样的公司时，需要付出比该公司的息税折旧摊销前利润（EBITDA）高出数倍的收购款，这是他之前根本没意识到的。他计算出自家公司股票的市场价约每股300美元，也就是公司实际估值（appraised value）每股100美元的3倍（据法律规定，一家公司至少需要每年进行一次股价评估，并由一家独立的、公司外的专门机构来完成）。这一新发现立马让齐默进退两难，因为正如我们在第四章所见，他必须解决每个ESOP都自带的或有负债问题。设立ESOP制度的公司有义务在既定员工离职时，以实际估值来购买他们手中的股票。虽然这笔现款可以分多次付清——按ECCO公司当初的规定是7年内付清——但如果大多数员工在差不多的时间内一起退休的话，公司就会需要一笔巨额的现金流。

齐默清楚地意识到，在ECCO公司的250名美国员工中，有相当大的一部分人都已经为公司工作了 20 年甚至更长时间，并接近退休年龄了。对他们中的大多数人来说，ESOP 账户是他们所拥有的最大一笔资产，比他们的房子更值钱，也比 401（k）养老金账户上的数额更大。如果这批员工都在 3 ~ 5 年内退休，那么他们在 10 ~ 12 年后才能拿到最后一笔股票套现款。而在此期间，任何事情都有可能发生，让他们保不住这笔钱财。比如说，经济可能会衰落，公司可能会犯错，新技术可能会改变竞争格局，任何无法预见的事件都可能会干扰他们顺利拿到股票套现的最后几笔付款。

如果 ECCO 股票的市值真的与齐默曾预估的一样高，那么可以想象的是，一位买家需要支付给公司足够的、无风险的现金，其数目应该等同于假定公司能以当前的速度继续再发展 10 年或 12 年后，ESOP 的成员所能拿到的股票套现金额。从这个角度看，齐默作为 ESOP 的信托人，十分有责任为公司找到一位买家。无论如何，他要做出一个艰难的选择：或是现在就卖出公司，让所有股东和 ESOP 成员立刻获得他们所创造的价值；或是接受等待的风险，继续发展公司，让其所有权与控制权都留在他们自己手中。

然后，齐默在做决策时还需要考虑一些其他要素。其一，尽管 ESOP 对 ECCO 的美国雇员来说十分重要，但公司在英国与澳大利亚也有分部，员工数量占员工总数的近 40%。但这些人都不是 ESOP 的成员，因此在决定是否要现在卖出公司时，还必须权衡他们的利益。其二，齐默还必须考虑到公司未来的资金需求。他能看到好几个有益于 ECCO 发展壮大的收购机会，但所需资金远超公司目前的借贷能力。所以，即便现在不卖出公司股份，将来为了给那些收购交易筹措资金，总归是要卖掉一部分的。其三，齐默本人的利益也要考虑进来。尽管他一直都在竭尽全力地为公司与全体员工的利益打算，但无法逃避的现实是，他本人也是一位股东，而且是大股东之一，他也有老婆和孩子要养。一家人的全副身家几乎系于齐默所持有的 ECCO 股票上。如果公司遭遇了灭顶之灾，齐默一家也会和每位员工及其家人一样，在经济上遭到重创。

在与他的领导团队进行了深思熟虑后，齐默决定让市场替他们回答究竟应该走哪条路的问题。如果他们能找到一位愿意用合适的价格——即至少 3 倍于 ECCO 公司当前的股票估值——来收购公司的买家，他们就考虑卖出部分公司股份。如若不然，他们就会保持独立。齐默相信，目前的 ECCO 正处于一个进可攻、退可守的有利地位，正是测试市场反应的绝佳时机。这是因为公司有着绝对的灵活性，既可以决定他们想用何种方式卖出公司股份，也可以决定他们究竟要不要卖出。如果收到的报价远低于齐默对公司市场价格的估值，他们就会直接放弃交易的打算，公司也会安然无恙。所以说，公司会对交易对象极为挑剔，至少齐默是这么想的。

计划的第一步是找到一家能够代表 ECCO 的投资银行。询问了朋友圈之后，齐默得到了 6 家熟悉汽车市场的并购公司的名字。他和同事们开始与这些公司的人员进行面谈，并迅速选定了"林肯国际"（Lincoln International），一家总部位于芝加哥市的全球性投资银行，作为公司出售交易的代表。"在面谈中，其他 5 家投行的人都在大谈特谈合同条款和收费结构，试图用这些内容来打动我们，"齐默说道，"但林肯国际的人却肯花时间询问我们各种问题，以试图理解我们的需求。"

ECCO 的人希望能尽快推进出售公司股份的事宜，一部分原因是他们并不知道市场这种——如他们的投行专家们所言——"多泡沫的状态"会维持多久，或者说，ECCO 公司的高估价会维持多久。而另一部分原因是，他们希望尽可能避免业内流言四起。所幸，ECCO 对潜在收购者来说是一家非常有卖点的公司。这不仅是因为 ECCO 一直维持着无可挑剔的利润率与增长率，也不仅是因为它长期实行开卷式管理，并因此拥有一套绝佳的运营体系、一个强大的管理团队以及一种责任制的公司文化。而是因为——也是更为重要的原因——公司拥有数个极易辨识的机会，如果它能获得足够的资金来把握住这些机会，在不久的将来就会实现规模翻倍。

2007 年 2 月，ECCO 开始了交易手册的筹备工作，林肯国际特派一位全职分析师对他们予以协助。与哈特尔一样，齐默对编写交易手册所需的时间和精力深感惊讶并深受触动。"这份工作不是简单的算账与统计数字，"他感叹道，"而是要不停地挖掘，这里有什么卖点？那里有什么价值？最终他们做得相当棒。我的意思是这份手册十分出色。"同年 5 月，林肯国际向约 200 名潜在买家发送了他们口中的"预热广告"，告诉他们如果对全部的手册内容有兴趣，就可以在随信附寄的保密协议上签字并寄回。投行人员对齐默说，能收到 30 封保密协议就足以让大家欣喜若狂。但他们实际收到了 82 份。在细读了交易手册之后，其中的 28 位潜在买家向 ECCO 提交了初步的收购报价，其中 10 位买家的报价都高于 ECCO 团队能够接受的最低金额。团队经考虑后决定，与这 10 位买家中的 9 位继续推进交易进程。

齐默在那时已经聘请了一位独立的、与林肯国际并无关系的信托顾问，以便在出售交易前期帮他出谋划策，并在之后帮他证明出售过程是为了让 ESOP 成员得到最佳的结果。"我那时觉得这次出售真的能成。"齐默说道，"我们已经证明了公司的价值，收到的报价也高于我所估算的市场价格，而且有兴趣的买家还那么多。"所以现在需要考虑的是，什么才是对公司全体成员都有利的出售方案。照我的想法，最理想的结果就是把公司卖个高价，而且每个人都能保住自己的工作。但这位信托顾问却说：'等一下，你对 ESOP 的成员和股东们负有信托责任，你要做的是为他们争取到最高的卖价，但不用管他们能不能保住饭碗。'我难以置信地说：'你这是在开玩笑！'但他却说：'当然不是，事实就是如此。'我追问道：'你是在告诉我，如果每股能多卖几块钱但员工们却丢了工作，这样的交易反而更好？'他回答说：'是的，因为你为股东们拿到了最高的收购价。'"

齐默原本因 ECCO 的现状所产生的欣喜之情，立刻变为对员工命运的焦虑。难道他竟在无意中推动了一连串会导致员工失业的事件？他和同事们突然对各家求购公司有了新的要求。"我们希望买家不是来自本行业的，"他指出，"我们希望买家将 ECCO 视为一个平台，愿意让它自行成长；但绝不愿意让它被一家对手买去，让我们公司关门歇业，并将员工们塞入他们的运营体系。结果发现，出价最高的买家是一家金融型投资者，为获得大额的投资回报而想要收购 ECCO。"

然而，并不是所有的金融型买家都一样。一家私人股本集团可能会以股权与负债相结合的方式来为收购提供资金。"这种收购方式让我担心的是，我们最终可能要为了这笔外来的资金每年支付 300 万或 400 万美元的利息，然后收购方还会削减我们的运营经费与开支，以增加息税折旧摊销前利润，并在几年后再次将我们卖掉。"齐默说道。他见过好几家对手公司都遭遇过这种情况。被以这种方式收购的公司，大约每三年就会新换一轮所有人，包括首席运营官和首席财务官，并背上一大堆债务。为了筹集足够的现金以支付利息，这类公司需要在每个季度末都降价 20% 来出清库存。它们的客户很快就会摸索出这一规律，并会等到打折时才来拿货；而包括 ECCO 在内的竞争对手们会在其打折期前后趁机抢走它们最好的客户。齐默十分担心 ECCO 有一天也会沦落到这种境地。"最让我们害怕的是，如果一个报价能让股东们拿到最多的钱，我们将不得不接受。"

ECCO 的交易手册是在 2007 年 5 月被分发出去的，最初的报价是 6 月份收到的，而公司管理层则在 7 月第三周后才与各个潜在买家进行了会谈。每次会谈都需要耗时一天。齐默会首先发言，向买家阐述 ECCO 的公司文化、核心价值观、人员结构，以及经营战略。接下来发言的是除了当时不能参会的澳大利亚区总经理外，所有能向他直接汇报的高管们。每位高管都会聚焦一个不同的主题——市场、产品、工程技术、海外机会，等等。齐默还组建了一个专家小组，专门分析 ECCO 所面临的竞争。整个 ECCO 班底的陈述耗时 6 小时，目的是不仅要让潜在收购者们对公司的大致情况有一个清晰而综合的了解，还想让他们能亲耳听取高管团队每个成员的汇报。林肯国际的专家认为，高管团队强有力的表现会提升 ECCO 的价值，从而使买家愿意抬高收购价格。齐默也表示说，整个团队最后的表现越来越出色。

尽管从表面上看这些会议为收购者们提供了一个评估 ECCO 的机会，但实质上 ECCO 也能趁此机会对收购方们有所了解。齐默对其中一家尤为关注。在 5 月份的时候，他接到来自林肯国际的主要联系人汤姆·威廉姆斯（Tom Williams）的来电，告诉他 ECCO 的一份收购手册已被一家名为伯温德（Berwind）的投资公司拿走。该公司总部位于美国宾夕法尼亚州的费城市（Philadelphia），原本是一家煤矿开采公司，但在前任 CEO 小查尔斯·格拉汉姆·伯温德（Charles Graham Berwind Jr.）的领导下，已转型为一家制造业与服务业的企业集团。"汤姆告诉我，虽然林肯国际从没和伯温德公司进行过交易，但却已对它关注多年了。"齐默说道，"很明显，这家公司是相当挑剔的，他们对一家潜在的收购对象有着严格的要求，一旦目标不符合这些要求，他们就会直接放弃。汤姆评价说：'伯温德就像是一家小规模的伯克希尔·哈撒韦公司<sup>○</sup>，如果我们能吸引这家公司一路走向此次收购的终点线，它一定会成为一家理想的合伙人。'汤姆一向知道我非常担心公司

---

○ 伯克希尔·哈撒韦公司（Berkshire Hathaway），世界知名的保险与多元化投资集团，总部在美国，由沃伦·巴菲特担任董事长兼首席执行官。——译者注

会成为一家私人股本集团的短期投资对象，所以才特意向我推荐了伯温德公司。"

伯温德公司与 ECCO 公司之间的第一次管理层会谈给双方都留下了不错的印象。"因为我知道他们的收购模式，所以比起其他收购者，我可能更喜欢他们，"齐默说道，"在我们这边的所有人都做完陈述后，他们用一小时的时间解释了为什么他们会成为 ECCO 的理想合伙人，以及他们能为我们双方的合作带来什么。我们大家都很喜欢他们所说的内容。他们大约只有 26 人在主持公司每年价值数十亿美元的业务，所以我们知道这些人都不会亲自管理他们所投资的公司的运营。我特别满意的还有，他们不会为 ECCO 的资产负债表上增加任何债务，而是会把债务放到自己公司的账上。如果你只是为了赚快钱而收购一家公司的话，是绝对不会这么做的。只有在你计划长期保留一家公司时，才会选择这种做法。"

在另外几家求购公司中，有几家已明确表示，它们就是计划用让 ECCO 负债的方式收购其股份，并在几年后将公司卖出——而且他们觉得这正是一个卖点。他们的想法是，让 ECCO 的管理团队继续有组织地发展公司，并在新合伙人的帮助下进行一些收购。假设 ECCO 能维持它在过去几年的表现，它就能按预定时间还清欠债，从而推动其股权价值持续上升。而公司的这些新所有者们可以将这个新实体在 3 至 5 年内卖出，让包括公司高管在内的所有股东们都能大赚一笔。

但这种发财大计对齐默而言毫无吸引力。尽管他打算只要新东家愿意，他就会在公司出售后继续留任 CEO 一职。但他对一夜暴富毫无兴趣，尤其是在他的大批同事会成为受害者的前提下——在许多此类的收购案例中，普通员工通常会因此失去工作，成为最大的受害者。在不同的求购公司中，只有伯温德公司一家无意于这种"赚了就抛"的收购模式。该公司希望以 ECCO 为平台，打造一家它愿意长久持有并能自行持续发展的公司。收购 ECCO 能为伯温德公司开辟包括电子产品制造、商用车辆（货车等），以及汽车配件在内的新产业领域。齐默通过追踪伯温德过去的业绩记录了解到，一旦该公司在某个特定的细分市场成功立足，就会在该市场驻足很久，而这恰好是齐默极为欣赏的作风。

在 ECCO 管理层所做的最后一场陈述大会结束后，这 9 位准买家可以用数周的时间来准备并递交他们各自的含有最后报价的意向书。此后，其中一家将会被选为最终的买家，并开始对 ECCO 进行尽职调查。其中 3 家表示他们不会递交意向书了。接下来，伯温德公司通过林肯国际提出了一个出人意料的要求，他们想在递交报价前就开展尽职调查。这种要求是极为罕见的，但林肯国际还是把它转达给了齐默。在并不知道究竟会有什么结果的情况下，齐默同意了这一请求。在正常情况下，尽职调查会耗费数周时间。但再次出乎所有人意料的是，伯温德仅用两天时间就完成了。一个 12 人的团队——其中一半是伯温德公司的人，一半是来自大型会计师事务所的审计员们——分乘两架公务机抵达 ECCO 公司。另外，几位当地的会计师也加入其中。他们从第一天的早 8:00 开始工作，一直到第二天的下午 6:00 才离开。

很明显，他们都对自己在 ECCO 公司的发现十分满意。当在 8 月初给出正式报价时，伯温德给出了一个比初始报价更高的价格。尽管另一家给出的报价还要比它高出一些，但伯温德公司保证会在 15 天内完成交易，而不是通常的 60 天。更重要的是，伯温德是唯一一家不要求 ECCO 以负债获得融资的公司。齐默的独立信托顾问也同意选择伯温德。比较下来，伯温德的报价条件明显是对所有股东最有利的。

实际上，剩下那 5 家求购公司获得融资的能力是相当有问题的。就在他们给出报价的时候，一场流动性危机在全球金融市场爆发开来，起因正是美国房地产泡沫的破裂与次级抵押贷款业的崩盘。突然之间，所有类型的借方都很难拿到任何资金。

齐默并没有立刻意识到经济状况所发生的巨变。但他感到如释重负，因为伯温德公司的报价让他无须担心 ECCO 要被迫接受其他买家的收购了。但直到所有的文件都签署完毕，以及所有的钱款都转账完成之前，此次交易仍有落空的可能——也就是说，那些竞价失败的求购公司还是有机会的，这种情况时有发生。在 ECCO 与伯温德双方律师开始草拟最终的收购协议时，林肯国际也一直在向其他求购方通报他们的进展情况。但正在此时，第一家、第二家，接下来是第三家求购方纷纷撤出了竞标，承认他们无法再保障收购交易所需的融资。只有不需要进行外部融资的伯温德公司留到了最后。齐默对此十分感慨："经济环境发生了如此巨变，伯温德本可以随时放弃交易的，但他们却并没有这样做。"

就在双方交易进行期间，齐默的姐姐，一位一直与癌症进行抗争的女士，病情突然出现恶化。她不仅是公司一位重要经理克里斯·汤普森（Chris Thompson）的母亲，也是前任 CEO 吉姆·汤普森的前妻，而后者仍是公司的大股东之一。幸运的是，ECCO 拥有一位极能干的首席财务官乔治·福布斯（George Forbes），在齐默忙于处理家事的时候，他能够保证出售交易的顺利进行。交易原定于 2007 年 9 月 10 日进行，但在那日的凌晨 5 点，齐默的姐姐去世了。当齐默致电伯温德的首席执行官迈克尔·麦克利兰（Michael McLelland），向对方通知此事后，麦克利兰回复说让他慢慢来。齐默感动地回忆道："他对我说，'去做你该做的事，我们等你。'"最终，在比预期晚了数天后，这项交易以每股 340 美元的价格圆满成交，超出了公司股票估值的 3 倍。

从财务角度来看，这场交易对所有持股职工来说是无与伦比的完美，他们保住的不仅是手中股票的价值，还有自己的工作。不过，在那时甚至连齐默都不知道他们有多么幸运。我们都知道，在 2007 年后那几年美国经济遭遇了怎样的重创，如果那时 ECCO 没有选择被伯温德公司收购，持股员工们可能要再等待很长一段时间才能再次遇到一个类似的出售机会，而且出售前提是那时的经济不会遭遇任何大灾大难——但这种事谁也说不准。

## 出售之后

值得的注意是，与哈特尔和大多数其他的企业家不同，齐默并不担心让员工知道公司计划售出这一消息。他们都知道公司正在筹备此事。6 个月前，就在公司对潜在买家发出预热广告的同一天，齐默就召开了一次公司大会，将公司的所作所为告知了每位员工。由于 ECCO 一直实施开卷式管理，员工们对公司的财务状况十分熟悉，所以齐默能向他们详细地解释为何管理团队认为当时是试探市场反应的最佳时机。员工们知道根据最近一次的估价，公司股价约为每股 100 美元，而且他们中的大多数都能理解股票这种"常规估值"与"市场价值"的区别。齐默告诉他们，他认为 ECCO 的市场价值约为每股 300 美元，如果收购方的报价低于这个价格，公司将不会被出售。所有 ESOP 成员都知道自己持有多少股份，并能计算出公司股份对他们个人而言意味着什么。

齐默指出，员工们总体的反应都是正面的。"员工们提出了许多问题，他们主要担心 ECCO 会被一家对手公司买下并关闭，而所有人就会失去工作。对此我的回答是：'大家要有信心，无论是哪家公司愿意用这么高的价格买下 ECCO，他们都不会是为了毁掉它，而是希望它变得更好。反过来说，如果一个买家想要毁掉我们公司，就绝对不会为它花这么多钱。'员工们都能理解这个逻辑，因此对出售公司的计划表示十分支持。"

随着公司出售进程的不断推进，齐默继续在每月一次的公司全员例会上对员工们汇报每一阶段的进展。在两次例会之间，公司的领导团队一直密切关注公司内的流言蜚语。每当他们听到不好的风声，就会做出回应。通常是把相关人员叫到一旁，让他们说出自己的顾虑。齐默还让每个部门派出一名代表，组建了一个员工代表小组，并每两周与他们面谈一次，回答他们自己的或是从其他员工那里听到的各种问题。

在这些努力的作用下，员工们一直对公司售出交易一事高度知情，所以直到交易圆满结束，公司里也未出现戏剧性的场面。齐默也承认，如果他们拿到的最终报价低于每股 300 美元，交易就可能不会进行得如此顺利。"如果我们只得到了，比如说每股 290 美元的报价，就会有一些 ESOP 成员们站出来说：'我要一分不少地拿到我的钱。'而我就会真正陷于两难的抉择之中：究竟是保障自己的利益，还是要履行我对 ESOP 与其他员工的义务。但最终的收购价是如此令人满意，以至于管理层无须纠结出售公司的决定。"事实上，在 250 名美国员工中，其中有超过 100 位的 ESOP 成员最终都拿到了超过 10 万美元的大额现金。

至少在收购交易完成后的最初阶段，齐默是公司唯一一位工作内容变化较大的雇员——某些变化是他喜欢的，而另一些则不然。他喜欢的部分是自己有机会开展许多收购活动。在公司转手后的前 5 个月里，他就两场收购交易进行了谈判，并使它们都在 2008 年 2 月成交。同年 5 月，他再次出手，这次的收购目标是能把 ECCO 引入所谓的"红蓝市场"即北美警车市场的一家公司。在被一家潜在的被收购方拒绝后，他想办法买到了另一家。这笔收购交易在 2008 年 12 月 31 日正式完成。

相对于进行收购活动，让他感觉极端无趣的是要按照伯温德公司对其名下所有控股公司的要求，为 ECCO 建立一种深入彻底的财务报表制度。尽管 ECCO 一直对预测与追踪自己的财务数字十分小心谨慎，但它所提供的信息远远不能达到伯温德所要求的细致水平。随着 ECCO 在 2007 年 9 月被伯温德正式收购，齐默立刻陷入为 ECCO 制定 2008 年预算的水深火热之中。他不由感叹："整个过程简直让我痛不欲生。"

祸不单行，此时美国的经济形势已进入大衰退的严冬。ECCO 公司客户中的原始设备制造商们（OEM）都纷纷将订单削减了至少 50%。ECCO 原本的第二大客户卡特彼勒公司⊖的订单更是减少了 70%。到了 4 月份的时候，齐默迫于无奈，不得不下令进行公司自创立 36 年以来的第一次大裁员。约 15% 的员工遭到解雇。其中一些员工对此愤愤不平，并将失业归咎于公司所有权的变化。"过去的 ECCO 会用一种截然不同的方式来处理裁员问题，为我们提供导致裁员决定的信息、咨询建议，以及一些简单的关怀，"其中一位下岗员工抱怨说。"而新的 ECCO 与伯温德公司甚至没给我们丝毫暗示，来自各部门的一队队员工就在周一早上被叫到会议室，被强塞了一份裁员报告。"

齐默并未对 ECCO 的公司文化在出售后发生了变化一事做出任何反驳，但他坚持说如果没有伯温德公司的注资，他将不得不解雇更多的员工，而且他处理裁员的方式也不会与过去有任何不同。他指出，为了将全体员工的担忧减到最小，不至于因拖延数月的裁员而大大削弱他们的士气，管理层才将这次裁员在没引来太多关注的情况下快速完成。快刀斩乱麻是处理此事的最佳方案。

如果说裁员是令齐默感到最痛苦的新任务，仅次于裁员的苦难就是他必须按要求经常向伯温德公司提交报告。他是伯温德公司旗下唯一一位没有 MBA 学位与会计师背景的 CEO，而且他也不习惯于像老板

---

⊖ 卡特彼勒公司（Caterpillar, CAT）成立于 1925 年，总部位于美国伊利诺伊州，是建筑工程机械、矿用设备、柴油和天然气发动机、工业用燃气轮机以及电传动内燃机车领域的全球领先企业。目前，卡特彼勒在中国拥有 20 余家工厂、3 个研发中心、3 个物流和零部件中心，以及超过 10 000 名的员工。——译者注

要求的那样密切关注 ECCO 公司的各种重要数据。"在售出 ECCO 之前，如果实际数字与预算出现了 1% 的偏离，是不会引起任何关注的，"齐默指出，"但在伯温德公司的制度下，你就要花上几小时或者几天的时间来对此做出分析与解释。"他不止一次地对老板说过，他觉得伯温德公司另派他人来担任 ECCO 的 CEO 会更合适，但每一次老板都说服他不要辞职。

有一位同样卖出了自家公司的朋友曾建议齐默，至少要等到伯温德公司按约定发放收购余款后再考虑离开。这笔余款约有 400 万美元，一直被暂交第三方保管，直至伯温德公司认为双方购销合同中的核心内容——"陈述与保证"条款被完全解决后才会被发放给 ECCO<sup>⊖</sup>。尽管这笔款项应在 2009 年 3 月支付，但伯温德却因为合同中一些悬而未决的问题一直拖延放款。不过，双方最后在同年 8 月达成协议，这笔余款也终于被分发给 ECCO 包括 ESOP 在内的各个股东。

齐默花了点时间才认识到此事对他个人的影响。他一直觉得，当他在各种高流动性投资中拥有足够多的自有资金，能让家人无限期地依靠投资回报生活并无须改变生活方式时，他就算是做好了随时离开 ECCO 的准备。他甚至连这笔资金的具体数字都算过，不过就是有一段时间没动过离职的念头了。"我一直埋头工作，做着一切需要做的工作。但在第三方暂时保管款发放后，我突然抬头四顾并意识到：'嘿，我怎么还在这儿！'"

---

⊖　在一份收购合同中，一般都会出现明确规定了卖方的"陈述与保证"（representations and warranties）的条款，或称"存续条款"，这类条款的存在是有充分理由的。陈述与保证条款一般都会规定卖方向买方做出过以及并未做出过哪些保证。这些保证都是针对那些会影响被收购公司价值的各种有关要素而做出的，但这些要素的影响通常会在公司出售一段时间后才显现出来。换而言之，此类条款确认了在公司估值方面可能存在的风险，并会说明谁应该为这些风险负责。此外，它还起到了一个约定"诉讼时效"的作用，规定了卖方的陈述与保证责任在经过多长时间后可以被豁免。——作者注

此后不久，他接到了老板的来电，老板说他本人会在下周飞往ECCO的总部所在地博伊西市，与齐默共商ECCO在2010年的发展规划。他还与齐默谈到了一个敏感的话题。"老板认为我出差不够频繁，"齐默说道，"他希望我在商务旅途上花费更多的时间，尤其应该去我们在英国和澳大利亚的分公司多看看。"结束了这番通话后，齐默在位子上坐了很久，思考着自己的未来。他认识到老板的话是有道理的。尽管他每年都约有65天出差在外，但公司需要他更经常地外出公干。问题是，他早已经失去了这份四处奔波的热情。一小时后，他给老板回电，坦承自己已经下定决心要退休了。可能是因为他说话的语气比较坚决，这次老板没有试图挽留他。

2009年10月15日，在担任ECCO公司CEO一职20多年后，齐默终于卸任。他说，他当时感觉很骄傲，同时感觉得到了解脱。"我很骄傲我们所取得的成就。公司比以往任何时候都更强大，而且已经交到了可靠的人手中。"解脱感则来自他知道自己与伙伴们曾做得十分出色，而现在ECCO已经由其他人负责了。

## 友人、傻人、家庭投资人

你可以自行决定你对员工们亏欠与否，但是否亏欠投资者们通常就由不得你来做主了。当你拿着别人的钱来经营自己的事业时，就等于做出了一个承诺，要为人家的投资带来一份丰厚的回报。这种承诺通常是明确做出的，但有时也会比较含蓄。如果这种投资是以一笔借款的形式给你的，你们借贷双方之间一定已经对利息与还款方式达成了共识。股权投资（equity investment）则与借款不同，如果所投资的企业经营失败，股权投资者就会血本无归；有时甚至会有即便企业经营成功了，股权投资者也落得一文不名的情况发生（详见第三章比尔·尼曼的经历）。因此，股权投资者所承受的风险更大，也更信任企业家们会为了他们做出正确的经验决策。随着这份信任而来的就是企业家的责任感，而那些依靠朋友与家人的投资进行创业的企业家们所背负的责任就更为沉重。

在我所认识的企业家中，将这份对投资者们的责任看得最重的人要数加里·赫什伯格（Gary Hirshberg）。他在 1983 年与友人塞缪尔·凯门（Samuel Kaymen）共同创立了以有机酸奶而闻名的公司"石原农场"（Stonyfield Farm）。当他在 21 世纪初将公司的多数股权卖给法国的《财富》500 强企业达能集团（Groupe Danone）时，公司已拥有 297 名股东。其中约 100 名是在进入公司后获得了优先认股权的员工。其余股东则都是个人投资者，包括赫什伯格的朋友、熟人，以及在公司成立初期连续 10 年左右持续亏损时出资维持其艰难运营的亲属们。还有其他一些曾投资过石原农场的人，当他们找上赫什伯格，对他说自己急需用钱，赫什伯格会帮忙联系到愿意购买他们手中股票的投资者。

可以说，正是这些大量的、形形色色的股东们，让石原农场令人难以置信地生存了下来，并发展出一种可行的商业模式。事实上，石原农场的创立完全是个意外。当年，凯门在美国的新罕布什尔州拥有一家名为"乡村教育中心"（Rural Education Center）的非营利性机构。根据《美国国内税收法》501（c）3 条款[一]的规定，该中心可享受美国联邦所得税减免的待遇。而赫什伯格则在另一家位于科德角[二]的非营利性环保组织担任执行董事，同时也在凯门的董事会任职。在为"乡

---

[一] 501（c）3 条款的具体内容为：宗教、教育、慈善、科学、文学、公共安全测试（Testing for public safety）、促进业余体育竞争和防止虐待儿童或动物等 8 个类型的组织，均属于可享受联邦所得税减免的非营利性机构。——译者注

[二] 科德角（Cape Cod），又称鳕鱼角，是一个位于美国马萨诸塞州南部巴恩斯特布尔（Barnstable）县的钩状半岛。——译者注

村教育中心"筹款的头脑风暴会议上，凯门的董事会成员们经常有机
会品尝到凯门家自制的尤为美味的酸奶。终于有一次，一位董事提出：
"为什么我们不试着销售塞缪尔家的酸奶呢？"而凯门真的在 1983 年 4
月开始这么做了。同年 6 月，赫什伯格同意全职加入凯门的酸奶事业，
但他先要了结手头的一些琐事。最终，他在 9 月份正式就任，并在新
办公室的桌上发现一大摞未拆封的信件。他的第一个任务就是拆信，
把支票与账单区分开来——至少他是这么想的。但他很快发现，这些
信中根本没有一张支票，而是一张张总计高达 7.5 万美元的账单。"换
句话说，我才刚刚上任 4 小时，就发现我们公司已经破产了，"他无奈
地说，"所以，我做了所有自尊自爱的企业家该做的事：打电话给我
妈，问她借了 3 万美元。然后我又开始找到周围的朋友、家人，以及
各方人士，做他们的工作，并筹到了剩余的款项。"事实上，他在接下
来的 18 年间一直在重复这种做法。

　　在最开始，赫什伯格从未考虑过要为他的赞助者们提供一种退出
公司投资并获得投资回报的方式。"我们办公司就是为了给自己的农业
学校提供资金支持。我那时完全不知道什么是退场计划，对资产负债
表也几乎一无所知。"直到 1984 年，他才从一位专为富人服务的投资
顾问那里对这些专业概念有所了解。那时，赫什伯格正在忙于进行公
司的首次私募配售，目的是从一群个人投资者那里筹集 20 万美元的资
金。而这些目标投资者们的顾问自然想知道他的客户们会如何拿回投
资。"我从未真正给过他一个答案。我觉得如果我一直表现得这么不靠
谱，他最终就会放弃追问。而这也成了我的一种惯用伎俩。在 1986
年，我进行了公司的第二轮股权融资并筹集到了 50 万美元。而在 1989
至 1990 年间进行了第三轮，筹得 230 万美元。同时，我也忙着为那些
想要退出公司投资的人们寻找退场方式，但在那些年间，我从未对任
何投资者就其退场方式做出过书面承诺。

# 第七章
## 人事安排

赫什伯格不仅从未意识到他对公司的投资者们所负有的责任，也避免对任何一位单独的投资者做出承诺，他只是在自由地做着他认为对全部投资者来讲最有益的决策。"这一点极为重要，"他说道，"我不会对任何一位单独的投资者负责，而是要对他们的每一位负责，所以没有单独哪个人能对我进行任何控制。我永远不会因签字承诺而失去对自己人生的掌控。而正因为如此，其他一切才会成为可能。"

虽然在商场上需要智慧，但永远不要低估运气的重要性。赫什伯格承认，他没有故意避开那些曾迫使他做出特定退场计划的投资者们。"我们在 1987 至 1990 年间曾经历过一段每周亏损 2.5 万美元的日子。我必须用出售公司股权的方式来填补这些亏损。虽然我不抵触获得机构投资，但当时没有哪家投资机构愿意投资我们公司。他们会对我们审视一番，发现我们生产酸奶，而酸奶生产甚至连'行业'都称不上。不仅如此，我们还属于有机酸奶公司，对那些机构投资者来说，我们的产品定位古怪，投资风险极高。"

说到这里你可能会疑惑为什么赫什伯格竟然还能拿到任何一笔股权融资，更不用说在公司连续亏损、连生存都成问题的那 9 年，他甚至还靠卖出公司股权筹集到了约 1000 万美元的资金。他究竟是怎么做到的？首先，赫什伯格做了大量的工作。尽管他为公司找了 297 位股东，但他估计自己至少与超过 1000 位的潜在投资者进行过面谈。此外，他的家人也愿意与他风雨同舟。"别忘了，公司的第一位投资者是我的母亲。当你自己的朋友和家人，尤其是母亲们——更糟糕的是，包括我岳母在内——也为公司投资了大笔的钱，你对股东们的退场问题会变得更为关注，我本人就觉得自己有义务让他们的投资得到一份丰厚的回报。而且；投资了我们公司的人都知道我的母亲和岳母也是投资者之一。所以人人都很有信心，觉得我一定会把每位股东照顾好。"

尽管这两位母亲对石原农场的巨额投资也面临着高风险，而这也让其他投资者都颇为安心，但却对赫什伯格的妻子梅格·卡杜·赫什伯格（Meg Cadoux Hirshberg）产生了完全相反的影响。她还根据这段经历撰写了一本商业与投资类的大作《祸福与共：企业家及其家属生存指南》（*For Better or For Work：A Survival Guide for Entrepreneurs and Their Families*）。她很清楚石原农场在发展初期那种令人绝望的财务状况。"（这）让我胃痛如绞，"她描写到，"避不开的怒气冲冲的债主，堆积如山的债务，以及随时有可能降临的破产。"为了维持公司的勉强运营，甚至为了给员工们开出工资，加里那时在很大程度上要依赖岳母多丽丝（Doris）的资金援助。最后，多丽丝成了仅次于两位创始人的公司第三大股东，为石原农场贡献了超过 100 万美元的非流动性投资，但这笔钱有可能永远也拿不回来。梅格因为母亲所冒的风险而日渐忧虑。每当加里请求岳母追加投资，梅格就会恳求母亲不要这么做。但多丽丝总是不顾女儿的劝告，她说："梅格，我是个成年人。我知道自己在做什么，我的投资会获利丰厚的。"而母亲的固执更增加了梅格的焦虑。"我觉得他俩太愚蠢了，这个世界上我最爱的两个人竟然都是疯子，我眼看着自己的家人们"——她的两个兄弟也参与了投资——"这些对投资毫无经验的人，成为加里和我的牺牲品。"

但可以肯定的是，石原农场最终在 1992 年实现了收支平衡，前景出现了显著改善。那时公司的年销售额已经达到了 1000 万美元左右。与此同时，一些初期的投资者们找到赫什伯格，希望将自己手中的股份套现。他们中的许多人在自己孩子还小的时候，给公司投资了 5000 美元。但现在他们的孩子都要上大学了，到了用钱的时候，而他们手中的股票也升值不少，对这些投资者而言，正是卖出石原农场股票的好时机。对赫什伯格而言，他一向的原则就是：为任何一位想要退出的投资者找到一个拿回投资的渠道。"每年 11 月份，我都会给所有股东寄一封信，上面写道：'如果你想要在明年拿回投资，记得早点和我说一声。'"他感慨地说，"这可能是我在公司创立之初所做的最明智的一件事。"

"我觉得这么做效果绝佳。首先是起到了一种公关的效果，因为这等于告诉股东们，你心里一直惦记着他们，并且愿意在他们需要撤资的时候随时买断他们的股票。其次，这么做等于是消除了隐患。我总是说，我最不欢迎的投资者就是那些总想着要离开的人。去掉了这种投资者，让他们的资金被取而代之或是被削减，你就等于减轻了压力。"

为了履行承诺，赫什伯格做起了"月老"。他开始频频参加由各家投行——如硅谷的"汉布雷克特＆奎斯特"（Hambrecht & Quist）、波士顿的"亚当斯、哈克尼斯＆希尔"（Adams，Harkness & Hill）——所举办的金融研讨会，并在会议上为那些想要卖出石原农场股票的股东寻找买家。这种做法可谓一箭双雕，也让投资界一直对石原农场保持着密切的关注。"这是一种意外的收获，"他说道，"我的参会不仅对我本人来说是绝佳的学习机会，让我的股东们找到了下家，更重要的是我把石原农场推到了潜在投资者们面前，让越来越多的人对它产生了兴趣。"一旦找到一位有意向的买家，他就会把此人介绍给一位卖家，并让他们自己商定买卖价格，剩下的事情就不用他操心了。也正由于这种私人交易频频发生，所以石原农场的股价通常可以由市场决定。

多年以来，石原农场这种以股权换融资的具体情况也在不断发生变化。"随着公司规模的扩大，投资者的投资额度也在不断增加，"赫什伯格说道，"从最初的5000美元，增长到50万美元甚至更多。当然，这些后来的投资者也更加成熟，我开始需要应对越来越多的律师，他们的要求也在与日俱增。但由于我们现在的竞争状况良好，属于一个理想的投资目标，所以我们仍能按自己的意愿行事，无须受制于投资者与他们的律师。但我不想把我们筹集资金的方式推荐给其他人，因为这么做实在令人筋疲力尽。但如果你能避开机构投资者，并且不去默许那些你觉得不正确的要求，就仍能依照自己而非他人的意愿选择退场方式。"

在这些新股东当中，一些人是专业投资经理，尤其是其中的一位，他代表一群全球投资者给公司投了一大笔钱。"他还给我带来一份投资条款的清单，上面列出了所有常见的提醒和警告，但那时的公司蒸蒸日上，我当然不必做出任何让步。这位投资代表因为徒劳无功而感到十分懊恼。我甚至没有给他一个董事的席位，但我还是邀请他参加每次的董事大会。事后证明这一招用得不错，他觉得自己没有受到冷落。不过，此人在董事会议上一直强烈要求卖出公司，以至于好几位董事会成员都觉得不胜其烦，问我是否真的愿意让他一直参加会议。但我觉得无所谓，因为不管他怎么说，我都没有义务为他做任何事。"

这是因为在董事会中，除了凯门、赫什伯格和梅格的母亲，其他人都仅持有很少份额的股份。上面这位急不可耐的投资经理也只有7%的投票权。赫什伯格持有公司约20%的股票。他与凯门在公司成立初期就已不再是公司的大股东了，而此后因为一系列可谓灾难性的事件，公司一直处于岌岌可危的边缘，他们手中的股权曾一度被稀释。不过，此后他们要求并接受了优先认股权，这才使他们逐渐买回了股份。最终，公司的投票控制权掌握在了两位创始人，外加多丽丝·卡杜（Doris Cadoux）女士手中。

但尽管赫什伯格不会迫于股东的压力而做任何事情，他实际上却希望能为自己的投资者们找到一个合适的退场并套现的途径，而且宜早不宜迟。越来越多的公司投资者找上他，要求他卖出手中的股票。到了20世纪90年代中期，公司的股票每年都会发生10~15次股票换手交易，金额将近 100 万美元。他自己则把 70% 的时间都花在了寻找新买家与处理买卖交易上。此时，对他而言，不再处理这些烦心事的前景是极具吸引力的。即使在没有忙于为公司股票的买卖双方牵线搭桥的时候，他也一直生活在巨大的压力之下，因为他知道公司近 300名股东都在等待一场终极流动性事件○的发生，并指望他能把公司卖个好价钱。他深感自己欠了许多股东的人情债——不仅是他的母亲、岳母与其他家庭成员，还包括他的合作伙伴凯门——这位老爷子已经年近 70 并一直在考虑退休。此外，还有那些在公司发展初期接受了公司价值 5000 美元的股票、为公司免费提供牛奶的牧场主们，没有他们的援手，石原农场根本无法在发展初期幸存下来。那位在公司发展的关键时期同意以公司股票抵扣乳制品加工设备款的卖方也没有被遗忘，还要加上一位公关公司的所有者，他也做了同样的事情，愿意接受公司股票作为公关服务的报酬。

因此，在 1998 年，赫什伯格开始认真地研究卖出公司的各种选项，并了解各种卖出方式所存在的风险，引导我们进入圆满退场所需的下一个条件：了解你的买家。

---

○ 流动性事件（liquidity event）：在公司财务中，一场流动性事件是指公司被兼并、收购或出售，或是公司进行了首次公开募股。一场流动性事件是一家公司能够采用的典型退场战略之一，因为它能够让一家公司的创始人与投资者们手中的股票所有权变现。——译者注

# 第八章

## 收购目的

确定自己知道为何潜在买家想要收购你的公司。

"无论意识到与否，你在经营企业时做所的一切都是在为最后的'大结局'做准备，"石原农场的联合创始人兼董事长加里·赫什伯格特别指出，"而很多企业家因为只专注于企业的生存，所以对此并不知情。"

但赫什伯格是知道这一点的。纯靠运气，他才能在1998年开始为自己的297名股东寻找套现途径时仍能把握自己命运。当石原农场在20世纪80年代频频处于破产边缘时，他无力保障职业投资者所投资金的安全，但这也让他在为股东、公司，以及他本人选择最佳的退场方式时，能拥有相当的自由度。

赫什伯格一直认为，他最终会将石原农场成功运作上市，就像自己的两位朋友本·科恩（Ben Cohen）与杰瑞·格林菲尔德（Jerry Greenfield）一样。这两位是"本与杰瑞自制冰激凌公司"（Ben & Jerry's Homemade）的创始人。这家总部位于佛蒙特州的公司是美国仅次于哈根达斯的第二大冰激凌制造商，并在成立六周年时进行了首次公开募股（IPO）。而在1998年，赫什伯格认为石原农场的上市时机已至，也开始筹备起自家公司的IPO。他先是组建了一个股东委员会来监督整个上市过程，还与几家有可能帮他打理新股发行业务的投资银行公司进行了面谈。最后选中了"亚当斯、哈克尼斯 & 希尔"并准备与之签约。就在此时，他接到了来自老友科恩的电话，科恩告诉赫什伯格，他的冰激凌公司正遭到另一家同类公司——位于加利福尼亚州奥克兰市的上市公司"德雷尔大冰激凌"（Dreyer's Grand Ice Cream）——的恶意收购。科恩正绝望地试图组织一群私人投资者作为"白骑士"来对抗德雷尔，使"本与杰瑞"免于被收购的噩运。赫什伯格欣然同意加入这一队伍，但科恩的遭遇让他立刻放弃了自家公司上市的计划。"一旦本与杰瑞公司接下了德雷尔公司的收购报价，就等于加入了收购游戏，"他说道，"在这种情况下，本已经无法选择卖还是不卖，只能选择用什么条件卖出。换句话说，他虽然坐上了谈判桌，但手中的牌却不全。"[⊖]

科恩公司的遭遇对赫什伯格来说犹如天启。"出于某种原因，我从未领会到公司上市等于公司出售。我参加过各家投行举办的那么多会议，投行家们热情组织，频频劝酒，让我们觉得自己是个顶尖人物。但没人告诉我'当你将公司上市时，就是在卖掉公司'。我认为许多企业家都没意识到这一点。但当我站在第一线，和本共同抵御对其公司的恶意收购时，算是目睹了这一事实。"

赫什伯格随即改变了原计划，开始与投资银行家们商议，希望能找到一家愿意收购石原农场的公司。而其中一条收购条件是，他希望

---

⊖ 对于"一旦出现一位潜在买家，本与杰瑞公司除了被迫出售外别无选择"这一观点，有些分析家并不赞同。——详情请见安东尼·佩奇（Antony Page）与罗伯特·A. 卡茨（Robert A. Katz）在《斯坦福社会创新评论》（*Stanford Social Innovation Review*）2012年秋季刊上所发表的论文《本与杰瑞公司的真相》（*The Truth About Ben & Jerry's*）。尽管如此，科恩与他的董事会毫无疑问地都相信那时公司只有两条路可走，要么被迫出售，要么面对漫长的、令公司逐渐衰落的股东诉讼。

保留对公司的控制权。这完全是个不切实际的想法。赫什伯格希望自己拥有公司约 20% 的股份，而他的员工们拥有另外的 5%。至于其他股东，他希望借此机会让他们所有人都能将手中的股票套现。这样一来，赫什伯格实际上是在找一个愿意购买石原农场 75% 的股份，但仍愿意让他继续管理公司的买家。"这是不可能的，"拉扎德投资银行（Lazard Frères & Co.）的一位总经理吉姆·戈德说道，"但我愿意帮你试试看。"

"那么你就是我要找的人了。"赫什伯格回答。

他清楚地知道自己想要一家何种类型的收购方。"我想找一家同行业，并能与我们因协同作用而产生增大效应的公司。目前，食品市场正逐渐转向'有机与天然'，业内竞争也会日益激烈。因此我们十分需要一家能为我们带来分销实力、销售实力、制造专业技能或其他优秀品质，同时还愿意让我继续全权负责公司事务的收购方。最重要的是，我希望股东们都能获得成倍于原投资金额的丰厚回报。幸运的是，我并未处于股东们的压力下，需要急于完成出售交易。和本不同，我有大把的时间去寻找一位合意的买家。股东中有几位职业投资者一直在问：'你准备做什么？'但这些讨厌的人的手中只有很少的股份，完全没有任何影响力。我拥有来自董事会的全面支持。实际上，有些股东目睹了本与杰瑞公司所遭遇的一切，甚至绝对不想让我进行出售交易。"

戈德安排赫什伯格接触了第一批潜在收购方，达能集团正是其中一家。达能集团的总部位于巴黎，是新鲜乳制品以及其他相关产品的全球领导者。但赫什伯格与该公司的并购部主管在拉扎德投资银行的纽约办公室会面之后，他只拿到了一个极低的收购报价，低到让他甚至不愿回复。所以，他只得继续寻找。"从 1998 年到 2001 年，我与 20 家左右的大公司都进行了会谈，"他说道，"你可能都找不出一家我没面谈过的、经营范围涉及易腐食品的大公司。到那时为止，我才意识到，似乎吉姆·戈德的预言是对的——我想要的是不可能得到的。"

但在 2000 年秋，达能公司联系了戈德，并询问赫什伯格是否愿意重新考虑他们的收购提议。戈德回复说，首先，达能的原始报价实在太低；其次，赫什伯格只有在他能继续掌管并运营石原农场，并不受母公司干扰的前提下，才愿意进行出售交易。赫什伯格的苛刻条件并没把达能吓跑，相反却正中达能董事长兼 CEO 弗兰克·里布（Franck Riboud）的下怀。里布很清楚他的公司并没有经营有机酸奶业务的经验，甚至对此根本一无所知。他认为他和他的员工都应该向美国人好好学习一番。如果达能想要如里布所愿，通过这次收购来获得有机酸奶业务的"真经"，赫什伯格就必须留任。而且如果赫什伯格能继续负责公司运营，里布愿意花更多的钱来收购石原农场。

此后双方的谈判就正式开始了，"魔鬼"一如既往地出现在各种细节中。双方用了将近一年的时间才磨合出交易的具体条款。数以百计的问题逐一浮现：如果赫什伯格因某种理由无法继续谈判会发生什么？如果石原农场的表现不如预期该怎么办？如果达能集团从事了一项与石原价值观相背离的生意——比如说，制造并销售某种会导致有毒废料排放的产品——该怎么办？如果达能被百事可乐公司（PepsiCo），或奥驰亚公司（Altria）——即全球最大烟草公司菲利普·莫里斯（Philip Morris）的母公司，或其他会使石原农场逐渐失去顾客信赖的实体所收购，又该怎么办？以及诸如此类的问题。

当然，此后还有一些最基本的问题有待解决，如公司管理方式、所有权，以及管理者继任问题。如何在保留石原农场自主权的同时，还能保护达能公司股东们的利益？赫什伯格与他手下的经理们究竟是会拥有达能的股票，还是会保留他们原本在石原农场的股票份额？如果是后者，他们是否会拿到股息？如果能拿到，又该如何运作？两家公司间的协议会在多长时间内维持效力？协议到期后会发生什么？如何修订协议？赫什伯格的接班人该如何选择？各种需要讨论并解决的问题似乎没完没了。

就在双方费力解决这些问题的时候，赫什伯格也有过心智动摇的时刻，认为双方没有解决全部问题的能力。有好几次他都想放弃了。他认为谈判之所以能进行下去，要归功于两个人，一个是他的律师，来自美国高盖茨律师事务所（K&L Gates）的史蒂芬·L. 帕尔默（Stephen L. Palmer），另一位是他的谈判对手，达能集团那时的并购部主管尼古拉斯·穆兰（Nicolas Moulin）。赫什伯格对他赞不绝口："尼古拉斯是一位魔术师，我们之后成了朋友，但谈判时他是我的敌人。我事后才知道他接到了上级指令，要求他一定要谈成这笔交易。但我那时完全不知情，所以我是为了日后的命运在努力谈判。当我们因收购协议中的某一点而争执不下的时候，我会说：'注意，这是行不通的。我必须回家，把每件事再理一理。'而这时手段灵活、天资卓绝的尼古拉斯往往会说：'为什么你不出去走走，理清一下思路呢？而在你飞回家之前（我们那时都在纽约进行谈判）也就是在两小时后先回一趟谈判室，看看我们那时能不能找到解决方案。'而当我如约回来时，他已经把问题解决了。因为他就是这样一个天才。类似的情况一定发生过10次或20次。"

谈判之所以进展得如此艰难，一部分原因是这种类型的收购没有前例可以效仿，或至少没有赫什伯格、帕尔默和穆兰3人所知的前例。私人公司的企业家或大股东很少会像赫什伯格一样，对公司出售之后的独立性有如此执着的高要求。同样罕见的是，一家规模巨大的上市公司竟然情愿让被收购的公司保持如此的独立性。石原农场所获得的这份特权直接来自达能集团的CEO弗兰克·里布，他认为这笔收购交易对达能集团的未来十分关键，并决心一定让它顺利完成。他将谈判

# 第八章
## 收购目的

过程托付给了穆兰，但却一直密切关注着交易进展，并会在关键时刻及时插手干预。赫什伯格回忆说："尤其有一次，我都准备好要放弃交易了，觉得自己真的坚持不下去了。然后我和弗兰克共进了午餐，是他让我重新振作起来。虽然大家都能看出来，但我实在是不吐不快：如果没有弗兰克，如果我没有获得达能集团最高层的直接支持，一切都不会发生。这不是并购部门人员向上说服了高层来完成这次收购的，而是高层的人拍板说：'我们必须完成它。'"

里布之所以如此坚定地要完成这次收购交易，是因为他认识到石原农场所运用的商业模式与达能集团的截然不同，但石原模式的效果至少与达能模式一样好，甚至可能更出色。达能集团的运营模式是一般的消费产品公司所经常遵循的那种：尽可能降低产品成本并拉高毛利，然后用获得的毛利疯狂营销，四处打广告，以吸引越来越多的人购买产品。在这个过程中，公司会建立起——或希望建立起——客户的品牌忠诚度。但由于石原农场决定以质取胜，并承诺支持家庭式牧场主，所以较之于达能公司的产品，石原产品的成本更高但毛利更低。结果就是，石原没有足够的现金流用来打广告，也没有能力采用其他传统的营销方式来构建品牌声誉。但一次又一次的调查却显示，石原所获得的客户忠诚度要远高于其他酸奶公司。赫什伯格骄傲地说："当我们的客户进入一家超市，他们不会去寻找酸奶，而会寻找我们石原农场这个品牌。"此外，与达能的各种业务相比，石原所获得的净利润要么与之旗鼓相当，要么更胜一筹。因此，里布十分渴望了解石原模式的一切秘密。

赫什伯格当然也有自己的小算盘。"我进行谈判的目的是照顾好我的股东们，但我也很希望早点解脱，不用再为他们操心。这样我就可以全身心地带领石原农场发展到更高的水平。尽管达能集团是一家大规模的跨国公司，而且也不是一家有机食品公司，但我期待自己能借用日本合气道武术'借力发力'的技法，利用达能的资产与优势来帮助和支持石原农场的发展，同时还能保有自主运营的权利。此外，我还希望能将我们的 DNA 植入达能集团。我说的不仅是石原农场的'有机 DNA'。要知道，许多有机食品公司所做的只是花最小的力气来维持'有机'这块招牌，但根本没有建立起客户对它们的信任。但可信度已经深深嵌入了石原农场的 DNA。我们的一切都是完全透明的。客户虽然十分相信我们，但我们必须依靠每天的努力来赢得这份信任。我不会把它视为理所当然。"

石原农场与达能集团终于在 2001 年秋完成了交易。整个交易过程并不容易。光是双方的购销协议摞起来就足有几英寸<sup>⊖</sup>厚，并附有一份长长的清单，列出了双方的相互义务与假设情况分析。按照双方协议，石原农场将维持其作为一家独立实体的地位，而达能集团——据报道说支付了 1250 万美元——将持有石原农场约 75% 的股份，这些股份从外部股东手中进行收购。赫什伯格自豪地说："达能集团给了我们股东极高的、数倍于原始投资的股份收购价。我不方便透露具体的价格，但在差不多时间内发生的几场收购交易中，我们拿到的价格是最高的。我现在终于可以直视股东们的眼睛，告诉他们我已经为他们做到了最好。"

赫什伯格将会与他的经理和员工们继续持有石原农场剩余 25% 的股份，但他能够控制董事会 5 个席位中的 3 席。作为交换，达能集团将拥有 3 项否决权：（1）它可以否决任何它所不同意的收购行为；（2）它可以叫停任何一笔超过 100 万美元的资本支出；（3）它可以推翻任何越界的预算，而这些界限是经双方认同的。其中，第二项否决权是最重要的，尽管赫什伯格当时并没有意识到这一点。石原农场的

---

㊀　1 英寸 = 0.0254 米。

年收入为 8500 万美元，但之前从未出现过高于 100 万美元的资本支出。然而，在短短的几年之内，赫什伯格就不得不为石原农场的几乎每一笔资本支出寻求达能集团的批准——当然，他通常都能如愿以偿。

除了上述否决权之外，如果赫什伯格未能使石原农场的营业收入实现持续增长，达能集团也希望设置一些自保手段。因此，双方拟定了一个方案，确定了在合同有效期内石原农场每年的最低增长率，直至 2016 年原合同失效为止（此后双方可以续约）。只要能达到标准，赫什伯格就可以保留对董事会的多数控制权。赫什伯格也希望在发生超出他掌控范围的事件时——例如，一架飞机从隔壁机场起飞后突然坠落，砸毁了他的工厂——他也能够得到免责保护，即便石原农场因此未达到那一年的增长率目标。最终双方决定，除非石原农场连续两年表现不佳，否则赫什伯格就不会失去他的多数控制权。此外，假设石原农场在某一年表现不佳，那么它的营收增长会对照此后一年的数据来计算，而不是此前一年。

而且，这笔交易将分为两个阶段进行。在第一阶段，达能集团将收购石原农场 40% 的股份，而这些被股东卖出的股份将由第三方暂为保管。此后，达能集团会有两年时间来为石原农场做一些实事，比如将石原农场纳入各种食品服务的大额订单，并在生产方面为它提供帮助。赫什伯格将决定达能集团是否以令人满意的方式履行了其承诺。如果达能集团做到了，它就可以继续收购外部股东手中的剩余股票。如果它没做到，就只能保留自己少数股份持有者的身份，且双方的合同将宣告无效。

赫什伯格解释说，为了维持自己在客户心中的可信度，他需要这段为期两年的考查期。"我知道很多我们公司的拥护者会质疑这项卖出交易，可能会认为我将企业卖给了大公司，背弃了做天然食品的初心。但有了这段考查期，我就可以自信地对他们说，我能决定何时及是否要完成交易。此外，这段考查期不仅会让顾客们受益，对我本人而言也是一个大好的机会，因为我也一直担心达能集团方面的表现。我对达能集团的人并不了解，也不确定我们在签署合同时是否把一切都考虑周全了。而我的朋友们，特别是那些老练的生意人，都对我说他们不看好我们被达能集团收购后的前景。但那两年真的给了我很大的信心。达能集团赢得了我的信任。我从中得到的经验就是：婚前至少先约会两年，这准没错。"

13 年后，赫什伯格完全没有后悔当初将公司股份卖给达能集团的决定。这些年来，石原农场的营业收入接近 4 亿美元；与达能集团的关系也日益稳固；而他本人已经在做自己的退场安排了。他已经在2012 年 1 月辞去了 CEO 一职，改任董事长。但他最初的继任者——本与杰瑞的前任 CEO 沃尔特·弗里兹（Walt Freese）却未能成功接掌公司。他还没做满一年，赫什伯格就请他离开了。随后，赫什伯格引入了第二位接班人埃斯特韦·托伦斯（Esteve Torrens）。托伦斯那时是达能集团的一位高管，但他之前曾担任石原农场欧洲分部的总经理，其后又成为主管营销部的副总裁，因此与赫什伯格十分熟悉。"经过两任接班人事件，我了解到现任 CEO 在确定继任者之前，最好能和未来的CEO 人选一同工作一段时间，这么做十分重要。"赫什伯格感慨地说。

回顾过去，赫什伯格认真思考了他在卖出公司之前所做的正确决定。"一个简单的经验是'如果你不问，就不会得到自己想要的。'这话听上去毫无新意，平淡无奇，但在许多情况下，事实就是如此。颇具讽刺意味的是，虽然企业家们通常都很擅长表达自己的要求，但他们中的大多数却被自己的成见所困，认为有些要求是天方夜谭。这种思维是错误的，因为我们完全没有理由这样想。如果我的交易经历证明了一点什么，那就是只要双方想要达成合作，一切皆有可能。"

诚然，成功需要一定的运气。除了其他方面的运气外，赫什伯格有幸与里布和穆兰结成谈判搭档与对手，也是此次交易顺利完成的关键因素之一。但好运并不能永远保障成功。真正起作用的是那种能赢得高"运气回报"（借用吉姆·柯林斯的说法）的能力。赫什伯格之所以能得到如此高的运气回报，是因为在达能集团对石原农场做尽职调查时，他也对达能集团做了同等程度的细致调研。

## 卖方请当心

我发现一个令人十分惊讶的事实，那就是许多企业家在出售自家企业时，并不会深入剖析其潜在收购方的收购意图。我觉得这大概是因为这些企业家们在用全副精力关注他们能从出售企业中获得什么，所以无心关注其他问题。这么做很自然，出售公司时的千头万绪也使他们不得不这么做：你需要寻找收购方、接收报价、调查审核各家收购方、从中选出自己最喜欢的一家，并在对方对你的公司进行尽职调查时做一切能做的事情以让对方保持对你公司的兴趣与信心。总之，你把一切精神能量都放在了让交易顺利完成上。

你可能会忽略的一点是，在交易启动后，这些潜在收购方们其实也同样处于一种销售状态。但他们出售的是自己的可信度、商誉、对未来的规划、满足买家要求的能力、对买家公司的高度欣赏，等等。无疑，许多买家所提供的上述信息都是真实的。但许多实例也证明了，有时卖方企业家会受到买方的误导，或者——说句不中听的话——甚至是欺骗。但卖方的遭遇也是事出有因的：事先做出的承诺有时会在事后被打破，合同义务有时会被忽略。但等到买方发现不对时，通常已经太晚了：一旦交易达成，大多数卖方企业家的权利也就随之烟消云散了。

而那些圆满退场的企业家们通常能避开那些令人不快的意外，其中部分原因是他们提前就弄清了买家的收购意图，也能预测到这些买家为达成该意图可能会对被收购企业采取哪些措施。但另一些企业家则是在交易结束后才发现收购方的"真面目"的，因此历尽艰辛才做到成功退场。博比·马丁（Bobby Martin）正属于后者。

马丁一出大学校门就进入了"美国国民银行"［NationsBank，后更名为"美国银行"（Bank of America）］，成了一名年轻的销售人员，他也是在那段时间萌生自己创业的念头的。作为一名商业信贷员，他当时主要负责银行在北卡罗来纳州威明顿市的信贷销售业务。为此，他要每日拜访该区域内的各家公司，并试图让它们对国民银行的各种金融产品和服务产生兴趣。他的销售对象遍布各行各业且规模不等，既包括仅有 5 名员工的小公司，也包括拥有数百名员工的大企业。在同一天内，他可能就会去先后拜访一家注塑公司、一家连锁餐厅和一家暖通空调服务商。他逐渐发现，他对销售目标所在的行业了解越多，就越能与对方谈得来，拿下订单的机会也就越大。

因此，他养成了在每次进行销售拜访前，都要对有关行业进行深入研究的习惯，并根据自己所学到的知识，准备好 5 到 10 个问题后再上门。"比方说，我要去拜访一家塑料产品制造商，"他说，"在事先做了一番功课后我可能会发现，在过去的 12 个月里，合成树脂和其他原材料的成本上涨了 25%。当我见到该公司的总裁并在他的办公室落座后，我就会这样开启话题：'我知道去年合成树脂的价格上涨了 25%。这件事对你们公司的营运资本有什么影响吗？'或是'这件事会影响到你们借款的信贷额度吗？'而这位总裁通常会回答说：'你怎么对这些事这么了解？'"而其他银行的金融推销员在进门后，通常只会用有关天气、体育或者其他什么话题来开场。

在对潜在客户公司的高管们做更为正式的 PPT 陈述时，马丁会采用同样的方法。他会先列出这些公司在行业中所面临的挑战，然后再将推销辞令巧妙地融入其中。比起马丁，其他推销员在缺乏这类信息的情况下，只能用一些泛泛之辞来介绍他们银行的业务，因而会立马相形见绌。

客户的反应证明，马丁的销售技术非常有效，显著增加了银行的客户数量。"但我有自己的创业梦想，"他说道，"我是那种对银行的经营方针总是十分抗拒的人，不是那些方针不好，而是因为这就是我的天性。"没过多久，他就开始考虑把他正在做的事情变成一项生意。他意识到这种方法不仅对其他银行有用，而且也适用于那些需要为各行各业的企业客户提供服务的公司，只要这些服务公司根据自身的需要略作调整即可。马丁在 1999 年辞去了他在国民银行的工作，并开始为自己要创立的"首研公司"（First Research）制定一份商业规划。该公司将会是一家信息订阅服务公司，专为有需要的销售人员提供最新的行业报告。

马丁意识到，他不得不将大部分时间用于推销这种订阅服务，并因此需要一位能帮他做研究并准备报告的合作伙伴。这个理想的伙伴最好是一家原本就为客户提供行业信息的公司。很遗憾，他联系过的公司都对此没有兴趣，但其中一家位于波士顿的公司为他提供了一份名单，上面列出了一些可能会愿意与他合作的对象。英戈·文策尔（Ingo Winzer）就是其中的一位，他在马萨诸塞州的韦尔斯利小镇拥有一家名为"本地市场监测"（Local Market Monitor）的公司，专门提供房地产分析服务。马丁认为文策尔应该是个不错的合作对象，于是决定给他打个电话。

"这是我一生中所打过的最幸运的一个电话，"马丁感慨地说，"文策尔既善良又聪明，擅长以一种清晰、简明、准确的方式来编纂行业信息，而且声誉卓著。"没错，文策尔曾撰写过数篇文章，作为一位个人住房与房地产方面的权威，他的话也常被美国专业财经报纸与期刊，如《华尔街日报》（Wall Street Journal）、《巴伦周刊》（Barron's），以及其他出版物所引用。

马丁对他提出的入伙条件是：文策尔以联合创始人兼执行副总裁的身份加入首研公司，研究并撰写最初的 30 份行业分析报告。而作为回报，马丁会给他 35% 的公司股份。文策尔同意了。"我们花费了 6 至 12 个月的时间才写完这 30 份报告，"马丁说，"然后我就开始四处兜售它们。"

与大多数初创公司一样，首研公司最初也面临着现金流不足的问题，所以两位创始人什么生意都接，无论是否与公司的主营业务相关。只要文策尔能写出报告，马丁就能卖出去。公司的现金流也逐渐有了起色。但马丁和文策尔没把这些钱作为给自己的报酬，而是在 2000 年 3 月用多出来的现金引入了公司的第三位合伙人。这位新成员叫威尔·布劳利（Wil Brawley），也是一位销售，而且是马丁在国民银行的前同事，他加入后得到了公司 10% 的股份。"这是我所做的第二件英明之举，"马丁得意地说，"第一件当然是与英戈成为合作伙伴。"因为都是银行销售员出身，所以马丁和布劳利都特别擅长向银行推销他们公司的行业信息订阅服务，而银行也正是他们在未来几年特别关注的目标客户。

没有哪种公司比一家成功的初创企业更令人兴奋的了。当首研公司在 21 世纪初一飞冲天时，它的每位员工都雀跃不已，而公司的几位所有者也从未生出过要卖掉它的念头。"那时有人会问我们的退场战略是什么，而英戈、威尔和我都觉得这个问题十分可笑，"马丁说，"我们认为，为了要卖掉一家企业而去创立它，这简直是世界上最愚蠢的做法。我们那时实在是太过无知，以至于没有任何退场战略，而且也根本不想有。我们将110%的心思都用在了客户和服务上，其余的事情都只会让我们分心。"

他们对于退场计划毫无兴趣，但却情不自禁地因公司成长而感到由衷的喜悦。到了 2006 年，首研已发展为一家拥有约 40 名员工，营业收入达 650 万美元的公司。除了银行，公司的销售人员又将销售目标拓展至许多其他类型的公司。这些新客户涉及不同行业，出售与提供包括软件、会计记账服务在内的多种产品与服务。马丁和他的两位合伙人偶尔会提及卖出公司的事情。"所以我们对公司价值有一个大致的了解，"马丁说，"但如果你的公司正处于成长阶段，你工作得很开心而且无意出售——就像我们仨这种情况——就会把卖掉公司这个念头抛开，把生意继续好好做下去。"

　　同年夏天，他们公司参加了一场在波士顿市举行的商展。马丁当时正在公司的展台坐镇，而一位来自美国"胡佛商业调查公司"（简称胡佛商调）业务发展部的女职员恰巧走过他们的摊位。她停下脚步浏览了首研的资料并与马丁进行了交谈，不由大受触动。"太棒了！"她惊喜地说，"你们公司和胡佛商调一定会非常合拍，我们应该把你们买下来。"

　　她回到办公室后，立刻致电胡佛商调的董事长，并向他介绍了首研公司的情况。不久之后，马丁接到了一通来自"邓白氏公司"（Dun & Bradstreet）业务发展部的来电。邓白氏公司是一家世界知名的商业信息服务机构，总部位于美国，并在 2003 年收购了胡佛商调公司。来电者对马丁说，邓白氏公司希望他们两家公司能就合作方式进行一些探索。随后，胡佛商调的总裁打着"继续对话"的名义，亲自飞抵首研公司位于北卡罗来纳州首府罗利（Raleigh）的总部所在地。"我十分清楚对方是为了收购我们公司才飞过来的，"马丁说，"因为如果单谈建立合作伙伴关系，完全用不着总裁亲自出马。但即便我对他的真实想法心知肚明，但我还是会与他进行接触，虽然我没打算要卖掉公司，但一切皆可出售，不是吗？"

　　当人们说"一切皆可出售时"，他们实际的意思就是，只要出价合适，那么一切都可以考虑。如果这样的话，问题就来了：什么样的价格算是合适？马丁与自己的两位伙伴商量后决定，3000 万美元上下就是他们很可能无法拒绝的价格。

但他们并不急于拿到这个报价。首研公司的发展状况良好，而且他们工作得都十分愉快。公司的销售额节节攀升，运营利润率极佳。马丁承认，随着员工数量接近 50，公司的人事管理变得更具挑战性。但他喜欢当前的公司文化。"我们的文化自由奔放，个性十足，讲求自我激励，同时还充满着青春与活力。员工流失是根本不存在的，员工们收入丰厚，而且工作氛围充满乐趣。所有员工每年都会去一个很酷的地方度假。公司的座右铭之一是：'工作是为了活着，但活着不是为了工作。'我们真心喜欢每周工作 40 或 50 小时的节奏，但我并不鼓励员工们每周工作 70 小时。我的观点是：'哥们儿，别忘了享受生活。'"

然而，马丁也一直坚持自己的观点，认为只要价格合适，一切皆可出售。在胡佛商调公司的总裁来访之后，该公司与邓白氏公司仍继续向马丁表达"爱慕之意"，但后者礼貌地拒绝了两家公司进行合并的提议。最终，他们只得向马丁询问首研公司的收购条件。马丁直接提出了 3000 万美元这个数字。双方经协商后同意以 2650 万美元成交，其中的 2250 万美元将在最后的交割会上支付。

马丁指出，他有点担心首研在出售后，其公司文化会受到影响。但这项收购交易所涉及的巨款是他无法抗拒的。"说实话，归根结底还是钱的问题，"他坦承道，"有了这笔钱，我们未来的生活方式可以更加灵活。而且，我们仨不会把这笔收购款独吞，而是计划以递延补偿的方式发放给每一位员工，让大家都能因公司的价值增长而受益，发上一笔小财。"

随着意向书的签订，收购方立刻开始了对首研公司的尽职调查。

# 第八章
## 收购目的

尽管此次调查只持续了不到 3 个月，但马丁全程感觉压力巨大，一部分是因为他犯了一个典型的错误——在负责公司出售过程的同时，还在继续管理日常运营。"这些来调查的人有一亿个问题要问我，"他抱怨说，"所以我那时兼任了两份全职工作，这也影响到了我的家庭。"那时的马丁已经结婚并育有一子，而妻子正怀着二胎。"让我感觉压力重重的另一部分原因是，我不能告诉员工们为什么我要和那些穿西装的人终日开会。根据美国证券交易委员会（SEC）的规定，我必须在尽职调查阶段将这项收购交易对员工们保密，这是非常重要的。但我们的公司文化一向是围绕着透明和开放的原则建立的。但很明显的是，由于官方规定所限，直至交易完成之前我都无法对员工们坦言公司正在发生的一切。"

双方最后的交割会于 2007 年 3 月举行，这一天也让马丁感觉度日如年。由于首研公司的许多客户都在合同中设置了不得转让条款，马丁必须确保这些客户不会在公司所有权转移后转身离去。"这种事真让人筋疲力尽，我必须和这些客户公司的法务部逐一打交道，整个过程既棘手又麻烦。"而之前这 3 位合伙人为员工们设计的递延补偿计划也给交割过程平添了一桩麻烦。在交割当日，员工们才被告知公司已被卖出的事实，但在领到支票前，他们必须先签署一份使公司免责的文件。此后，他们还被要求在邓白氏公司的股东们接到通知前，必须对此次收购事件严格保密。

但较之马丁在收购完成后所经历的一切，所有上述压力和麻烦都是微不足道的，因为随着交易的完成，它所导致的种种难以避免的后果也正在逐渐显现出来。他对交易结束后那段时期的记忆，就是长达数月的极度痛苦。他那时每日心烦意乱，以至于人生头一次需要去看心理医生接受治疗。他记得有一次医生甚至要求他在跑步机上进行一次心脏负荷试验，以确定他的心脏没有问题。回顾那段时光，我们能够很明显地看出，马丁并没有对此次收购交易会带来的改变做好心理准备。这主要是因为在交易完成之前的那段时间里，他从来没有弄清为什么邓白氏公司对做这笔交易如此感兴趣，也不清楚胡佛商调与首研公司合并后会发生什么。

例如，他没有料到当胡佛商调开始通过自己的销售渠道分销首研的产品时，会导致复杂的局面。销售人员将如何获得报酬？如果两家公司的销售人员都与同一位签约客户有密切关系，那么这份业绩该算谁的？两家公司的销售人员将如何合作？上述问题其实都是完全可预料的。同样可预料的是，随着邓白氏公司真实收购意图的日渐明朗，首研极有可能会出现运营混乱、员工恐慌的局面。但马丁却并没有预测到这一切。因此，员工们现在的痛苦程度大大出乎马丁的意料，他也因此饱受折磨。

"他们觉得一夜间天翻地覆，"他说，"一切都变了。管理层彻底换血，我也不再当家做主。老员工们都来向我诉苦，告诉我公司合并后他们所经历的种种不如意。我能感觉到他们的痛苦，并因他们的遭遇而深感焦虑。"

但如果马丁能早一点看清邓白氏公司的收购动机，这一切就不会让他感到如此意外了。毕竟，邓白氏公司并不真正需要首研公司的员工甚至它的客户群。收购方真正需要的是首研公司的知识产权——马丁所开发的那套包含不同行业信息的系统能显著提高销售人员的推销成功率，因而尤其受收购方的青睐。当然，邓白氏公司也想要得到这一知识产权所带来的现金流。不过，一旦胡佛商调将首研公司的知识产权收入囊中并纳入自己的产品组合，那么它就等于同时拥有了金蛋和母鸡，这次收购对它而言就是成功的。

最终，马丁在出售首研 15 个月后就正式离开了。那时他已经没有之前那么痛苦了，但照他自己所形容的，他仍未觉得自己的情绪已恢复"正常"。这里他所说的"正常"是指，他能与自己的前员工们——80%的老员工要么主动离开，要么遭到解雇——进行谈话，对他们的遭遇深感同情，但不至于到痛苦的程度。

他花了比想象中更长的时间，想要弄清自己是否因卖掉公司而感到后悔。当然与此同时，他也拿到了足够多的一笔钱，以至于一辈子都不用再工作了。他开始动笔写作，并撰写了一本关于企业家的书。他说他热爱写作，但也喜欢创建公司，并觉得自己或许会再创办一家公司——可能是非营利性的。但他是否还想创办一家营利性公司呢，就像首研公司那样的？"我不知道，老兄。如果要我再经历一遍当时的痛苦，我不知道自己是否还会再创办一家企业。不过第二次经历可能会更容易一些，毕竟我对退场过程有了更多了解。"在2010年，他创办了另一家行业研究公司"垂直智商"（Vertical IQ），该公司目前正发展得红红火火，还聘请了几位首研公司的老员工加入其中。

## 谢谢，但不用了

在那些将自家企业卖给其他公司的企业家当中，赫什伯格与马丁的经历明显是两个极端。他们各自的出售目的也截然不同。赫什伯格希望公司被收购后仍是一家独立的实体，原来的使命、员工以及管理层都保持不变。马丁却仅仅为了一笔让他无法抗拒的收购报价而卖出了公司，但他比自己所意识到的更在乎员工们此后的命运，但那时公司早已不在他手中，悔之晚矣。

所以，让我们重温一下第二章所传达的信息：卖出企业时，最重要的是要知道你是谁，你想要什么，以及为何想要。但从上述两位的遭遇中我们还可以推出一个结论：了解一位潜在收购方对这3个问题的答案是同等重要的。如果你像赫什伯格一样，特别执着于公司在出售后也能保留原有的文化和特性，就可以效仿一下他的做法——他并没有选择把公司运作上市，没有把多数股份卖给管理层与员工，也没有把公司传给家庭成员，而是选择把它卖给了同行的大企业，并要求保留自己的管理权。此外，他还相信其他具有使命感的公司也能效仿他出售公司的做法。但我们可以想象，如果一家收购方没有一位与弗兰克·里布风格类似的 CEO 坐镇，赫什伯格这种出售公司的方法估计很难行得通。

赫什伯格的案例并不典型。更多企业家的遭遇和博比·马丁的更为类似。他们很在意卖出公司后员工们以及公司本身的命运，但却对保持公司独立实体的地位，并仍由自己掌控一事毫无兴趣。他们所寻找的收购方是一家开明的、愿意向他们学习一些有效运营方法的公司，最好两家的公司文化也比较类似，这样他们的员工应该会很开心，而他们的运营系统也等于得到了同行的认可。有时他们这样做会取得成功，视频预警公司的创始人雷·帕加诺就是一个很好的例子（详情请见第一章）。然而，企业家们一开始看好，但后来却对其深感失望的收购方也比比皆是。

在 1983 年，年仅 26 岁的杰夫·胡安因克（Jeff Huenink）刚大学毕业还没几年，就在佛罗里达州的坦帕市（Tampa）以 18 万美元的价格买下了一家小型的投币式洗衣店，并将其更名为"阳光服务有限公司"（Sun Services of America Inc.，简称"阳光服务"），这也是他创办的第一家公司。两年后，他进行了自己的第二次收购，又买下了同行业的另一家公司。这家公司的实际经营状况远比它的前主人所认为的要好得多，因为有人一直在从店里的洗衣机中取出数额巨大的硬币。因此，其价值要远高于胡安因克所付出的收购价。他只用 6 个月就赚回了投资成本。

这项收购交易让他发现了一个潜在的商机：通过购买投币式洗衣业中那些小型而且估值偏低的公司，并用正确的方式来进行运营，就能获利丰厚。在接下来的 15 年里，他主要就是以这种方式来发展阳光服务的。通过积极参与行业协会的各项事务——他加入了其委员会并在此后当选为主席——他发展起了一个广泛的人际关系网，以便能够及时捕捉到那些有意出售的公司。每当一个合适目标出现，他就会对其采取积极的收购行动。在鼎盛时期，阳光服务的年营业收入达到了 1000 万美元，并雇用了 30 名员工。他们组成了一支异常高效的团队，员工的人均销售业绩和营业利润率都远高于行业平均水平。"我们用小成本做大事，"他自豪地说，"公司的开销很低，但效率很高，因此我们可以给员工们很高的酬劳。"

该公司蒸蒸日上地发展了十多年，但到了 20 世纪 90 年代末，胡安因克开始考虑要离开了。"投币式洗衣业已发展得非常成熟，好的收购对象也越来越难找，这让我感到十分沮丧，"他说道，"坦率地说，我不知道再过多久我们手中的技术就会过时。所以我会想：'我们的公司很棒，我对它也真的很有感情，但我是否愿意把余生都献给这份事业呢？'"

与此同时，美国的公共股票市场正在蓬勃发展，像投币式洗衣店这种能带来稳定、经常性收入的现金业务对投资者来说是极为诱人的。该行业优秀的收购对象之所以变得越来越少，正是因为收购方们都愿意付出高达 12 倍的息税折旧摊销前利润（EBITDA）将其收购。"这可能是一个千载难逢的机会。"他说道。胡安因克开始考虑出售阳光服务的不同方式。其中一种是先将阳光服务与一些其他的洗衣设备租赁公司进行合并，再将合并后的实体进行公开上市。而另一种是将阳光服务直接卖给一家求购公司。最终他选择了后者。

胡安因克分别与两个潜在收购方进行了谈判，并选中了同行的一家竞争对手，总部位于马萨诸塞州沃尔瑟姆市（Waltham）的"马克-格雷公司"（Mac-Gray）作为最后的买家。双方在 1997 年 4 月顺利成交，收购了阳光服务之后的马克-格雷公司仍会保持私营公司的性质，并计划进行首次公开募股（IPO），当初正是这一点吸引了胡安因克。这项交易的最终成交价为1400万美元，其中的760万美元是以马克-格雷公司的股票支付的。胡安因克认为，当该公司上市时，他就会凭借手中的股票在公开市场获得高倍收益。但为了保护自身的利益，以防在双方商定的期限内马克-格雷公司一直无法上市，或是其股票没有像胡安因克所预期的那样价值大涨，他提出自己有权按照双方商定的价格将这些股票卖回给马克-格雷公司。这样做实际是在保障他手中股票的最低价值。

但据胡安因克自己所说，他决定将公司卖给马克-格雷公司而不是其他求购公司的主要原因，是他觉得两家公司的"气场"很合拍。这不仅是因为马克-格雷公司有着与阳光服务公司类似的企业文化，还因为前者的高管们曾明确表示，他们十分佩服后者员工的业绩和效率——阳光服务的单位运营成本仅为他们的一半——并希望今后能效仿后者的做法和制度。如果没其他事要忙，胡安因克很乐意帮助他们做出一些必要的改变，以提高自己手中马克-格雷公司股票的价值。

但胡安因克很快发现，马克-格雷公司的高管们很明显并不准备对自家公司做出任何改变。"他们也很难做，"他指出，"要想真正有所改变，他们公司就必须大刀阔斧地精简上层管理人员，并改变整个薪酬体系和管理方式。他们的处事方式也与我们公司的完全不同，我们当然不会如此行事。但这是他们的公司，比起我的做法，他们更喜欢自己那一套。这没什么不好，在商场上也是条条大路通罗马，成功的道路从来都不只一条。"

虽然言辞委婉，但胡安因克实际上是在说，他对新东家的经营方式是极不赞同的，以至于在1998年12月，他决定将自己所持有的该公司股份全部套现。那时，马克-格雷公司已经上市，但陷于当初合同的约定，胡安因克所持有的股份无法轻易出手。但他决定争取自己应有的权利，并承认此举简直就像对公司"投下了一枚小型核弹"。

胡安因克直到后来才意识到，他的经历并不是独一无二的。"一些有过卖出或合并公司经历的企业家朋友们也和我聊过类似的遭遇，"他回忆道，"在出售公司之前，收购方会对你大谈特谈他们是多么喜欢你的经营方式，并表示自己也希望能够效仿。但这种效仿几乎不会真正发生。我认为这是因为这等于承认别人比你更优秀或更聪明，但没人会愿意承认这种事的。"

## 当投资者们背叛了你

正如胡安因克的经历所揭示的那样，你很难确切预测出在收购完成后，一家战略型收购方会怎样对待你的公司、文化和员工。一般的原则是，你越是介意公司被收购后的命运，就越要谨慎从事。在绝大多数情况下，战略型收购方的公司文化会将你们公司的取而代之。而你的员工的命运在很大程度上要取决于他们适应变化的能力——除非你已事先做出安排，保证他们能被好好照顾。

但金融型收购方会怎么做？单看其明确的投资目的，你会认为他们的行为是更容易预测的。毕竟，绝大多数专业投资者都是在用别人的钱进行投资，这意味着他们必须不断思考：（1）如何获得所需的投资回报以便让客户们满意；（2）如何将手中的高度非流动性股份变现。我们应该能够想到，专业投资者会基于上述两方面因素考虑来对被收购公司进行相应的处理，或是坚持要求原企业家亲自动手，哪怕这些处理手段可能并不利于公司的长远利益。

如果这些金融型收购方的动机总是如此清晰就好了。

可惜事实并非如此，尤其在高科技类公司领域，处处都能看到企业家们自以为了解投资者的意图却惨遭打击的例子。比如说我认识的

# 大退场
## 企业家如何急流勇退

一位经营软件公司的女企业家（姑且称她为"琼"）就在 2009 年，也就是经济大衰退来临那一年，因一家风险投资商的诡异举动而遇到种种麻烦。直至 2009 年之前，两家公司的关系还一直非常融洽，但自从该风投公司派遣了一名基层员工——我们就叫他"马蒂"——进入琼公司的董事会之后，双方的关系就变得紧张起来，甚至充满敌意。在董事会议中，这位马蒂表现得对琼毫不尊重，几乎到了蔑视的程度，并一直故意对她找茬挑事。而在董事会议之外，马蒂则一直试图打压琼在员工中的威信。几个月来，这位风投员工出尽花招，让琼的日子难过，并在很大程度上取得了成功。

压倒琼的最后一根稻草是马蒂在一次收购行为中出尔反尔的表现。当时有家公司意图收购琼的软件公司，而这次收购会显著提升琼公司的价值。马蒂开始虽然对此次收购并无异议，但却在签字当天改变了主意，并阻挠了交易的进行。"这件事完全毁掉了我在商界的名声。"琼愤愤地说。在忍无可忍的情况下，她直接找到了马蒂的老板，也是该风投公司的创始人之一。经过艰难讨论后，双方敲定了一项协议，风投公司会在满足以下 3 个条件的前提下批准此次收购。第一，琼必须辞去董事长的职务，但可以暂时留任 CEO。第二，她一共有 18 个月的时间来安排软件公司的被收购事宜。第三，如果风投公司要求琼在 18 个月后卖出软件公司但她却拒绝的话，她要辞去 CEO 一职。

琼一直对该风投近几个月的"怪异"行为有所不解，这份协议让她若有所悟，但她仍未彻底弄清对方的意图。"一切都是控制权的问题，"琼说道，"这家风投公司想要在投资获利后立刻套现，所以害怕我不同意卖掉公司。"但她仍然不明白，为何该公司如此急着卖出手中琼公司的股份，以及它为何一直在提高琼公司价值的道路上设置各种障碍，从而使它所持的股份无法升值。

这个谜最终被一位投资者揭开了。此人投资了琼一位友人所开办的公司。该友人对这位投资者谈到了琼的遭遇，后者回答说："看看她公司的分配规定。"此人的意思是说，琼可以去查一下按当初的风投协定，琼公司最终的售价会对股东们的收益分配方式产生怎样的影响。

于是，琼让她的投资银行家去查了一下，看到结果后的她恍然大悟。当年，这家风投公司用投资换取了琼公司的优先股（preferred stock），如果琼的公司最终能以 3000 万至 8000 万美元之间的价格售出，前者就能得到一大笔固定的现金回报。琼公司的其他几个私人股本投资者也与琼签署过类似的协议。但琼公司的普通股持有者们，包括琼本人在内，只有在这些优先股的持有者们拿到约定的投资回报后，才能拿到自己的那一份。然而，如果公司的售价超过 8000 万美元，优先股就会被转化为普通股，而所有的钱将会根据每位股东的持股数量来分配。

因此，从这家风投公司的观点看，琼公司的售价无论是 3000 万美元、8000 万美元，还是介于两者之间的任何金额，对它而言并没有什么区别，公司因此得到的投资回报都是一样的。没错，如果琼公司的售价超过了 8000 万美元，它的收益份额也会因此而增加，但所增加的金额不足以让它冒险等到琼公司的价值上涨到那个水平，尤其考虑到延迟交易可能产生的种种固有风险。

"这真是我的顿悟时刻，"琼感叹道，"如果我早一点想到这些，就会用完全不同的方式来处理这种情况。"

琼也理解为什么该风投公司并未解释它的立场。因为它在琼公司的董事会拥有一席，所以对董事会所代表的全体股东负有信托责任。如果它承认了自己的真实动机，就等于给自己招来了一场诉讼官司。琼向她曾拜访过的风投公司创始人求证自己的结论是否正确。"我告诉他：'我终于发现你们一切所作所为的真实动机了。'并向他说明了我掌握的情况。他只是回答道：'你的数学不错。'"

## 两位买家

琼通过自己的经历发现：一，私人股本投资商会有自己的小算盘；二，他们行为的真实目的很难被识破。当然，她不是第一个有此发现的企业家，也不是第一位落入他们算计，体验过他们为实现自身目的而实施的种种伎俩的企业家。实际上，她的经历并不比巴兹尔·彼得斯（详情请见第六章）在卖出他的公司——历思工程时所碰到的一切更糟糕。而类似的事件在硅谷更是数不胜数。甚至还有一家"被风投者"网站（thefunded.com），专门致力于为投资集团进行评级，以及讲述企业家与风投公司之间"不得不说的故事"，尤其是那些结局比较悲伤的版本。该网站的创始人阿德奥·雷西（Adeo Ressi）正是一位连续创业者，他本人与风投公司打交道的经历更是令人毛骨悚然。

然而，也有许多风投者和私人股本集团为他们所投资的公司增添了巨大的价值，并使其创业者有可能以他们所期望的方式退场，马丁·巴比奈克（详情请见第三章）正是一例。他所创建的三网公司就是在私人股本公司"美国泛大西洋投资集团"的帮助下，既获得了资金，又提升了价值，也难怪巴比奈克一直对它称赞不已。类似的正面案例同样是数以千计的。

不过，你有时的确必须深入挖掘金融型买家和投资者的动机，这么做准没错。因为无论他们的行为从表面上看有多么不合理，其背后通常都存在一个理性的原因。你越能看清他们的真实意图，自己的处境就会越好。当然，最理想的情况是你能在卖出公司前就做到这一点。但有一点千万要记住——如果一家公司决定接受私人股本投资，那就意味着它已经做好了在 7 年内被卖出的准备。

保罗·施皮格尔曼（Paul Spiegelman）就因为不知道这样一个潜规则，于是在 2009 年，也就是他开始考虑出售自家企业"百瑞健康公司"（Beryl Health）股票的那一年，陷入了一种进退两难的处境。在 1985 年，施皮格尔曼和他的两个兄弟一起，在他们父亲的洛杉矶律师事务所的一间小会议室里创办了自己的小公司，公司最初的名字叫作"应急响应系统"（Emergency Response Systems），整个公司是围绕着由施皮格尔曼的哥哥马克所研发的一个医疗装置建立起来的，该装置能帮助医院每周 7 天、每天 24 小时持续监控危重病人。施皮格尔曼哥仨那时会轮流守在警报屏幕旁边，等待某位安装了该装置的病人发来呼救信号。施皮格尔曼说，除了偶尔接到几次警报，他们当时的生活主要就是吃比萨、看电视。

不过，他们的命运在 1986 年出现了转折。他们有位客户在一家地区医院工作，这家医院希望找人接听患者打来的电话，并为他们介绍一位转诊医生。这位客户意识到施皮格尔曼兄弟有大把的空余时间，所以就向他们询问是否愿意处理这种来电，医院愿意为此支付每月 3000 美元的津贴。兄弟三人抓住了这个机会，并逐渐把业务做大，最终使公司发展为如今的百瑞健康。

在最开始，一切都很简陋。施皮格尔曼在他的商业大作《为什么人人都在微笑？》（*Why Is Everyone Smiling?*）中写道："我们基本上只要接听电话，并读出索引卡上不同医生的名字就行。但我们马上就清楚地意识到，如果全美任何一家医院想与其所在的社区居民保持紧密联系，最终都需要提供这种服务。"

他们的重大人生机遇出现在 1995 年。当时，哥伦比亚/美国医院公司（Columbia/HCA，以下简称哥/美）——现更名为"美国医院公司"（Hospital Corporation of America）——发起了一个项目，目的是开发一个全公司范围内的客户战略，其中就包括有关转诊医生的内容。兄弟三人想方设法进入了该项目的候选名单，考虑到哥/美是当时世界最大的营利性医疗机构运营商，这是一个难能可贵的重大机遇。他们整整花了 9 个月的时间，精心制作了他们能力所及的最佳提案。尽管一家微不足道、籍籍无名的小公司通常很难中选，但他们最终还是赢得了哥/美的合同，连同一笔丰厚的预算，用于在达拉斯（Dallas）地区建立一家规模巨大的呼叫中心。

兄弟三人为此激动不已。他们仍在老家加利福尼亚州继续经营，但每周都会通勤往返于得克萨斯州的达拉斯市。头两年一切进展顺利，但 1997 年哥/美突然陷入一场有关记账方式的重大丑闻，而三兄弟的最大支持者、哥/美 CEO 里克·斯科特（Rick Scott）也因此被迫辞职。他们担心自家在得克萨斯州的生意也即将走向尽头。然而，美国医院公司（HCA）却不仅让他们继续执行合同，而且还愿意以几分之一的造价把建好的医院卖给他们。这改变了一切。他们突然拥有了一家最先进的呼叫中心，可以作为一个平台来改善和扩大他们所提供的服务。到了 1999 年，他们决定是时候将达拉斯的业务并入公司，并将公司更名为"百瑞"（Beryl），这个词在英文中是指一种颜色丰富的宝石。

施皮格尔曼欣然承认，因为他们没接受过专业培训，经验也非常有限，所以他们在经商之路上必须摸着石头过河。但这样摸索着创业的好处至少有一点：你并不了解行业的传统智慧，也不认识任何专家，所以你做事的方法一定是那些受过培训且经验丰富的创业者们所不会尝试的。在这一过程中，有时会出现你做出了某种创新但却毫不自知的情况。而施皮格尔曼兄弟正是这样创造出一种盈利丰厚的经营模式的，他们一路将公司做大，成为全美领先的外包病人通信服务提供商。

百瑞将企业文化视为重中之重。尽管三兄弟在一开始连"企业文化"这个术语都没听说过，但却用十多年的时间倾力打造出百瑞现在所特有的企业文化。在他们心中，百瑞只是试图在公司维持一个友好、乐观、家庭式的环境，让员工们可以心情愉快地努力工作，并为客户提供高水平服务。此外，宽敞舒适的办公环境也起了很大的作用。多亏当初哥/美公司的慷慨，百瑞一反人们心目中对呼叫中心的刻板印象——光线昏暗、单调沉闷、一排排的接线员蜷缩在自己的小隔间里。相反，员工们的办公室开放宽敞、光线明亮，天花板高挑，墙纸鲜艳。几乎每一天，你都会看到一些员工的小隔间上方漂浮着一束束生日气球。如果你等待来电的时间足够长，就会看到一只踢足球的熊，或一组模仿迈克尔·杰克逊的滑稽艺人，甚至是身穿全套斗牛服、脚踩溜冰鞋的公司 CEO 在办公区域来回穿梭。

尽管保罗·施皮格尔曼时任公司 CEO，但他的弟弟巴里（Barry）才是这种"幸福文化"的代言人（他们的哥哥马克在 2000 年离开百瑞并另创了一家公司）。巴里与客户和员工们之间的感情一直极为深厚，因此他在 2005 年因脑癌而去世一事，造成了公司上下的震动。人人都知道迟早会有这么一天。在处于缓解期 17 年之后，癌细胞在 2003 年卷土重来。尤其是在巴里在世的最后 3 个月，全体员工都自发地努力维持百瑞医疗的正常运营，以便让保罗能空出精力照顾弟弟的身体与满足其家人的需求。许多员工都在想尽办法来支持施皮格尔曼兄弟，并以祈祷守夜、分享回忆，以及提供情感见证等方式来表达他们对巴里的敬意。

施皮格尔曼不禁被员工们对弟弟的真情流露所深深感动。尽管他因失去了一位兄弟密友和知己而悲痛，但也因百瑞员工对他们的支持所振奋。员工们的反应坚定了他和巴里一直以来在运营公司方面所坚持的信念：把员工放在首位。"看到员工们因为你关心他们而反过来关心你，这是一份无价的回报，"他感叹道，"他们就像我的另外一大群家人。"

他还清楚地意识到，自己现在已经是公司仅剩的一位创始人，百瑞的未来就是他一个人的责任，大伙儿都指望他为公司未来做出正确决策。这里的"大伙儿"不仅指公司员工，还有巴里的妻儿、马克的家人，以及他自己的家人。他必须做出一个重大决策：引入外部投资者，从而为公司提供成长资金或增加一点流动性。在 21 世纪初，很多求购公司都曾试探过两兄弟是否愿意卖出百瑞，但两人觉得对这些公司都不放心。施皮格尔曼说，兄弟俩都有点被吓到了，因为这些一直上门拜访的投资银行家们各个都巧舌如簧、咄咄逼人，让他们甘拜下风。他后来在自己的书中描述道，"这就像是 3 只小猪对付一只超级有钱的大灰狼。"为了让自己多获取一些相关经验，他最终同意坐下来与几家潜在收购方及其代表进行面谈。但他最终并没有和对方谈出什么结果，因为他确信这些人对百瑞获得成功的原因一无所知，并因此无法给出一个值得他考虑的报价。

然而，在 2009 年年初，引入外部投资的问题又回到了台面上。那一年，国会正为通过有关医疗保健的重大立法而做着各种准备，而各家医院也面临着来自监管机构越来越大的压力——要求它们改善病人体验。在这样的背景下，施皮格尔曼能够看到，百瑞的面前正是一条金光大道，但路上也存在不少障碍。当时公司已将年营业额做到 3000 万美元，并拥有 300 名员工，能为全美各地的医院处理所有类型的病人来电。如果公司能加快发展速度，甚至哪怕只是进行几次收购，就能在未来 5 年内快速提升其行业影响力，成为一家规模是当前五六倍的业内重量级玩家。反之，如果公司没有对技术和产品开发进行大量投资，其行业领军者的地位就有可能不保。

和施皮格尔曼一样心明眼亮的百瑞高管们也急于抓住当前的种种机遇。在过去的两年里，施皮格尔曼升级了公司管理团队的阵容，挑选出一些雄心勃勃并具有管理大型企业经验的有志之士加入其中。他觉得自己有义务给他们提供一个展示才华的机会。

此外，他引进外部投资也是出于一些个人理由。首先，他认为公司要想达到他所设想的发展速度，就需要一位比他更有经验的 CEO。

而外聘一位 CEO 需要花一大笔钱，只有借助外部资金才能找到一位合适人选。为了给未来的 CEO 腾出位置，他已经准备要转岗为一名活跃的董事长，这样他就有时间从事一些他十分感兴趣的外部项目了（包括在我的支持下建立起"小巨人社区"<sup>⊖</sup>）。自从他的书出版以来，施皮格尔曼就越来越相信，他所传递的信息——即创造伟大的工作环境以及以人为本的公司文化的重要性——是其他企业家都乐意聆听的。

在 2009 年春，施皮格尔曼开始寻找一位投资银行家，他面试了多家公司，最终选定了一家规模不大，但他已认识多年的投行"关联健康资本"（Nexus Health Capital）。该投行花费了数月时间来准备百瑞的交易手册。到了 8 月，百瑞向各家潜在收购方发出了"传情信"，并收到 20 份初始报价，全部来自私人股本集团。在给出报价的这 20 家公司中，有 12 家受邀参加了百瑞举行的为时 5 小时的管理团队陈述会。"我从未有过出售企业的经历，"施皮格尔曼说道，"所以当了解到我要仅凭一次 5 小时的会议就决定自己未来的商业伙伴时，我感到十分震惊。我说：'这种事我做不到。我必须更了解它们才行。'"所以，这 12 家中又被选出 5 家，与施皮格尔曼进行下一阶段的讨论。施皮格尔曼对每家求购公司都提出了同一个问题："除了钱，你还能为百瑞做些什么？"

最终脱颖而出的是一家总部位于芝加哥市、专门投资医疗保健业与金融服务业的私人股本公司"折点福特"（Flexpoint Ford，简称折点）。该公司的合伙人似乎对能够投资百瑞感到非常激动。他们明确表示出对百瑞公司文化的仰慕之情，并十分欣赏该文化在公司财务方面

---

⊖ 《小巨人》（*Small Giants*）是本书作者的另一本知名的商业管理大作，该书以美国 14 家小企业的案例为代表，讲述了企业家如何建立一家既能赚钱又不放弃自身价值观的企业。此处的"小巨人社区"，应该就是一些具有类似志向的企业家们所组成的一个团体。——译者注

所做的贡献——最突出的一点是，正是公司文化让百瑞能比同行竞争者们收费高出 40% 之多。但使这家投资公司最终胜出的一张王牌是，他们通过业界联系人的介绍，为百瑞找到了一位拥有可靠履历的 CEO 候选人。这位经验丰富的执行官名叫帕姆·皮尔（Pam Pure），之前她一直在为美国的医疗保健巨头麦克森公司（McKesson）工作，担任"麦克森技术供应商公司"（McKesson Provider Technologies）的总裁，并在 7 年间将公司业绩从 9 亿发展到 30 亿美元，利润率从 5.8% 提升至 10.7%。皮尔女士现在正在寻找一家优质企业，以尽展所长，而百瑞似乎是个很理想的目标。她喜欢百瑞的员工、文化，以及这家公司所经营的业务。她很容易就看出，百瑞有潜力在五年内突破年业绩额 2 亿美元的大关。而施皮格尔曼也很容易看出，皮尔女士正是一位能带领公司前行的 CEO 人选。

一切都在有条不紊地进行着。首先，折点公司向百瑞递交了一份意向书，其中的初始收购报价比施皮格尔曼所希望的要略低一点，但已足够接近。而百瑞则向折点提交了一份对未来一年的业绩预测。接下来，折点开始对百瑞展开尽职调查。在接下来的两个月里，施皮格尔曼的情绪因出售过程的推进而起起落落，似乎每天都会出现一项新进展与一系列新问题。折点主要关注的是百瑞对未来几年的发展预测。尽管在过去 7 年中，百瑞每年的销售额和利润都保持了两位数的稳步增长，但它却并未设置一个销售部门，因此折点对这份预测的可靠性提出了质疑，并相应地减少了对百瑞的估价。施皮格尔曼对此十分恼火，但他还是决定接受这个较低的价格。不过，令他更为困扰的是折点公司对短期目标的关注。

说来也奇怪，让这项收购交易彻底终结的人竟然是帕姆。她在 2010 年 3 月的一个晚上致电施皮格尔曼，要求与他面谈。两人在第二天共进早餐时，帕姆对他说，当她收到百瑞 2010 年第一季度的业绩数字后，整整两晚难以入眠。她已经判断出百瑞不太可能达成 2010 年度的财务预期目标，而从某种程度上来说，这未让她感到惊讶。百瑞公司没建立预测制度、没设置预测人员，更没有做预测的传统，总之，它并不是为了预测而生的。但私人股本公司作为他人资金的投资者，其业绩必须具有可预测性，这是它们无法撼动的"刚需"。对百瑞而言，在头两年想要达成预期的业绩目标压力极大。而折点那边已经在建议说，百瑞无须填补重要的销售职位，注入的资金也可以不用于完成利润目标。"这就是我想说的，"帕姆坦言，"你在百瑞所创建的一切可能会因为折点'短期见回报'的需求而毁于一旦。"此次收购交易除了会对百瑞造成潜在威胁外，帕姆还担心它也会让自己处于一种两难之境，她将被迫在维持公司文化与满足投资者需求之间做出选择。

帕姆的话起了作用。施皮格尔曼很快就正式通知折点公司，出售交易就此取消。

在接下来的几个月里，他对自己刚刚经历的一切进行了一番漫长而认真的思考。这次失败的收购对他的未来意味着什么？对百瑞的未来又意味着什么？他迟早有一天是要退出公司的。鉴于目前对私人股本的运作方式已经有所了解，他应该为退场那一天的到来做哪些准备？在 2011 年 3 月 3 日他仍在思考这些问题，并给我发了一封电子邮件：

我一直在想，把一家"小巨人"型的公司卖给一个金融型买家，并期望它仍能保持"小巨人"的性质，这种想法是否现实？在与私人股本世界打过交道后，我不认为金融型买家的经营模式会支持像我们这种公司的管理方式。对他们而言，公司就是商品。他们只是为了通过再次卖出收购来的公司而获利，而且会为了获得理想的投资回报而无所不为。我完全看不出他们会像我们一样，尊重百瑞的文化、员工，以及与客户之间的互动。这就是为什么一旦从创始人手中接手公司，他们就会对一切做出改变。对我这样的公司来说，如果想让公司继续发展下去，最好的选择只有两种：要么将股份卖给一项员工持股计划

（ESOP），要么在企业内生成足够的利润来维持企业的长远发展。我很想知道你对此做何感想。

我就把本书第四章的内容讲给他听：那些独立、私有，以及在连续 3 代甚至更长时间内能一直保持着高效能文化的公司，要么是员工所有制公司，要么是家族企业。

施皮格尔曼目前最需要解决的问题是：现在该怎么办？他手下的高管们渴望去实现他们在折点公司出现前所设定的目标——即百瑞在外部资金的帮助下所能达成的业绩数字。但这需要施皮格尔曼在精神上以及财务上做出一项重大承诺。那么，资金从哪里来？一种选择是向银行贷款。但自从公司早年上过一家银行"特殊资产"部（即不良资产处理部）的黑名单以来，他就对负债产生了强烈的反感。而另一种选择是，通过扣除公司更多的利润来获得一部分成长资金——并因此减少其息税折旧摊销前利润（EBITDA）；再通过投资施皮格尔曼本人的自有资本获得另一部分资金。他决定采用第二种做法。

此前寻找一家外部投资者的经历让他学到了很多，比如说，像百瑞这样的公司该如何创造公司价值。其一，至少就目前的状况而言，百瑞缺少一支能对未来营业额做出可靠预测的销售团队。其二，公司产品组合的多样化也有益于提高公司价值。其三，百瑞很容易被视为一家只有一技之长的公司，在收购者眼中，这是一个削弱公司价值的短板，因为公司几乎只和医院的营销部进行全部业务往来。其四，百瑞手中的技术有待提高。施皮格尔曼发现公司可以通过技术升级来获取巨大收益——比如说，将公司的客户平台全部上传至云平台。

随着百瑞一步步做出上述改进，需要支付的账单也越积越高。公司的年均经费竟然增加了 500 万美元。施皮格尔曼再次升级领导团队时为公司新增了 6 位高管，这也是年经费增加的原因之一。在 2011 年秋季的某个时候，百瑞的 EBITDA 已在触底后开始出现反弹，但施皮格尔曼能够看出，公司要想获得投资的全部收益，还有很长的路要走。这也给了他一点暂时休整的时间。"曾有几次我的首席财务官对我说：'保罗，我认为你必须投入更多的钱。'但我觉得自己已经到了山穷水尽的地步，无力再追加投资了。"他感慨道。

就在那时，他接到了"空间循环公司"（Stericycle）商业发展部的相关人员打来的电话。该公司是一家处理医疗废物的上市公司，市值17亿美元，总部位于美国伊利诺伊州的森林湖市（Lake Forest）。"空间循环"最近新成立了一个患者通信部，想与百瑞共同探讨一下合作事宜。施皮格尔曼告诉对方他很乐意与之交流，于是对方的两位代表就从芝加哥市飞抵百瑞总部与他会面。

这次会面开启了双方为期9个月的讨论与磋商，其间，对方公司还几次派人来访百瑞，而每次加入"观光团"的高管也越来越多。空间循环公司明显有兴趣收购百瑞，但施皮格尔曼回复说，他认为出售时机未至，还需要4年或更久的时间，他的投资才会开始获得回报，那时百瑞的盈利能力也会高于他刚开始进行公司整顿时的水平。他建议双方过几年再谈收购的事情。

但空间循环并不想再等下去，其代表要求查看百瑞的一些财务数据，并根据这些数据粗略计算出百瑞的市值。施皮格尔曼再次拒绝了对方，并解释说如果他决定卖出百瑞，除价格之外还有许多需要考虑的因素，尤其是收购方对待公司文化的态度。至于公司估值方面的问题，他初步估算了一下百瑞从投资中充分获益后所能达成的利润率，并据此推算出了一个价格。他对空间循环说，只有收购报价到达该价格的范围，他才会考虑出售。

空间循环对他的回应表现得泰然自若。此后，双方进行了更多的互访和磋商。最终，空间循环母公司的首席执行官（CEO）与首席财务官（CFO）双双来访，亲自参观视察了百瑞。"我就知道，只要他们一来，我们的价值就会上升。"施皮格尔曼笃定地说。令他印象特别深刻的是，对方的 CEO 似乎立即领悟到了公司文化对百瑞的重要性。这位 CEO 表示，他希望空间循环也能发展类似的文化，也许施皮格尔曼能帮上忙。

此时，双方的谈判还远未进行到可以开展收购交易的地步。施皮格尔曼决定与百瑞的 4 位重要经理人一起飞往对方办公室所在地芝加哥，向对方介绍百瑞整个发展战略的进展情况。据施皮格尔曼在空间循环的主要联系人说，他们公司的人都被百瑞高管们的表现"镇住了"，因为比起他们公司新成立的患者通信部的高管们，百瑞团队明显更为成熟老练、经验丰富。

随后，空间循环的 CEO 同他的 CFO 再次来访，双方就此达成了初步的收购意向，并通过一通后续电话正式敲定了此事。空间循环的报价比折点公司所给出最高报价还多出了 50%。实际上，这一报价不仅包含了施皮格尔曼的全部投资数额，还加上了他推算出的百瑞未来的业绩——很明显，对方完全相信百瑞有能力实现预期增长目标。

在双方通过了收购协议的大纲后，空间循环将开始对百瑞展开尽职调查。施皮格尔曼上次也经历过尽职调查，并觉得整个过程令他十分不快。"上次的尽职调查让我从头到尾都焦虑不安，"他抱怨道，"我体重暴增，无心运动，之后花了一年半的时间才恢复过来。但这次却完全不同。在整个过程中，我觉得特别放松和平静，甚至我妻子都注意到了我在这两次尽职调查中截然不同的表现。"

他的平静来自哪里？"根据我上次的经验，金融型买家在进行尽职调查时，想找的是那些能让他们有理由压低收购报价的东西。在折点公司做完尽职调查后，我必须接受他们对报价的大幅削减，这当然给我带来了很大的压力。虽然空间循环派出了更多的人来进行调查，但整个过程让我感到十分舒服。对方的每个人都很好相处，他们也不是来找茬的，而是希望证实我方所提供信息的真实性。两次尽职调查简直是天壤之别。我认为，这是因为私人股本集团的人只有 4~6 年的投资时限，他们现在所给出的收购价会对他们几年后的投资回报产生重大影响。但战略型收购方却希望能永远留住你的公司，所以他们只是想确认你并没误导他们。"

整个交易最终在 2012 年 11 月 1 日圆满结束。空间循环为百瑞的 13 位高管提供了优先认股权。其 CEO 还明确表示希望施皮格尔曼能继续留任。后者同意至少会再工作一年时间。在接下来的几个月里，施皮格尔曼耳闻目睹的一切都是惊喜而非惊吓。尽管他在百瑞保留了一间办公室，但他并不经常待在那里，而高管们在没有他的情况下仍然做得很好。其中几位高管还受邀去空间循环承担更重要的责任。

随着时间的推移，施皮格尔曼也发现自己为空间循环这家公司做了很多的工作，而公司也正式将他任命为"首席文化官"。他所做的大多数工作都是围绕在空间循环公司其他各部门推广公司文化。在这方面，他得到了 CEO 和其他高管的大力支持。施皮格尔曼做得越多，就越愿意去做。"我对能否中途改变一家公司的主流文化这个问题十分着迷，"他在出售交易完成一年后说道，"尤其是一家大型上市公司的文化。这真的是一份有趣的工作，我在卖出公司时从没想到自己现在会这么开心。"

此外，公司更希望施皮格尔曼能以一家被收购公司前所有者的身份，与那些空间循环希望收购的公司的企业家进行对话并展开合作。鉴于空间循环的收购速度——每季度收购 8~10 家公司——施皮格尔曼有足够多的机会观察那些处于不同退场阶段的企业家们，并将自己在同时期的情绪与他们进行比较。"我简直无法相信，竟然有那么多企业家在售出企业后情绪大变，"他感慨道，"他们简直变得判若两人。但我能理解，因为我们的生活就是这样，有些人可能很多年都走不出来。所以我一直在提醒自己是多么幸运，能在卖出公司后还过得这么好。"

接下来的一个重要问题，也是下一章的主题，即在出售公司后，企业家如何才能适应身份的转变，顺利度过这段人生的过渡期。

# 第九章

## 飞越彩虹

退场并未结束，直到你完全投入下一段人生。

那些有过完整退场经历的企业家们通常会告诉你，退场比创业更难。兰迪·伯恩斯（Randy Byrnes）对此深有体会。他在 1975 年开始了自己的创业之路，那时他年仅 24 岁，正在宾夕法尼亚州约克市的一家职业介绍所工作。他当时已在这家介绍所工作了整整 9 个月，职务是"就业顾问"。作为一名刚毕业的心理学硕士，他在求职时误以为这份工作能让自己一展所学。但他很快发现，所谓的"就业顾问"其实就是一名销售，根本算不上什么顾问。但他需要钱，所以就一直留了下来。一天，他正和往常一样忙着接听电话，他的老板突然邀请他共进午餐。午餐时老板对他说："你可以考虑买下这家公司。"

"拿什么买？"伯恩斯问道，"我没什么钱，而且已经欠你钱了。"

但这位老板拿出了解决办法。这家公司对他而言是一项投资——而且在当时看是一笔比较糟糕的投资——而他似乎认定拿到投资回报的唯一方法就是让其他人从他手中慢慢买下公司。他抽出一张餐巾，并在上面写下了交易条款：伯恩斯将在 7 年内每月付给他 450 美元，而且每次他俩会面时都要带上一瓶加拿大陈酿威士忌"施格兰

# 第九章
## 飞越彩虹

V. O."。那天下班回家后，伯恩斯把这个消息告诉给了自己的妻子苏（Sue），"嘿，我们就要买下我工作的这家职业介绍所了。"他兴奋地说。而苏却一下子哭了起来。

苏的不满和哭泣是有充分理由的。那时，她是一名在急诊室工作的护士，年收入仅有7000美元。她丈夫还欠自己老板1000美元。他俩的父母也都对这件事表示强烈反对。伯恩斯根本没有从商经验，也从未接受过相关培训。"我在大学里没上过一节商务课程，"他坦言，"再也找不到任何一个对做生意比我更一无所知的人了。"

但无论如何，他与苏最终决定接收公司，并认为这是一次让伯恩斯走上企业家之路的最好机会。他把这个决定告诉了老板，老板让他在一份两页纸的合同上签字，就算正式成交了。他俩一起通知了公司的其他9名员工，其中7名都决定辞职。伯恩斯知道这不是因为她们和他有任何私人恩怨，而是因为她们都是单身母亲，必须找一份可靠的收入来源。

尽管缺乏专业资质，但结果证明伯恩斯是一位非常优秀的生意人。公司从一家职业介绍所（客户是那些正在找工作的人）起步，又发展出一项"临时就业服务"（客户是那些正在寻找基层员工的公司），以及一项"搜寻业务"（专为企业客户招收中层专业人士，如工程师或程序员）。有几位客户对公司的一位负责临时就业服务的销售员说，他们对以上两项服务的混合版，也就是"临时性中层专业人士"也有需求。这位销售人员把原话转告给了伯恩斯，但伯恩斯在做了一番研究后发现，这块市场并没有太大潜力，不值得去挖掘。"我告诉了这位销售员我的想法，然后——上帝保佑她——她双手撑在我的办公桌上对我狠狠地说：'听着，我们需要抓住这个业务。'我回答说：'好吧，霍莉。不过，如果你觉得我们应该着手去做，那你去想办法。'而她还真想到了。这块业务在此后3年加速了公司的成长。"

到了 20 世纪 80 年代末，公司更名为伯恩斯集团（The Byrnes Group），已在宾夕法尼亚州的东南部拥有 3 间办公室，40 名员工，年营业收入约 1200 万美元，并仍在继续成长中。伯恩斯继续在公司施行一些先进的管理措施，其中包括开卷式管理。这种管理方式不仅提高了员工表现，增强了企业文化，还使公司营业额得到大幅攀升。1994 年与 1995 年是伯恩斯集团发展历程中的两个重要的年份，集团的年营业收入达到了 3200 万美元，员工数量也增加到 48 位。

但就在那段时间，伯恩斯自身的状态出了很大的问题。"我会发现自己在下午两点坐在办公室里，大脑空空，既不考虑客户，也不考虑工作，就那么坐着。我对自己说：'这可不行。大家还以为我在为他们的幸福努力工作呢，但我却没有。'这让我感到很不舒服。如果我让别人帮我做事，却耽误他们的本职工作，这会造成很坏的影响。有些企业家对公司毫无贡献却还要继续把持着公司不放，这种人是我无法尊重的。"

在如此糟糕的状态下，伯恩斯决定必须卖掉公司，并告知了他手下的得力干将，同时实际上也是公司的二把手——琳达·罗翰尼兹（Linda Lohenitz）。对老板的不安状态早有所察觉的罗翰尼兹于是提出，她有位朋友在另一家人力资源公司任职，和她一样也担任经理一职。这家公司叫"首系统"（System One），位于美国佛罗里达州的坦帕市（Tampa）。伯恩斯恰好认识它的创始人兼 CEO 约翰·韦斯特（John West），并对他留下了不错的印象。所以当罗翰尼兹问伯恩斯是否要让韦斯特知道他有意卖出公司时，伯恩斯表示了同意。罗翰尼兹传话过去后，很快得到了对方的回复，她转告伯恩斯说，韦斯特希望和他讨论两家公司合并的可能性。

伯恩斯在与韦斯特联系后，亲自飞往首系统的总部所在地坦帕市，参观了公司，并与几位重要高管进行了会面。首系统全公司上下生气勃勃，领导人各个能力出众，在韦斯特的努力下，公司还成立了一个顾问团，由一些具有专业知识、经验丰富，能弥补韦斯特本人不足的外部顾问组成——这一切都给伯恩斯留下了深刻的印象。更重要的是，这两家公司的价值观似乎非常一致。他怀着对交易成功满满的信心返程了。

然而，最后的结果证明，谈判比他想象的艰难得多，主要是因为他在谈判中途对自家企业的估值发生了改变。伯恩斯认为，出售企业的他较之于收购企业的韦斯特而言是处于劣势的，因为这家公司对两者的意义大不相同。较之于他卖出公司的恋恋不舍，韦斯特对这场收购的态度云淡风轻，似乎可有可无。他最终接受了他觉得不划算的交易条件：一笔约50万美元的现金首付，首系统公司22%的股份，以及该公司董事会的一个席位。他认为自己输掉了谈判，将公司以低价卖掉了，这种心态给双方在1996年10月29日举行的成交会蒙上了一层阴影。

而这只是一个开始。伯恩斯很快发现，一个退场过程最困难的部分是在交易之后的过渡期。他花了大约15年的时间才满怀信心地说出，他已经不再关注自己曾经拥有的公司，他的人生出现了下一个目标。

# 直至井水干涸<sup>⊖</sup>

我怀疑大多数企业家并不真正理解他们从经营一家公司的过程中获得了什么，而直到失去后才追悔莫及。毕竟，企业家们都是一些以

---

⊖ "直至井水干涸"原出自《圣经》约翰福音四章（John 4），原句为"Because the well runs dry, we know Jesus is the river of living water."意为：正因为井水也会干涸，我们才知道耶稣才是活水的江河。——译者注

行为或目标为导向的人，否则他们也成不了企业家。从本性上而言，较之于深思因拥有并运营一家企业而获得的精神回报，他们更专注于应对企业的当前需要。不过，一旦你不再经营企业并从中获得这些精神满足感时，就会情不自禁地感到失落。你可能都不知道自己究竟失去了什么，并把自己的不幸归咎于除退场之外的其他原因。你可能觉得是自己的脑子出了问题。我认为这没错：问题正是出在你的头脑里。但这个答案并不会让你的损失变得不真实，也不会让你更容易缓解退场后的消沉情绪。此外，除非你确认了导致自己情绪焦虑的真实原因，否则很难自我治愈这种"退场后综合征"。

与我们已经谈论过的几位因卖出企业而饱受折磨的企业家不同，兰迪·伯恩斯最后成了一位专门研究退场的学生——字面意义上的"学生"。在两个女儿的鼓励下，伯恩斯决定重返校园读书学习，在此期间，他用了9年时间来理解并克服自己的失落感。"女儿们问我是否想过要回到大学任教，"他说道，"我认为她们其实感觉到了——'唉呀，老爸似乎在卖出公司后一直状态不佳。'我回答说：'是啊，我还蛮乐意回校教书的。'"

为了获得大学教师的入场券，即一个博士学位，伯恩斯注册了一个由菲尔丁研究生大学（Fielding Graduate University，位于美国加利福尼亚州圣芭芭拉市）创办的博士生项目。该项目大部分由自修课程组成，需要学生具有高度的自律精神以及坚持不懈的意愿。伯恩斯的确坚持下来了，并在2009年9月开始了博士论文的撰写，论文题目为《顶部过渡：CEO与公司分离时的自我认知》（*Transition at the Top: CEOs' Sense of Self When Separating from Their Company*）。

在接下来的3个月里，他访问了16位私人公司的前企业家。这些公司的员工人数各异，从15名到500多名不等；年营业收入也不尽相同，少则100万美元，多则1亿美元，其余则在两者之间。他想通过对这 16 位形形色色的企业家退场经历的研究，来探索自己 13 年前的退场感受。这 16 位企业家中的大多数都出于类似的原因，在退场后也经历过与伯恩斯程度一样的心理挣扎。他意识到，这份心理挣扎是正常的。但他本人以及与他有着共同感受的退场企业家们在亲身经历这一切时，却并不知道这一点。如果他们当初知道自己的"退场后综合征"是正常的，痛苦可能就会小一点。

鉴于伯恩斯卖出公司时对成交条件并不满意，这让他在退场后的情绪较其他人更为失落。而他等了 3 年半的时间，才等到扩张后的首系统公司被卖出，并最终将伯恩斯集团卖出套现。而这 3 年半的时间对他而言犹如炼狱一般。他本来很天真地认为，伯恩斯集团与首系统公司是一场平等"婚姻"的两方。但他的这种误判在第一次董事会议上就被强行纠正了。在那次会议上，他与约翰·韦斯特因为首席运营官的人选而发生了争执。会后，韦斯特明确表达了对他的不满，并告诉伯恩斯他在新管理团队中只能发表支持性的观点。这就意味着当他看到自己一手建立起来的公司被拆得七零八落，以及他招聘来的员工几乎半数失业时，他也只能保持沉默。"我对这一切深感自责，"他说道，"我对现状的不满让我的行动也失去了方向，只能日复一日地忙碌，让自己不去思考。但每到月底却发现自己什么成果也没有。"他承认，造成这一切的部分原因是自找的——他从未规划过自己在公司出售后的生活。"我真希望做过规划，现在回顾那 3 年半，才发现自己每天都像行尸走肉一样。"

苏·伯恩斯用"阴郁"这个词来形容她丈夫在这 3 年半时间里的状态。直到首系统公司在 2000 年 4 月被卖出后，伯恩斯的情绪才开始略有些"阴转晴"。首系统公司的股东们都被支付了收购方"TMP 全球股份有限公司"（TMP Worldwide Inc.）的股票。该公司也是全球知名的在线招聘网站"恶魔网"（Monster.com）的母公司。伯恩斯把到手的股票拿出一些，分给了曾为他工作的 25 名员工与几位重要顾问，尽管这些人都没指望有一天能将这些股票获利套现。但伯恩斯自己说，他这么做就是为了略表心意，主要是为了让自己觉得好受点。

但首系统公司的出售并未解决伯恩斯现存的问题。他仍需要找到一份像伯恩斯集团那样，能让他全心投入的工作。而在此期间，他又漫无目的、浑浑噩噩地耗费了 5 年时光，直至他决定重返校园。在 2010 年拿到博士学位时，他终于明白自己在寻觅什么，而这又给了他一个新视角去看待他曾为之奋斗过 21 年的事业，以及他在离开这份事业后的迷茫和沮丧。

他意识到，自己曾一度拥有但随后失去的 4 件"宝物"是：自我、人生目标、成就感，以及他与公司员工间的人际关系网络——既包含与员工个人之间的关系，也包含与整个集体之间的关系。

谈及"自我"，确切地说，伯恩斯指的是他在过渡期无法回答的一个最简单、最无害的问题，即"你是做什么的？"几位前企业家都曾告诉过我，这也是他们最害怕回答的问题。当你正在经营一家企业时，答案是显而易见的。然而当你曾经经营过一家企业，而现在无事可做时，答案就很难说出口了。许多前企业家们对于这个"前"字，或更糟糕的"退休的"这 3 个字，都发自内心地深恶痛绝。对于伯恩斯而言，"你是做什么的"这个问题就足以把他难倒了。"人们实际上是在问：'你是谁？你为社会做了怎样的贡献？'"伯恩斯沮丧地说，"而当给不出一个答案时，我就迷失了自我。我认为许多前企业家都存在这个问题。"

再说人生目标，其实伯恩斯的目标一直与自己的公司紧密相连，并被他视为理所当然的存在，但直到失去它时才追悔莫及。他在自己的博士论文中写道，那时的伯恩斯集团由"48 位敬业的专业人士组成，他们能在高级人才寻访、人事合同处理，以及临时人员雇佣等方面为客户提供定制的人才招聘解决方案"。在卖出公司后，"我们曾经对彼此的承诺——满足客户需求、提高伙伴们的生活品质、确保公司盈利与持续成长——已永远不复存在。我再也没机会领导这样一支如此高素质又忠诚的团队，也再没机会和他们共同做出并执行正确的决策，并时刻把他们的最大利益放在心上了"。

接着说成就感。伯恩斯的成就感往往来自做一些重要的事情，比如为单亲妈妈们提供一份好工作。"我们愿意栽培员工，"伯恩斯自豪地说，"并让他们在市场上拥有一个举足轻重的地位。作为我们公司的一员，许多单亲妈妈都能赚到一笔丰厚的薪水，足以在没有前夫或其他任何亲朋好友的帮助下独立抚养孩子。这种成就感是无与伦比的。"

最后要谈的是伯恩斯与员工间的私人关系。伯恩斯最初可能低估了这种关系的重要性——苏·伯恩斯是这么认为的——因为自从 23 岁起，这种与员工骨肉相连的关系就成了他人生中不可分割的一部分。在卖出公司后，他发现这种人际关系是无法复制的。"从 2000 年到 2005 年，我都以投资者的身份加入了一些初创公司，"他说道，"我很可能在试图寻找另一个能让自己全身心投入的平台，与另一家机构、另一群人再次建立起密切的关系。但这么做没用，我所经历的一切并不令人满意。至少在第一阶段，也就是从 1996 年到 2000 年，我还有些人脉关系。因为我那时还是首系统公司的董事，觉得自己有能力为认识的人谋些福利。至于我加入的其他董事会，那里根本没有什么私人关系可言。所以我认识到，私人关系是我在经商过程中所获得的宝贵财富之一，但我当时没意识到这一点。也就是说，我根本没察觉到自己是多么需要被他人所需要。"

伯恩斯的上述发现对他而言是一种解放。在确认了之前的事业曾满足过他的种种基本需求后，他也对自己——即关于自己是谁、想要什么、为何想要这 3 个问题——有了更多的了解。这种了解有两个关键的益处，一是他的新视角能让他比以往更深入地理解伯恩斯集团对他的意义，二是这种新视角引领他走上了一条新事业之路——管理人才培训师。

就是这样，伯恩斯终于完成了他的人生过渡，但这是否意味着他的退场过程也同时结束了？"是的，对于我在伯恩斯集团的那 21 年里所获得的一切机会，以及我在未来将会获得的各种机会，我都满怀喜悦与感恩之情。在我为撰写自己的博士论文做调查时，我总会问自己：'你能从中学到什么？'我希望把自己所获得的一切知识用来帮助他人。这就是我现在正在做的事业。"

## 目标、同伴与有事可做

伯恩斯的特别之处在于，他花费了比一般人更长的时间来分析一位 CEO 的退场行为会对其自我认知产生哪些影响。但从另一角度看，他的表现却十分典型。虽然他非常自豪于自己在伯恩斯集团所培育出的企业文化，也因为失去了他一手发展起来的人际关系网络而分外失落，但他却不想走自己的老路。他新创办的"伯恩斯联合公司"（Byrnes Associates）只有一位老板/员工，就是他自己，而且他计划一直保持这种"个体户"的模式。至于他觉得十分重要的人际关系，这次他决定要与客户而不是与员工建立起这种亲密关系。

这种经营模式是前企业家们在东山再起时所普遍采用的。我所采访过的大部分前企业家们都明确表示，他们再也不打算管理员工了。如果重回商界，正如许多人确实会做的那样，他们一般都不会给自己再找个顶头上司，也不会再招聘数量超过两三名的下属。即便是那些曾发展起高效能公司文化的前企业家们，也通常没兴趣在自己新创立的企业中再做一次。我怀疑这是因为他们深知，建立起一支他们乐意与之合作的团队是多么艰难，又是多么令人身心俱疲——而这是他们在第一次创建这种公司文化时根本没有意识到的。

当然，事无绝对。尤其是那些在相对年轻时就有过退场经历的前企业家们，他们在二次创业时可能不会选择这种单打独斗的经营方式，戴夫·赫什（Dave Hersh）就是其中一例。在成为一家新创公司"捷悟软件"（Jive Software）的创始 CEO 时，赫什年仅 29 岁。他在成功经营了公司八年半之后，也就是在自己 37 岁时选择了离职。那时，捷悟公司已发展为企业社交软件行业中的领军企业，并正在筹备一场首次公开募股（IPO）。赫什那时没想好自己接下来的人生目标。不过，他在几年之后意识到，自己需要再创办并经营一家企业。"但我需要一些时间来思考自己究竟要做什么生意。"他说道。

他的第一次创业——捷悟软件公司——并非出于经济需要。当时他认识的两位程序员开发出某种软件，能让一家公司的员工们通过在线论坛和即时通讯的方式进行交流沟通。这个软件一开始是开源的——即可供任何人免费下载和使用，但两位软件开发者那时生出了其他想法，希望能围绕该软件所承载的理念建立一家公司。他俩邀请赫什加入，希望他能带领他们把公司做起来。赫什那时刚从旧金山市举家搬迁到康涅狄格州的纽黑文市（New Haven），以便让他的妻子可以在那里的一所研究生院攻读硕士学位。他们是在 2001 年 9 月 10 日搬到纽黑文居住的，而第二天就发生了著名的 9·11 恐怖袭击事件，美国经济也因此陷于停顿。在没有其他工作可做的情况下，赫什接受了他们的邀请。

他干得相当不错。在没有外部资金的帮助下，"捷悟"在 2007 年销售额达到 1500 万美元，员工也增加至 65 名。在那时，赫什与两位合伙人都认为是时候为公司引入私人股本了，这样可以确保他们不会错失因公司最近推出的一款热门新品而出现的各种机会。同年 8 月，红杉资本（Sequoia Capital）向他们的公司注入了 1500 万美元的投资，赫什将这笔钱用于打造销售与研发团队，完善销售支持体系，增加服务种类，以及聘请新的管理人员。尽管公司的起步比较坎坷，又在局面转好时遭遇了以雷曼兄弟公司破产、全美大裁员为标志的全美经济衰退，但它很快就恢复了元气，并在 2009 年到来时开始了全速发展。赫什说道："在那一年，公司不断拿到订单，一直保持成长态势，业绩不断再创新高；全体员工也在共同努力，把我们曾说过要做的事情都一一进行尝试。"

但这些成绩是有代价的。"为了达到这样的成功水平，我给自己施加了很多压力，并且频频出差。对工作的全心投入让我忽略了家庭，以至于我的婚姻开始出现崩溃的迹象。我和妻子已结婚 8 年，还有两个不到 6 岁的孩子，但我与家人之间已经完全没有了交流。"

巧合的是，当时总部位于俄勒冈州波特兰市的捷悟公司正在加利福尼亚州的帕洛阿尔托市（Palo Alto）开设一个办事处。考虑到换个环境可能会有益于他们的婚姻，赫什与妻子决定重新回旧金山湾区居住，于是他们就带着两个年幼的女儿在 2009 年 10 月份搬了回去。但此举并未解决根本问题。"很明显，我很难在完成公司交给我的任务的同时还兼顾家庭，扮演好丈夫和父亲的角色。"赫什为难地说。与此同时，公司董事会开始讨论要将捷悟运作上市的决定。赫什告诉董事会成员们，他本人无意成为一家上市公司的 CEO。最终大家一致同意，赫什可以成为公司董事长，然后另觅合适的人选来担任 CEO 一职，以便主持上市事宜，以及运营上市后的捷悟公司。

赫什在 2010 年 2 月正式换岗，并开始缓慢而痛苦地退出自己一手帮忙建立起来的公司。他说："这实在是太难了。我是一个十分忠诚的领导者。离开 CEO 一职让我觉得自己辜负了大家对我的信任。但我也知道这是个正确的选择。对我而言，成为一个好父亲、好丈夫比什么都重要。"

# 第九章
## 飞越彩虹

尽管仍担任董事长一职，但这并没让他的退场经历变得更轻松。当一位新任 CEO 接手公司后，公司文化通常也会随之发生快速而剧烈的转变。员工们开始用面谈和发送电子邮件的方式向赫什抱怨说，现在的捷悟公司与之前大不相同了，并向他表达了对公司旧日作风的怀念。他们中的大多数最终都纷纷离开了公司，而赫什坚持了一年左右的时间后才主动辞职。因为随着公司首次公开募股的临近，董事会需要减少内部人员的数量。赫什说："反正我也想走，这里没我什么事儿，捷悟不再是我的公司了。"

那时他只有 39 岁，正是年富力强之时。在离职修整数月之后，他开始寻找自己下一步的目标。他帮人创立了一家公司，并参与了一次控股权收购。他还加入了几个公司的董事会，做了一点天使投资，并为几家非营利性机构提供咨询服务。在最初几年，他都尽量避免和投资机构打交道，但却在 2012 年以董事合伙人（board partner）的身份加入了一家风投公司"安德森与霍洛维茨"（Andreessen Horowitz）。"在做过公司 CEO 之后，单打独斗的感觉在一开始还不错，但慢慢地我就感觉自己像一个在单独牢房里服刑的犯人，"赫什说道，"我怀念团队里的同事情谊，觉得自己和世界失联了。虽然作为一名顾问或董事会成员，你可以定期在任职公司对相关决议发表评论，但却会错过该决议背后的数据。更重要的是，你身边缺少了一群能与你同甘共苦的同事们。我真的非常怀念这种志同道合的同事情谊，它对我而言十分重要。"

赫什解释说，他之所以在安德森与霍洛维茨公司担任董事合伙人这样一份兼职工作，不仅是为了学习有关风险资本的知识，还是为了"在找到自己想做的事情之前，有个地方挂职"。但结果证明，找到自己真正想做的事情，比他所料想的更难。那他究竟想从一份事业中获得什么？一方面，他自然想从这份事业中收获同事情谊。另一方面，他想获得一种创意掌控权（creative control）——对此他认识到的有点晚。"我所说的这种掌控权，就是你可以基于自己而非他人的价值体系，来决定公司的结构、决策以及结局，"他认真地说道，"我花了很长时间才真正意识到，我想在自己创办的下一个公司里获得多高水平的创意掌控权。如果我能早点明白这一点，就能省下大把的时间和精力。"

通过阅读书籍——尤其是维克多·弗兰克的心理学著作《活出意义来》⊖——以及与同他处境类似的前企业家们谈话聊天，赫什强烈地意识到，他目前已经失去了他担任捷悟软件公司 CEO 时的那种使命感。"企业家最怕的就是失去了事业上的目标和牵绊，"他说，"虽然你在其他书中也能读到这样的句子，但直到你亲身体验过这种感觉，才能真正理解这句话的意思。"

不仅失去了人生目标，在离开公司后，赫什还明显感到自己的生活中出现了"结构性缺失"（loss of structure）——即无所事事。而"有事可做"正是全职工作只可意会不可言传的好处之一。由于全职运营一家公司的种种需要，你必须完成各种例行公事，以保障公司的常规运营，并向既定业绩目标稳步前进。而当你离开公司后，生活就会缺失一块"结构"——或者如赫什所言，每天出现"大片空白"。但没有了全职工作的束缚，你很难做到每天都用这些空白时间去做有益的事情。我就属于那种如果一天中充满了秩序与要做的事情，就会把

---

⊖ 《活出意义来》（*Man's Search for Meaning*），作者维克多·弗兰克（Viktor Frankl，1905—1997），原著于 1946 年出版，为德文创作。中文译本有两个：一个版本由赵可式、沈锦惠翻译，生活·读书·新知三联书店在 1991 年 12 月出版；另一个被译为《追寻生命的意义》，由何忠强、杨凤池翻译，新华出版社在 2003 年 1 月出版。这本心理学著作按时间顺序记叙了作者本人于二战期间在奥斯维辛集中营作为一名囚犯的经历，并描述了他所倡导的"意义疗法"：首先确认生活目标，从而树立积极的人生态度；然后身临其境地想象该目标会带来的结果。——译者注

一切安排得井井有条的人。但如果一个人的生活毫无计划，就需要很强的意志力来进行自我约束，才能强迫自己去完成有益的事情。有了每天必须去做的工作，你就能自觉完成那些有益于自身进步的任务，这已成为你生活中一种无须思考的本能，可以帮你省下"意志力"这种极为有限的人生资源。

当我遇到赫什的时候，他已经明白了自己想要的东西，它们大致有：同事情谊、对公司的掌控权、人生目标、生活中的结构性。他只有通过白手起家、再次创业，才能获得上述这些无形财富。他总结道："有三大要素是尤为关键的。一，目标：我所做的一切事情背后，都需要一个统一的目标来支撑。二，团队：我需要有一群人和我共同努力，我会成为这个群体的一员，帮助组织和改善成员们的生活。三，有事可做：我们每天都该做点"正事"，终日无所事事会逐渐毁掉一个人的生活。如果生活在一个没有上述三要素的'真空'中，你的生活就会注定与美好无缘——相信我，我经历过。我绝对需要一份能让我全心投入的新事业。"

## 同公司不同命

正如我在第一章中特别指出的，在前企业家找到人生的下一个目标并全心投入其中之后，他/她的退场过程才算是结束了。为了找到下一个人生目标，兰迪·伯恩斯和戴夫·赫什都先经历了一个发现过程，即去发现在退出自己一手打造出的企业后，他们究竟失去了什么。尽管就这一点而言，他俩有着类似的经历，但过于笼统地概括所有前企业家的退场过程是错误的。尽管其中有一些经常重复出现的模式，但每种模式中也不难找出几个例外。就此而言，我们很容易发现，即便是同一家公司的企业家，有时其退场经历也大不相同。

阿蒂拉·萨法里（**Attila Safari**）与合伙人比尔·弗拉格（**Bill**

Flagg）就是这样的例子。两人是"睿革在线（RegOnline）"——一家位于美国科罗拉多州博尔德市的活动策划公司——的前所有人。萨法里在20世纪90年代末创立了这家公司，以制作并营销他所开发的中小型活动在线策划软件。萨法里自知销售与营销并非他的强项，就在2002年邀请弗拉格以合伙人的身份加入公司。那时的睿革仅有4名员工，年销售额约100万美元。弗拉格生于美国密歇根州的底特律市，是一位连续创业者，之前所做的大都是出于宣传某种产品的目的，制作一些纪念海报、人们一年才看上一眼的日历以及鼠标垫等小生意。他与萨法里决定先合作3个月试试，看看他们是否在工作上合得来。结果证明，尽管两人相差13岁——萨法里46岁，弗拉格33岁——但他们却相处得非常融洽。所以他们决定继续合作，并签署了一份合伙人协议，弗拉格还买下了公司20％的股份。在两人的强强联手下——萨法里担任公司CEO，弗拉格担任总裁——公司蒸蒸日上。在接下来的四年中，公司员工增加到了70名，年销售额也增长到了约1000万美元，税前净利润率高达45％。由于公司的年收入和利润远超预期的目标，萨法里额外奖励了弗拉格10％的股份。

公司的一切都进展得如此顺利，以至于弗拉格希望这种状态能无限期地持续下去。但他也知道，这要取决于萨法里。于是他向萨法里询问，是否计划某一天要卖掉公司。后者回答道："当然啦！"弗拉格对此表示，他愿意筹资将属于萨法里的股份买下，让他拿到一笔丰厚的退休金。"我更愿意建立一家公司而不是卖掉它，"弗拉格指出，"但我现在有点进退两难，一边是我喜欢与阿蒂拉合作，不想结束与他的伙伴关系；而另一方面我又担心，如果我不想办法把他的股份买下来，万一某天出现一个疯狂的收购报价，而阿蒂拉又欣然接受了怎么办？"

而这差不多就是睿革在线的出售方式，只是过程和弗拉格想象的

# 第九章
## 飞越彩虹

并不完全一样。2007 年年初，他们有意收购一家名为"思乐网"（Thriva）的对手公司，并因此致电该公司的创始人马特·埃里希曼（Matt Erlichman）。"结果埃里希曼却说：'哦，太有意思了！因为我们刚刚被活跃网络（Active Network）收购了，正准备下周宣布这个消息。'"弗拉格回忆道，"然后他就反过来问我，是否有兴趣也和活跃网络谈谈。我回答说：'如果活跃网络愿意用一个真正的高倍数来收购我们，没问题。'我记得我告诉他说收购价至少是公司当前收益的 20 倍。他说：'我觉得他们应该愿意支付，但让我先为你们彼此引荐一下。'"

与思乐网一样，总部位于加利福尼亚州圣地亚哥市的活跃网络公司也是睿革在线的同行，但两家公司针对的是不同的小众市场。当时，活跃网络手握一笔超过 1.7 亿美元的风投基金并一直在积极收购同行企业，而睿革在线正是他们感兴趣的目标。不过活跃网络的首次出价只有 3000 万美元左右，实在太低，遭到了萨法里和弗拉格的断然拒绝。数月之后，活跃网络的总裁发来一封电子邮件，邀请他们与自己，以及活跃网络的 CEO 在博尔德市共进午餐。用餐期间，双方一直都在东拉西扯，但最后活跃网络的总裁终于抛出一句："好吧，那你们的心理价位是多少？"

弗拉格和萨法里在来的路上还商量过，觉得 4000 万美元是个合理的价格。但出乎弗拉格意料的是，他的合伙人这时突然脱口而出："5000 万美元。"活跃网络的总裁是一位资深的商务人士，闻言不动神色。但萨法里和弗拉格都注意到了那位 CEO 脸上的微笑。在午餐结束后回办公室的路上，萨法里说道："呸！我报的价格太低了。他们原本打算出更高的价格。"此后不久，活跃网络就带着一份 5000 万美元的报价又找上门来。

在那时，双方的谈判已经变得更为严肃，尽管弗拉格试图抑制萨法里的热情。"以前也有人对我所有的公司提出过报价,"弗拉格对自己的合伙人说,"所以我能了解,你觉得卖出公司并赚到数百万美元是件好事,而且现在特别兴奋。但我也知道,我们只有取得谈判筹码,才能把公司卖出一个更好的价格。"他们之所以需要谈判筹码,是因为他们决定让活跃网络提高收购报价。从活跃网络发来的一份审计报告的补充说明中,他们发现活跃网络付给思乐网的收购价比给他们睿革在线的更高,但睿革的盈利却远超思乐网。这对睿革来说是不可接受的。"我对萨法里说:'阿蒂拉,如果 5000 万美元是我们现在的市值,那么以我们现在每年 30% 的增长速度,只要再给我们两年,公司的市值就会上涨到 1 亿美元。我们可以把这个作为谈判筹码。现在不必急着卖出公司。'我暗地里希望他能终止这次出售。"

但萨法里却似乎被谈判过程吸引住了。他说:"有点奇怪的是,一旦你开启了谈判过程,就很难停下来、后退,并转身离去。'好吧,我真的想一直和活跃网络谈下去吗?'应该是吧,我已经陷入了谈判模式中,整个过程就是你退我进,你进我退。"

最终谈下来的收购价完全不如弗拉格所愿,对方并未抬高多少,所以用更高的价格卖出公司已经没指望了。剩下的主要问题就是收购价该以怎样的现金与股票百分比进行支付。在 2007 年 9 月,萨法里和弗拉格飞往圣地亚哥市查看活跃网络的运营情况,并继续进行谈判。在访问过程中,活跃网络一方明显表示出希望能在年底完成交易。对此弗拉格回答说:"你们应该知道我们为什么希望推迟一年完成交易,我们公司成长得很快,而且我和萨法里工作得也特别愉快。我们完全不急着卖。"活跃网络最终同意将报价再提高 1000 万美元。

出售交易由此加快了进度。活跃网络对睿革在线的尽职调查只花了不到两周的时间,而且除了审查公司的财务状况,其他几乎什么也没做。双方就合同细节所进行的谈判倒是花费了更长一点的时间。最

# 第九章
## 飞越彩虹

终，此次收购交易在 2007 年 10 月 31 日正式完成。萨法里和弗拉格在那一天拿到了大部分的现金。尽管他们并未接受任何业绩目标付款安排，但两人同意剩余部分可以在接下来的两年内付清。而活跃网络为此次收购总共支付了多少费用，还尚无定论，因为很大一部分收购费用都是以活跃网络股票的形式支付给萨法里和弗拉格的，而当时的活跃网络还是一家私营企业。活跃网络自己对此次收购的花费计算为 6500 万美元，但萨法里在事后懊悔不已地指出，这个价格有很大水分。因为按 6500 万美元的收购价所计算出的活跃网络股价，是该公司自 2011 年 5 月上市后从未达到过的价格。

他说："我真心后悔两件事。一件是我觉得自己被要了，相信了许多虚假信息。活跃网络所说的上市日期和他们对股票的估值都是虚假的。另一件是这又是一个后见之明——我因为卖出公司而失去了很多。我建立了一家自己深以为傲的公司，这是我自己的小王国；我还有 70 位能干的员工，每天忙忙碌碌；这种生活既充实又富有成效。从这样的生活转换到每天在家无事可做，这种感觉太糟了！"

然而，在收购刚刚完成后，萨法里和弗拉格都不能待在家里。他俩与活跃网络签订了协议，在公司出售后仍要留任公司。而作为回报，他们获得了活跃网络两年期的优先认股权。但对他俩而言，这段留任时光并不愉快。萨法里无法适应从 CEO 降至中层经理的身份转换。"在头 6 个月，我们忙于公司的调整改组，对此还没有太大的感觉，"萨法里说，"但你渐渐发现，新公司对你的行为干预得越来越多，但依赖却越来越少，而且完全不愿意让我插手公司决策。"

而弗拉格在出售公司后，在睿革在线继续工作了 6 个月，并同意此后转到活跃网络所拥有的另外几家公司工作，帮助它们施行与睿革在线类似的管理手段。"我们在睿革在线尝试了一些非传统的管理模式，比如说我们拥有一支不拿提成的销售团队，我们也不从其他公司招募工商管理硕士或高薪经理，"弗拉格指出，"就单靠这两点，睿革在线的盈利就比活跃网络的几乎多了一倍。"不过，像经常会发生的那样，弗拉格的建议也从未被真正实施过。此外，活跃网络开始在睿革在线执行的一些政策，完全违背了弗拉格和萨法里在如何对待员工与客户方面的核心原则。"过了一段时间，我就完全忍不下去了，"弗拉格说道，"活跃网络的体制让我无法做出任何真正的改变。"他最终在 2010 年 4 月离开了公司。而仍在公司兼职的萨法里，也在几个月后彻底离职。

正是从那时起，两人各自走上了两条截然不同的道路。尽管弗拉格对卖掉睿革在线感到遗憾，但萨法里的遗憾更深、持续时间更长。雪上加霜的是，他手中那笔靠卖出公司得来的现金收入被他投入股市，却因 2008 年的股市崩盘而损失惨重。更糟糕的是，他在卖出公司后一直闲居家中，这对他的婚姻产生了不好的影响，致使他在 2010 年与妻子离婚。在经历了这一切后，他无法不为自己当初卖掉公司的行为感到懊悔。他说道："我常常自问：'你当初究竟是怎么想的？'你建立了一家伟大的公司，甚至在你卖掉它之后，公司在被经营得一团糟的情况下仍能发展得相当不错，事后看来，我会说，退一步海阔天空，卖掉公司后我每周只需工作两三天而不是六七天，而且有更多的个人时间陪伴孩子和家人。但这种生活本该是更充实的。"

萨法里继续说道："我认为是自负导致我止步不前。你会对自己说：'我总是可以再创建一家公司，并同样获得成功。'这对一些人来说可能没错，但对我而言则并非如此。我已经丧失了从头再来的那份精力。"其实萨法里在卖出公司后，曾一度与一位朋友合作进行房产买卖。他们会收购几处住宅，将其翻修一新后再卖出。他们的买卖风生水起，持续做了几年，但他那位负责房屋翻修的朋友得了一次严重的中风，而萨法里并不认为自己能一个人将这个生意继续做下去，于是就此放弃了。那么他接下来打算做什么？他的回答是："我不知道。"

不过，弗拉格此后的经历却与萨法里有着天壤之别。不知是出于运气、本能，还是天生的谨慎，他没像萨法里一样，选择将卖出公司后所得的现金用于投资，当然他也无须聘用一位职业投资经理来为他理财，因此 2008 年的股市崩盘并未让他的资金受到任何影响。他的家庭生活也非常幸福。2008 年结婚后，他与妻子在 2009 年就迎来了他们的第一个孩子。与此同时，各种商业机会也接踵而至。他得意地说："在卖出公司后，很多事情都找上了我。那时我还在睿革在线与活跃网络兼职，但已经开始参与许多公司外的业务了，所以一直能遇到许多非常有意思的机会。"

可能是因为弗拉格过去有过几次创建并卖出公司的经历，又或许因为睿革在线更多地属于萨法里而不是他，因此与萨法里不同，弗拉格的自我认知和使命感与睿革在线并没那么密不可分。因此，较之萨法里，他的过渡期要短得多。甚至在离开公司前，他就开始进行一些天使投资，并与其他企业家合作，帮他们发展业务。由于密歇根州的安阿伯市是弗拉格的母校密歇根大学（University of Michigan）的所在地，所以受当地金爵曼企业社区（详情请见第二章）的启发，弗拉格也创办了一个类似性质的企业社区"飞立思乐园"（The Felix Fun）。他将其形容为"一个扎根于博尔德市的企业社区，由多家伟大的、自力更生的、值得用一辈子时间去经营的公司组成……这些公司大都拥有忠诚的客户群、蓬勃向上的员工团队，以及愿意将其经营一生的企业家。"弗拉格并不会亲自运营该企业社区的任何一家公司。他说："我并不主持公司运营，我的几位合伙人都是拥有公司所有权和经营权的业主经营人（owner-operator）。我在社区的作用和一位'后座司机'差不多，因为我还算见多识广，所以能为这些'驾驶司机'们提提建议，把把方向。我觉得这份工作很有意思，让我从中获得了不少乐趣。"

"但是，如果是我自己驾驶着一辆坐满了人的大巴，所有乘客都对我们所要前往的地方兴奋不已，而我就是那个为他们选择目的地的人——这种'驾驶司机'与'后座司机'是截然不同的。我也非常怀念我们在睿革在线的那段时光，那时我们对公司管理的参与度极高。但想要一切重来并不容易。在你组建起一支高素质的团队之前，必须经历选错人、招聘与解聘，以及所有相关的琐事。这些都是劳心劳力的活儿。我愿意忍受这一切去亲自培养一支团队，因为在某些时候，自己的核心团队能在任何艰难的情况下助你一臂之力。我敢打赌，如果企业家只要打个响指就能在一家利润丰厚的成长型公司'变'出一支精英团队，人人都乐于重新创业。但问题就是，从无到有地打造出一支新团队的过程实在令人痛苦，谁会喜欢二次自虐呢？"

## 几点共识

诚然，导致萨法里与弗拉格在卖出睿革在线后走上不同人生道路的原因有很多，包括他们不同的年龄、个性、背景，以及人生观。但问题是，你很难通过观察这个人的经历来推测出另一个人的。但即便如此，我还是准备基于我所做的研究，为处于过渡期的退场企业家们提供几项基本的行事准则。请自行判断这些原则是否适用于你。

### 1. 人人都需要一个目标

对于大多数企业家来说，退场标志着从原有目标向其他目标过渡的开始。幸运的企业家在退场前就弄清楚了"其他目标"是什么。而没那么幸运的则必须在过渡期把这个新目标确定下来。后者中的大多数会懊悔不已地告诉你，他们有多希望自己能在退场前就搞定此事，而不是拖到退场后。因为明确知道自己的下一个终点，与只知道自己当前的起点，这两种感觉是不能相提并论的。

SRC 控股集团的杰克·斯塔克在该目标问题上曾得到过贵人的提点，我认为他所获得的建议也适用于几乎所有正在思考退场问题的企业家们。我在本书第四章曾详细描述过，斯塔克用 30 多年的时间建立起了一家他可以随时离开并"问心无愧"的公司。要想达到斯塔克所说的"问心无愧"的高标准，一家公司必须具备以下 4 个条件：一份良性的企业资产负债表、一群训练有素的员工、一支有能力独立运营公司的高管团队，以及一套已被实践证明有效的管理制度。在 2013 年夏，他的 SRC 控股集团成功做到了以上 4 点，而他也面临着留下或离开公司这两种选择。此时，他想到了斯普林菲尔德市的一位传奇企业家，曾为自己的家族装瓶公司工作了 60 多年的时年 82 岁的埃德温·赖斯（Edwin Rice），于是就向这位老人家寻求指点。斯塔克回忆道："赖斯问了我一个很棒的问题：'你有其他更好的事情可以做吗？'我思考了一下，然后诚实地回答说：'没有'"。所以，斯塔克选择暂时留在 SRC 继续工作。我认为当其他企业家在有关是否退场的问题上举棋不定时，也可以自问一下这个问题。如果答案是"没有"，那就继续留在公司；反之，就要逼着自己想清楚，这个"更好的事情"是什么。

## 2. 大多数过渡期都需要时间

大多数企业家——甚至那些经验丰富、成熟老练之辈——在第一次经历退场时都有几分不知所措。而他们在商界打拼得越久，就会越难适应退场过渡期，而克服这种不适所花费的时间也会越长。诺姆·布罗斯基（详情请见第二、第四章）在 1979 年创建了他的第一家公司"完美快递"（Perfect Courier）。尽管他在此后又陆续建立了其他几家公司——包括迄今为止价值最高的"城市存储"档案管理公司——但直到在 2007 年将名下所有公司卖出后，也就是距离他首次创业差不多 30 年后，他才实现了真正的退场。

　　他本以为自己已做好前往下一个人生目标的准备了，但其实并没有。

　　"我现在才意识到自己不用立刻离开公司是多么幸运，"他感叹道，"我在卖出公司后又继续留任了几年。如果没有那几年的过渡期，我退休的日子一定很不好过。因为企业就代表着你的社会身份，但当你拥有这种企业家身份时，是意识不到它的重要性的。所以，当你卖掉企业时，也就等于放弃了自己的一部分灵魂，但没人会告诉你这一点。人们只在乎你通过卖出企业能拿到多少钱，他们并不会在乎你该如何做好准备以面对随之而来的精神痛苦，或是如何适应自己身份的转变。现在，我和妻子伊莱恩（Elaine）已经在我们居住的社区里拥有了与公司无关的全新身份。但做到这一点，我需要至少 3 年时间的过渡期，以做好心理上的调整。"

　　基于我和几位前企业家的谈话，可以说，3 年的过渡期算是个平均值。正如我们所见，许多企业家的过渡期长于 3 年，还有一些幸运者的过渡期则要短得多。那些过渡期最短的企业家们大都是连续创业者，他们都有过一次以上的退场经历，这并不出乎意料。如果你习惯了从一家公司转到另一家，那么单独一家公司不太会对你的身份认知、使命感与成就感造成太大的影响；而且你也更容易在其他公司找到值得做的事情，以及与同事们建立感情。

### 3．理财是一个全新的行业

　　无论你在卖出自家公司后经历了多少纠结与痛苦，但其程度绝对不及当你看到银行账户上一笔巨额钱款时的兴奋与喜悦。尽管从账面上看一位私人公司的企业家可能非常富裕，但直到成功卖出企业，这笔理论上的财富才算变为现实，落袋为安。此时此刻，你一定会为自己所获得的成果而深感自豪，毕竟这笔财富是你自己通过创业辛苦打拼来的。尽管你能走到这一步离不开许多人的帮助，但你才是整场比赛的主攻手。没有你这位创始人兼经营者，公司的成功就无从谈起。

但同样地，夺走这份喜悦的最快方式莫过于因几次不明智的投资而将这笔巨资消耗大半。阳光服务有限公司前所有者杰夫·胡安因克就曾有过这种惨痛的体验。"当我们卖出公司后，我们并没意识到自己正进入到另一个行业，也就是理财业。而我们在经营之前的企业时所获得的成功经验，可能并不适用于这个新行业，"他懊恼地说，"卖出公司的收益到账后，我觉得自己比过去精明了不少，于是贪恋于股市，结果先狠亏了一笔。而后我又投资了几家待上市的公司，但并不懂行，结果又亏了不少。再后来，我买下了一家位于佛罗里达州奥兰多市（Orlando）的房屋建筑公司并从零做起。慢慢地，公司年营业额上升到了4000万美元，还获得了鲍尔市场研究公司（J. D. Power）颁发的一项品质大奖。但我们最终还是因为房地产业的崩溃而关闭了公司，我因此又损失了300万美元。"

不幸的是，有时哪怕聘请一位专业的理财经理也没什么用。胡安因克就聘请了一位。阿蒂拉·萨法里亦然，但后者同样因股市崩盘而元气大伤。胡安因克总结道："我觉得你至少需要一个顾问团队，然后分析比较各种投资业绩，最后交由该团队审查。顾问团队可以由曾经卖出过自家公司的企业家组成——就像伟事达国际一样。"同样，全美渐进公司背后的经营理念也是如此（详情请见第六章）。但无论如何，在投资理财方面总是小心无大错。此外，前企业家们最好还应该制订一个理财计划，并严格限制那些高风险投资的额度。

### 4．一日企业家，一生企业家

请原谅我先陈述一个明显的事实：并不是人人都能成为企业家。至于为什么有些人可以成为企业家，而另一些人则不能，这个问题最好还是留给那些比我更精通人类心理学的专家们来回答。但无论是什么让你在最初成了一名企业家，这份素质也不会因为你不再拥有一家企业而消失。你总会有一种心痒难耐的感觉——但究竟如何"解痒"，只能由你自己来决定。与此同时，在某些情况下，你很可能觉得失去了幸福感，并因此导致以下这些必然的后果：

后果一：你很可能不太适应退休生活

正如我曾指出过的那样，许多企业家将"退休"两字视为一种对他/她的侮辱——但这并不是说他们没考虑过如果有了更多的休闲时间，自己会做些什么。创建一家公司需要大量的自我牺牲，而被牺牲掉的主要就是企业家与家人共度的时光，以及他/她的其他私人爱好。因此在退休后，你可能会给自己适当安排一些诸如打高尔夫、钓鱼、做园艺，或是烹调等活动；也可能会希望自己终日只休闲活动就好。但请不要指望这些休闲娱乐会给你带来真正的快乐。"在卖出企业后，我总是去打高尔夫，做一些其他我喜欢的事情，"杰夫·胡安因克说道，"但我很快意识到，对我而言，如果为了放松一下或是改变生活节奏而去打高尔夫，那么这是一项不错的休闲活动。但如果一周要打三四次，那么它对我而言就更像是一份工作，我希望自己能打得越来越好。但这种想法本身就让我感到十分沮丧。"

托尼·哈特尔（详情请见第七章）在卖出了他的美黑星球公司后，也有着类似的经历。你可能还记得，哈特尔曾立志要在 40 岁时实现财务自由，并从此不再工作，转身去做一些他过去一直想做，但为了打理公司而拖延没做的事情。在出售公司不久后，他就开始环游世界。"我旅游了 3 个月，玩得十分开心。但我母亲突然病倒了，所以我立刻赶回家中。在母亲去世后，我又再次出门旅行，但这次的感觉完全不同了。就像你每天都能吃到大餐，时间一长反而没了胃口一样。我不能再这样四处飘着，而是要赶快回家，脚踏实地地生活。我觉得长时间的单纯旅行让我失去了使命感。我失去了母亲和我的公司，失去了一份有意义的工作，失去了同事情谊。我必须赶快回家。"

# 第九章
## 飞越彩虹

再来看看巴里·卡尔松（详情请见第一章与第六章），他当然不反感退休这个想法，而这正是他卖掉超阳公司后的打算。不过，在维持了约 18 个月的退休状态后，他在两年半内又回到了全职工作的状态。

雷·帕加诺（详情请见第一章）已经是这些企业家中比较另类的了，他在卖出自己的视频预警公司 5 年后，还一直处于退休状态，并声称自己非常享受。不过，即便是他也抗拒不了再次创业的强烈欲望，在退休后又先后做了两门新的生意，一个是与妻子合开一家游艇装饰品店，另一个是与儿子一起经营健康零食贩卖机。

后果二：你可能会成为一名差劲的员工

大多数企业家凭直觉就知道，一旦你做过老板，那就很难再回头去做其他老板的手下。除非你在为一家极为特殊的公司工作——这样的公司只有寥寥数家——否则你注定会失去自己当家做主时的那份独立性。更重要的是，你可能已经忘了如何做一名优秀的员工、一名对他人团队有益的成员。你很可能会变成一个令老板十分头疼的手下，比如兰迪·伯恩斯就成了他的新老板、首系统公司 CEO 约翰·韦斯特眼中的"刺儿头"。你会批评那些你不赞同的决策，而且会选择在错误的时间与错误的人面前这么做。而当你觉得自己的意见没人在乎，或是周围的人不再像过去那样对你言听计从时，就会大生闷气。

不过，这并不意味着"从老板变员工"这条路完全行不通。比如我们在第四章提到的阿什顿·哈里森，她在卖出自己的光之影灯饰公司后，仍留在原公司为新老板打工，而且一切顺心如意。再比如我们在第八章谈到的保罗·施皮格尔曼，他在卖出自己的公司百瑞健康后，在收购方兼新东家空间循环公司担任首席文化官一职，并觉得这份新工作既刺激又有意义。还有在第七章与第八章都出现过的加里·赫什伯格，在他的有机乳制品公司石原农场被达能集团收购后，他先是继续担任石原农场的 CEO 一职，并在此后转为董事长；而在此期间，他还帮达能建立了两家新公司。

不过要特别指出的是，在上述这 3 个案例中，只有哈里森一人接受了业绩目标付款安排。所谓业绩目标付款安排，就是按收购合同规定，一些被收购公司的前所有者们必须以新东家员工的身份，在原公司留任一段时间；而他们卖出公司所得的钱款，其中很大一部分会在这段留任期结束后才被支付。这部分钱款的数额大小，要根据被收购公司在此期间的业绩表现而定。这种付款方式的弊端是，一旦交易合同签订，在实现预定业绩目标过程中，卖方要承担其中所有的责任和风险；而买方却失去了为卖方提供任何援助的财务动机——毕竟如果卖方经营得好，买方就要如约追加付款。与此同时，两家公司的运营也会逐渐合并，也就是说，正为买方"打工"的卖方将失去经营自主权——而这份自主权正是他/她所习惯拥有，并在商场上取胜的法宝。我们在第二章与第三章曾反复提及的加拿大企业家、"可售性评分"这一评估工具的开发者约翰·瓦瑞劳指出："被收购方的企业家们通常靠创造力与创新力取胜，而收购公司则靠一套千锤百炼的固有经营流程胜出。企业家需要经营自主权，而收购方需要被收购方融入新企业并遵守他们的规矩。结果就是，大多数业绩目标付款安排都会提早终止，被收购方的原企业家要么自愿离开，要么遭到解雇。"在见过许多买卖双方不欢而散的案例之后，瓦瑞劳建议，如果根据一项收购提议，卖方在最后的交割会上拿不到他/她所期待的最低值，那么卖方不如直接拒绝，因为任何后续付款的安排都有可能会出现变故。

## 5. 太早总好过太迟

阿蒂拉·萨法里的经历告诉我们，在退场过渡期才发现自己在卖出公司前思虑不周才是最糟糕的——因为那时一切已尘埃落定，悔之晚矣。在整个退场过程中，过渡期是唯一一个无法"返工"的阶段。

但偶尔也会出现一些例外。在 2004 年 12 月，罗布·杜布（Rob

Dube）和乔尔·铂尔曼（Joel Pearlman）将他们共同经营了 13 年的办公用品公司"唯印象"（Image One）卖给了美国一家大型办公用品分销商"丹卡商务系统公开有限公司"（Danka Business Systems PLC），付款方式为一次性现金支付、外加一次 3 年期的业绩目标付款。根据买卖协议条款，唯印象可以保留自己原有的公司名称，并借助丹卡的海量资源——包括其拥有 500 名员工的销售团队——在全美进行业务扩张。但合同上的字迹还未干，杜布和铂尔曼就感觉到了大公司惯有的公司政治与办事拖拉的官僚作风，这让两人很快就对出售公司的决定心生悔意。"背后有各种动力驱使着我们要好好表现，我们自己也想大干一场，"杜布说道，"但却因新公司的体制与作风所限而无法做到最佳表现，这让我们感到无比沮丧。"

然而两人都没想到，丹卡公司本身存在着很严重的问题，并于2006 年 3 月聘请了一位新任 CEO 来扭转局面。更出乎两人意料的是，这位 CEO 认为唯印象并不适合他为丹卡制定的发展规划。因此在同年6 月，也就是双方首次成交后不到 18 个月的时候，丹卡把唯印象的所有权还给了杜布和铂尔曼，条件是他们同意放弃 3 年后的那笔业绩目标付款。

自重新拿回公司那一刻起，唯印象的企业目标就发生了天翻地覆的变化。在卖出公司前，两位企业家专注于大力、快速地发展公司。而在拿回公司后，他俩不再将把公司做大，或让它高速发展视为头等大事。当然，他们还是希望公司能持续发展，但他们也将增强企业文化、改善职工生活，以及回馈所在社区视为公司的重要目标。同时他们还养成了一个新习惯：两人每年都要坐下来，一同讨论他们对公司今后 10 年到 20 年的发展规划。

所以说，同一家公司也可能拥有重来一次的机会。但你需要拥有非比寻常的好运才行。幸运的是，还有许多其他更容易预测和把握的方法，来保障企业家们获得一个圆满幸福的退场。而这些方法总结起来就是：在退场过程的前两个阶段，即探索期和策略期，需要花费足够长的时间，以至于你不会被迫（或被诱惑）去选择某种特定的退场路径。也就是说，你要考虑各种自己能够接受的退场方式，对它们进行逐一探索，并像杜布和铂尔曼一样，定期重新考虑自己对未来的规划。

我必须重申的是，如果你渴望创立一家如吉姆·柯林斯所定义的"伟大公司"——即处于所在行业中第一流的水准、对世界有着不可磨灭的影响、已延续数代——那么尽早启动自己的退场规划是尤为重要的。想要让一家公司在一代人的手中保持卓越的财务表现就已经困难重重，更何况是数代。而为了让你的接班人有更好的机会延续你所创建的辉煌，更需要不间断地培养精英人才、培育公司文化、改善管理机制。

# 大退场

诺姆·布罗斯基正坐在一栋 4 层楼高的办公大楼中位于三层的办公室里，这栋办公楼建于 2000 年，当时纽约市的分区法<sup>⊖</sup>仍允许此类建筑出现在东河（East River）的布鲁克林区沿岸。从办公桌望去，他能将曼哈顿天际线的全景尽收眼底，视线只会被偶尔出现的拖船、驳船或观光游船所阻碍。根据他在卖出自己的城市存储公司以及其他公

---

⊖ 分区法（zoning laws）：狭义地讲，分区法是指为界限清晰的城市区域指定其土地的使用用途。在分区内，每一块土地的使用功能被限定，比如说，在被划归为住宅用途的土地上就不能建设厂房。同时，建筑的各项标准也需要符合分区条例的规定（房屋面积、层数层高、房屋进深等）。但如果土地利用方式在当地分区规划条例颁布前就存在的话，土地拥有者可以继续按原有方式利用土地，但是不能随意进行扩建或改建。——译者注

司时所签署的协议，他可以自由进出并使用这栋建筑的三层与四层。三层是他的办公室，而四层则是他与妻子伊莱恩的住处。如果他俩没外出旅游，也不在位于佛罗里达州、科罗拉多州，以及纽约州东南部的长岛海滩的其他豪宅居住时，就会住在这里。

尽管他的过渡期比他自己所预料的更为难熬，耗时也更长，但布罗斯基并不后悔卖出公司的决定。"人们不停地问我：'你怀念自己的公司吗？'我的回答是：'不，我很高兴自己离开了它。'有趣的是，当我现在回头看看过渡期的自己，会笑骂一句：'傻瓜！'我的意思是，我深爱自己一手打造的公司，但拥有一家公司的方式并不只有一种，我们无须把自己牢牢拴在一张办公桌后面或一个特定的办公地点，而是可以在后台掌控一切。我就是用这种方式管理自己另外两家新公司的，感觉超棒！"

他指的两家新公司是他在退出城市存储公司后，与他人联合创立并资助的两门生意。一个是位于北达科他州的连锁旅店，另一个是位于纽约市的连锁快休闲餐厅⊖。在他退场后投资的 4 门生意中，剩下的两门中，有一个失败了，另一个有可能会让他赔本。但上述连锁旅店与连锁餐厅都经营得非常成功，让他把在另外两门赔本生意中的损失又成倍地赚了回来。此外，多亏了他的合伙人以及现代技术所创造出的种种奇迹，他不用亲身坐镇任何一门生意，也能不时地监控它们的经营状况。他对这种安排不能更满意了。"我再也不想经营那种必须终日镇守办公室的生意了。"

这种办公方式的转变不仅让布罗斯基能够更灵活地安排自己的时间，而且也影响了他的思维方式。"这是一种完全不同的体验，"他感叹道，"我认为这种办公方式更'聪明'，但我认为它不止于此。当

---

⊖ 快休闲餐厅（fast casual restaurant）：这是美国近年来兴起的一种餐厅类型，是一种全服务餐饮与休闲餐饮之间的"混血"。快休闲餐厅不提供完整的餐桌服务，但却承诺提供比快餐更高级的食物品质与用餐氛围。——译者注

然，我也上了年纪，这让我更感觉到时间的宝贵。通常而言，一名企业家的一生就是工作、热爱自己的工作、慢慢变老——但你并不会意识到还有其他的做事方式。而我之所以有机会意识到这一点，是因为我卖掉了企业。结果就是我以不同的方式珍惜我的时间。我想，如果我没有卖出企业，我可能会一如既往地工作，可能也一样会很开心，但却会错过了解这些方式的机会。"

那布罗斯基为何不一直采用这种灵活的幕后运营方式呢？"你不能一开始就这么做，"他回答说，"可能有些比我更聪明的人能做到，但我之前并不知道该怎么操作。"如果没有因建立并卖出城市存储公司所积累的财富，以及他在此过程中所掌握的经营之道，布罗斯基既不可能拥有创建新公司的经济实力，也不会获得目前远程经营公司的业务能力。"卖出企业对我而言并非意味着结束，而是新事业生涯的开始。我的意思是，想想看，我现在仍站在业界前沿——作为顾问，我和其他企业家们共同投资了巴肯页岩油油田，以及快休闲餐厅这些新兴投资项目。我卖出企业，让我有机会看到了更多的新事物并认识到：'嘿，这实在是太妙了！我能做的事情远比从前更多。'"

对现在的布罗斯基而言，赚钱是他生活中的一个重要组成部分。如果他的风投项目没赚到钱，他肯定会把它们视为失败的尝试。不过，他并不是为了增加财富才进行各种投资的。他已欣然承认，自己已经赚到了一辈子也花不完的钱，并且把留给下一代的钱也准备好了。他的大部分财产——包括他在未来几年可能会添置的新资产——最终都会捐献给慈善业。目前，发现一份适合自己的新业务并把它做好成了他欢乐的源泉与生活的动力。随之而来还有一种满足感，因为他知道自己正连同其他企业家一起为社会做出贡献：提供工作岗位、推动经济增长，以及为"国家的富裕"添砖加瓦。

同样，巴兹尔·彼得斯也获得了圆满退场，尽管他花费了数年时间才

# 第九章
## 飞越彩虹

找到了自己心仪的目标。在将自己的公司历思工程卖给科学亚特兰大公司，并按照合同约定留任一年后，他先是留出几年时间用于思考人生和旅游，然后才在1995年接受了一份工作邀请，成为硅谷一家新创公司"ICTV"的CEO。"我一直有着一份典型的加拿大人的自卑情结，"彼得斯坦承，"全世界都认为硅谷的规模更大、前途更光明。我就想亲身体验一下。"两年后，他得出的结论是，硅谷并不比他的家乡加拿大更适合创建并经营企业。所以，他为自己找了一位接班人，随后辞去CEO一职，回到温哥华，重新做他最喜欢的事业：发展并卖出高科技公司。

但他不喜欢做的事就是管理他人。所以，他成了一名投资者，首先他用自己的钱四处投资，接下来成为一支对冲基金的主管，最后又牵头组织了一家风投基金公司并就任CEO一职。在该基金公司工作期间，他先后帮助几位企业家成功实现了提前退场。不过，由于该基金公司坚持要求他所投资的初创公司拿出他们所无法承受的资金——他的合伙人认为，一支5000万美元的基金无法负担任何一项少于200万美元的投资——但他认为这么做对那些初创公司有害无益，所以在5年后选择了离职。此后，他开始着手启动他自己的天使基金，并继续帮助他所投资的高科技公司筹划提前退场的事宜。此外，他还帮助其他企业家设计并执行了几次成功的提前退场，这逐渐成为他最热爱的一项事业。在2009年，他出版了《提前退场》一书，并在书中清晰表达了自己的观点：当前这个时代将会被后人视为科技类企业家的黄金时代。"迄今为止，在我的职业生涯中，我从未见过科技类企业家们能像现在这样，凭借极少的资本就能创建公司，快速发展公司，并在数年后圆满退场，"他感叹道，"许多企业家只要用2到3年时间就能赚到一笔不可思议的财富。"他的书和博客让他人气高涨，他还因此收到大量的演讲邀请，四处演说开始迅速占据他几乎所有的时间。

但彼得斯对此并不反感。"我很高兴地说，我现在有大把的时间来做自己想做的事情，"他说道，"我觉得自己再演讲几十年也没问题。授人以鱼不如授人以渔，比起投资一家家公司并帮助它们以及其他公司完成退场，我更愿意让所有人都通过我的演讲掌握退场的基本规律。现在正是我人生中最幸福的时刻，我没有任何计划去做其他的事情。"

马丁·巴比奈克（详情请见第三章）也属于圆满退场的企业家之一。与许多其他企业家不同，他在 2008 年辞去三网公司 CEO、2009 年又放弃董事长职位时，并未患上太严重的"退场病"。他将自己相对轻松的过渡期部分归功于他在创业初期就意识到的一个"真理"：首先，他只不过是在为股东们打工，自己也只是众多股东中的普通一员。其次，他也是在为自己的那些天使投资人打工。如果没有他们，他的三网公司早在 1990 年——即他刚刚创业的两年后——就已经距离被迫清算不远了。最后，他还是在为公司的高管与员工打工。在公司发展的每一个关键阶段，正是这些人毅然决然地把自己的钱投入公司，并始终在收入不佳、在别处能赚到更高薪水的情况下与他共渡难关、对他不离不弃。

不过，巴比奈克对自己"打工仔"身份最为透彻的认知发生在三网公司将其多数股权出售给职选（控股）有限公司之后。"一旦越过这个'门槛'，也就是手中只剩下少数股权时，你才能真正体会到你是在为全部股东的利益而工作，"巴比奈克说道，"你还会意识到，你的未来也不再属于你自己。当你将公司的控制权交给某一方时，那一方就有权决定你是否是运营公司的合适人选。"这种现实是否让巴比奈克感到难以接受呢？"对我来说这不难接受，因为我相信我们管理团队所做的一切是正确的，是有益于整个团队和全体投资者的。"

他也承认，在 2008 年卸任 CEO 之后，他有点不适应公司已经由别人当家做主的这一现实。他坦承道："当你在运营一家由你亲手创立并管理了 20 年的公司时，没人会干预你的决定，也没人能像你一样看待问题，所以在管理权刚刚易手时，我是感到很难接受的。"让他更难以接受的是，一些对他最忠诚、追随时间最长的老员工们，觉得在新任CEO 的领导下公司不会有什么发展前途，于是纷纷换了工作。但他最终克服了自己的消沉情绪，并极力赞扬他的接班人伯顿·戈德菲尔德（Burton Goldfield）在带领三网公司于 2014 年 3 月 27 日于纽约证券交易所上市过程中所做的一切贡献。

当然，巴比奈克在过渡期之所以如此从容淡定，还有一部分原因是他自始至终都是公司的大股东兼董事会成员。同样对他顺利度过退场过渡期有所帮助的是，在将 CEO 一职移交给戈德菲尔德之后，他又用了近两年的时间全职担任公司的董事长。但我认为，他能圆满完成身份过渡的最关键因素是，他用这两年的时间严肃并深入思考了自己下一步的人生规划。结果就是，当最终停止了在三网的全职工作后，他在自我认知和使命感这两个方面没出任何问题，因为他已经为自己的下一个目标打下了地基。他准备创办一家名为"北部创业连接"（Upstate Venture Connect，UVC）的非营利性机构，目的是掀起一场企业复兴运动，重振纽约州北部的经济。

不过，UVC 也并非他的唯一挚爱。巴比奈克还帮忙建立了一家名为"快创"（StartFast）的"导师制初创公司加速机构"。该机构每年会选出 5 到 10 家高科技初创公司，让公司的管理者前往纽约州的锡拉丘兹市（Syracuse）接受为期 3 个月的密集培训，以帮助创业者更好地管理公司。他还成为一名非常活跃的天使投资人，参与建立了 4 支专为纽约州北部初创公司提供资金的种子资本基金，以及分别担任了几家风投基金公司的有限合伙人与顾问。在一次与全家人前往牙买加度假期间，他还突发灵感，想要为这个拉丁美洲的不发达国家做点什么。因此，他开始建立一个能使牙买加的初次创业者与美国的资深企业家相互联系的网络。最终，他与他人联合创立了一家营利性的软件公司"介绍网"（IntroNet），能够简化其用户在自己的职业与个人网络上进行并追踪自我介绍与自我推荐的流程。

巴比奈克希望介绍网能发展为一个有助于他所有风投项目的平台。

这样的生活让他开心吗？"我简直是欣喜若狂！"他说道，"就像一个进了糖果店的小孩子一样。我想不出除此之外，我还愿意做些什么。我目前最大的奢望就是，无须担心财务问题，这让我可以只做自己想做的事情，而不是必须做的事情。但如果没在一开始建立三网公司，我是无法走到今天这一步的。正是三网公司才让我过上了现在的好日子。"

在本章一开始，我们描述了几位在退场后郁郁寡欢的前企业家们。他们之所以如此沮丧，是因为失去了在经营企业时无意中获得的种种无形资产，如人生目标、自我认知、成就感、创意掌控权、同事情谊，以及有事可做的满足感。而布罗斯基、彼得斯，以及巴比奈克这3位与他们正相反，代表着退场企业家的另一端。他们3位都想方设法在新生活中重新获取或是保住了这些无形资产，并且过得比退场前更加有滋有味。这两批企业家的不同状态值得我们去探寻其中的原因。

显而易见，金钱必然是造成两派差别的重要因素之一。财富本身虽然不像大多数人想象得那样能够治愈一切，但当这些卖出公司的企业家们将大笔钱款套现后，这的确改变了他们的生活。金钱一方面给了他们去做其他事情的自由，另一方面消除了他们对金融灾难的恐惧。毕竟，即便是那些在账面上拥有高净值的企业家们，以及因经营公司而获得可观收入的企业家们，都一直在面临着失去一切的风险。如果企业家能将非流动性的私人股份转化为另一种形式的流动性资产，那么即便不能根除，也能大大降低此类风险带来的压力。而结果自然是只要你不做傻事，从此就可以再无金钱之忧。

但幸福远不止获得财务自由那么简单。对大多数企业家而言，上述提及的无形资产比金钱更为重要。那么，究竟是哪些因素使布罗斯基、彼得斯和巴比奈克能够成功退场，而其他人却仍在过渡期苦苦挣扎呢？

我认为，答案与"服务意识"密切相关。退场后仍感到幸福的企业家

# 第九章
## 飞越彩虹

们，他们都在帮助他人成功经营企业的过程中感受到了极大的快乐——或至少一部分的快乐。在我为撰写本书所采访的所有企业家中，几乎所有人都尝试着在退场后继续服务他人，而他们最擅长的莫过于企业的经营之道。因此，他们中的许多人都发现，自己最能帮到那些经验不足、尚显稚嫩的企业家的，就是与他们分享自己在职业生涯中所获得的专业技能。

仔细思考就会发现，服务意识是成功的企业家能从经营公司的过程中获得使命感的一项因素，或是"要素"。最起码，企业家都是要为客户服务的；做不到这一点的话，他们也无法获得成功。此外，许多企业家还在有意识地为自己的员工和所在社区提供服务。当一位退场企业家说自己已经失去了目标和自我认知时，他们真正失去的其实是服务他人的机会，以及与志趣相投的人们（同事情谊）共同服务他人的机会。与此同时，他们失去了为自己安排待解决事项先后次序的动力（创意掌控权与有事可做的满足感），从而也就无法为自己的进步提供一个持续的衡量标准（成就感）。

从企业家那里所获得的所有经验中，我认为"服务意识"是最重要的一个。这些企业家的退场经历提醒我们：一家企业不仅是一个经济组织，也是一个社会组织，它能够为我们的人生提供目标和意义，以及我们大多数人所渴望的同事情谊、人生方向和满足感。

也就是说，当企业家在卖出他们一手创立的企业时，我们往往会关注其中的经济因素——即企业的卖出价是多少，以及企业家赚了多少钱。考虑到几乎全世界的人都想实现财务自由，这方面的确是值得关注的。

但如果你是一位正准备退场的企业家，只考虑自己能靠卖出公司赚到多少钱，那就大错特错了。你更应该考虑的是，尽可能事先想好在失去公司后，那些宝贵的无形资产该用什么来填补。如果你能像布罗斯基、彼得斯、巴比奈克那样，以自己新获得的这笔财富作为踏脚石，去实现更高的使命，你就能真正实现圆满的大退场。